A CURA DE PLUTÃO NO SEU MAPA ASTRAL

Donna Cunningham

A CURA DE PLUTÃO NO SEU MAPA ASTRAL

Como Redescobrir o Potencial Oculto
do Astro do Renascimento e da Transformação
NA SUA HISTÓRIA DE VIDA

Prefácio de
Lisa Stardust

Tradução
Roberto Socio de Almeida

Editora Pensamento
SÃO PAULO

Título do original: *Healing Pluto Problems.*

Publicado mediante acordo com Red Wheel/Weiser, por meio da Yañez, parte da International Editor's Co. S.L. Literary Agency.

2ª edição 2025.

Obs.: Publicado anteriormente com o título: *Plutão no seu Mapa Astrológico.*

Editor: Adilson Silva Ramachandra
Gerente editorial: Roseli de S. Ferraz
Gerente de produção editorial: Indiara Faria Kayo
Preparação de originais: Maria Fernanda Neves
Editoração eletrônica: Join Bureau
Revisão: Luciana Soares da Silva

Dados Internacionais de Catalogação na Publicação (CIP)
(Câmara Brasileira do Livro, SP, Brasil)

Cunningham, Donna
A cura de plutão no seu mapa astral: como redescobrir o potencial oculto do astro do renascimento e da transformação na sua história de vida / Donna Cunningham ; prefácio de Lisa Stardust; tradução Roberto Socio de Almeida. – 2. ed. – São Paulo: Editora Pensamento, 2025.

Título original: Healing pluto problems
ISBN 978-85-315-2396-0

1. Astrologia 2. Plutão (Planeta) I. Stardust, Lisa. II. Título.

24-228748 CDD-133.5

Índices para catálogo sistemático:

1. Astrologia 133.5
Cibele Maria Dias – Bibliotecária – CRB-8/9427

Direitos de tradução para o Brasil adquiridos com exclusividade pela
EDITORA PENSAMENTO-CULTRIX LTDA., que se reserva a
propriedade literária desta tradução.
Rua Dr. Mário Vicente, 368 – 04270-000 – São Paulo – SP – Fone: (11) 2066-9000
http://www.editorapensamento.com.br
E-mail: atendimento@editorapensamento.com.br
Foi feito o depósito legal.

Este livro é dedicado a Arnold Panitch
porque suas comunicações ao longo dos anos animaram
minha vida e sua ajuda possibilitou minha entrada nas
delícias do processamento mundial.

SUMÁRIO

LISTA DE MAPAS

Todos os mapas são calculados a partir dos sistemas Tropical e Placidus de casas.

LISTA DE PRÁTICAS

LISTA DE AFIRMAÇÕES

PREFÁCIO

Na Astrologia, Plutão representa destruição e criação. Ele é um planeta anão que está sempre nos impulsionando a evoluir e crescer, de modo a ficar mais em sintonia com os ritmos e temas da nossa vida. Essa grande experiência evolutiva nos leva ao nosso verdadeiro eu. Como senhor do Submundo, Plutão representa a justaposição entre a vida e a morte – aquilo que define a transformação.

Nascida com Plutão em conjunção com meu Ascendente em Libra, eu transito pela vida com um coração e um intelecto perscrutadores, querendo o tempo todo chegar às profundezas mais insondáveis da vida. Também quero me conectar com os outros compreendendo quem eles são. Às vezes, posso desconstruir relacionamentos apenas para reconstituí-los de maneira renovada. Ex-parceiros tornam-se melhores amigos, "amigos da onça" tornam-se colegas respeitados, as amizades sustentam o nosso mundo em constante mudança e as circunstâncias que ocorrem ao longo do tempo. Como você pode imaginar, estou sempre empenhada no meu crescimento. Honro todas as partes da minha personalidade (o lado bom, o lado ruim e o lado feio) simultaneamente. Minha balança deve estar equilibrada – quando não está, posso agir de maneira impulsiva e mostrar minha natureza mais intensa.

Plutão sempre foi um planeta que admiro. Embora a maioria das pessoas tenha medo de se tornar uma versão mais evoluída de si mesmas, eu não tenho. Aprecio a chance de sair da minha zona de conforto (e não é por causa do meu Ascendente em conjunção com Plutão, nem da minha Lua em Sagitário). Eu gosto da sensação de motivação e entusiasmo que me impulsiona a agir. Sim, Plutão pode nos dar o impulso de correr atrás dos nossos sonhos, visto que é apaixonado e não está disposto a se comprometer com nada menos que a grandiosidade. Ele é aquele anseio dentro do coração e desejo dentro da alma.

A Cura de Plutão no seu Mapa Astrológico, de Donna Cunningham, foi o primeiro livro que li sobre Plutão. Ele me ajudou a compreender as profundezas e a importância de Plutão e como usar esse planeta a meu favor. Além disso, essa obra me deu a chance de me enxergar com mais clareza e entender meus sentimentos. Não apenas isso, mas também consegui ter uma visão mais nítida dos meus relacionamentos. Posso dizer com sinceridade que me tornei uma pessoa mais madura e autoconsciente depois da leitura deste livro. Agora sei por que sou impulsiva quando sou pressionada até o limite e como me controlar quando começo a agir dessa maneira.

Como digo a todos os meus clientes, Plutão não é um planeta temível. No início, ele pode parecer intimidador. Mas só para aqueles que têm medo de sair da zona de conforto e colocar as mãos na massa. Plutão exige que façamos o trabalho necessário para progredir na vida. Não podemos ficar iguais para sempre. Nossos gostos e objetivos mudam à medida que evoluímos. Às vezes isso acontece de modo espontâneo, outras vezes o universo interfere significativamente no processo. Se não permitirmos e aceitarmos que as coisas têm que ser diferentes, elas acabarão mudando de maneiras que não podemos controlar. Lembre-se de que a vida é repleta de imprevisibilidades, assim como Plutão pode ser se resistirmos à mudança que ele traz. Portanto, por que simplesmente não seguimos o fluxo?

Isso não quer dizer que Plutão seja um planeta inofensivo. Em momentos mais desafiadores, ele pode causar ciúme e até triângulos amorosos. No entanto, isso depende de como decidimos usar a energia desse planeta. Como em tudo na vida, sempre temos uma escolha. Embora Plutão possa trazer essas vibrações efervescentes para nós, terráqueos, não precisamos impor nossa dominação e nosso controle sobre os outros. Podemos usar essa vibração para implementar mudanças necessárias em tudo o que fazemos. Por exemplo, em vez de discutir com nosso chefe porque ele nos convocou para trabalhar no fim de semana, podemos evitar discussões e simplesmente pedir demissão. Não precisamos nos desgastar com a situação. E aí está o nosso poder supremo. Isso é Plutão.

Ler este livro lhe mostrará como aplicar a sabedoria de Donna Cunningham em sua vida cotidiana por meio da análise do mapa astral. Enquanto você tiver este livro ao seu lado, não haverá nada que você não possa alcançar, nem motivo para não ter sucesso. Dizer que ele o ajudará a ter mais autoconfiança é um eufemismo. *A Cura de Plutão no seu Mapa Astrológico* pode ensiná-lo a ser uma pessoa muito mais ousada e a usar as faculdades e forças desse planeta a seu favor. Ele não é para os fracos de coração. Na verdade, este livro é para aqueles que querem explorar as profundezas da própria alma e do mundo para obter uma quantidade infinita de sabedoria. Leia-o com leveza e compaixão, pois ele pode lhe dar muito o que pensar e digerir em sua vida pessoal e futura.

— Lisa Stardust,
autora de *Saturn Return Survival Guide*

PREFÁCIO À EDIÇÃO BRASILEIRA

Não poderia haver um melhor momento para a reedição deste livro que na entrada definitiva de Plutão no signo de Aquário, evento astrológico que marca significativas evoluções da humanidade com suas conquistas tecnológicas, criações por inteligência artificial e redefinição de fronteiras reais e simbólicas. Um mundo em franca transformação plutoniana.

Este é um livro de muita importância para os praticantes da Astrologia Psicológica, vertente que hoje reconhece o profundo conhecimento acerca do funcionamento da psique, de padrões de comportamento e de tendências subjetivas inscrito na linguagem simbólica dos astros e suas dinâmicas.

Plutão é o nono planeta na ordem do sistema solar e, apesar de ter sido destituído da condição de planeta pela comunidade científica em 2006, permanece como tal para a comunidade astrológica.

Plutão foi descoberto em 1930, logo após a quebra da Bolsa de Valores de Nova York e durante o período conhecido como "A Grande Depressão" que antecedeu a Segunda Guerra Mundial, redesenhando as relações sociais e políticas. Esse período também corresponde ao auge de teorias supremacistas na América do Norte e Europa.

Assim, Plutão ficou associado a grandes transformações sociais, acúmulo de riquezas, investimentos, exploração do subsolo, uso da violência, mortes coletivas e amputações.

Na mitologia, Plutão para os romanos ou Hades para os gregos era a representação da força que reinava no mundo inferior para o qual só se poderia atravessar pela morte – o que já dá o tom da associação que se faz a Plutão como significador astrológico das mortes simbólicas que nos levam às travessias marcantes na vida.

Mas existe algo de interessante no mito que se repete na concepção psicológica de Plutão na Astrologia, que é a característica da invisibilidade. Quando está no seu reino subterrâneo, Plutão não está à nossa vista, tampouco o vemos quando o deus vem à superfície, pois ele usa um capacete ou um manto que lhe confere a invisibilidade. De fato, seu nome em grego, Hades, significa "invisível".

E daqui temos um paralelo muito interessante entre o momento da descoberta de Plutão com a consolidação da Psicanálise, linha do conhecimento que investiga o inconsciente e suas dinâmicas. Criada no início do século XX, foi depois de 1923 que Freud apresentou ao mundo sua visão do aparelho psíquico e das instâncias internas – ID, Ego e Superego, fazendo com que todo o pensamento da época se atentasse à dinâmica do inconsciente nos indivíduos e na sociedade.

O reconhecimento da existência de um inconsciente, com dinâmicas próprias e atuando sem o nosso conhecimento, foi um fato histórico que certamente preparou a humanidade para a confirmação da existência de Plutão alguns anos depois.

E seguindo seu próprio mito, Plutão vem sendo desde então associado aos processos de autoconhecimento mais profundos, que levam ao reconhecimento das dinâmicas inconscientes presentes em nossos eventos mais significativos. Essa compreensão fortalece e transforma, levando à superação de traumas, restauração da integridade do indivíduo e sua cura.

Este livro está apoiado nessa concepção simbólica de Plutão e apresenta claras correspondências entre as posições de Plutão no mapa astrológico e as tendências e possibilidades para o nativo – especialmente os tipos plutonianos, como a autora nomeia aqueles que tem maior influência do planeta em seus mapas.

Uma característica peculiar de Plutão é que sua órbita, diferenciada em trajetória e ritmo, é influenciada pelos campos gravitacionais de Júpiter e de Saturno, que mantém Plutão em seu devido lugar no sistema, e leva cerca de 248 anos para completar uma volta ao redor do Sol.

Chama a atenção a simbologia dessas interações planetárias, levando em conta que Júpiter e Saturno são representações astrológicas da lei e da ordem, da moral e da ética, enquanto aspectos que mantêm a força psíquica de Plutão no seu devido lugar. E se Plutão simboliza o poder absoluto do inconsciente e suas possibilidades, boas ou ruins, Júpiter e Saturno operam como elementos reguladores desse poder, colocando freios e condições prévias para que possamos entrar em contato com tamanha força de maneira segura.

A autora aqui nos apresenta justamente os problemas que são causados pelo contato precoce com essa força absoluta, quando ainda não temos desenvolvidos os contornos dados pela lei, ordem, moral ou ética que nos protegeriam. Abordando com muita honestidade temas difíceis como violência doméstica, sexualidade e vícios, Donna Cunningham compartilha valiosas observações que reuniu após muitos anos de trabalho atendendo pessoas reais, tanto como astróloga, mas também como psicoterapeuta e assistente social.

Sabendo de sua trajetória profissional, fica ainda mais interessante acompanhar como Donna trata de uma particularidade das pessoas plutonianas que é a tendência à culpa e ao ressentimento, notadamente em indivíduos tendentes à melancolia. Como psicanalista, reconheço aqui a assertividade da relação que a autora estabelece entre culpa, desqualificação pessoal e autodestruição – temas muito sensíveis, mas muito necessários de serem trazidos à consciência.

E em todo o livro, encontramos recomendações práticas para lidar com os aspectos plutonianos que se manifestam em nossa vida, ajudando a promover a integração desses conteúdos pela via consciente e contribuindo, em última análise, com a integração do próprio indivíduo que se reconhece, se reunifica e pode, enfim, se curar. De maneira que este livro não apenas trata de Plutão, mas é também Plutão em ação.

A visão perscrutante de Donna Cunningham a respeito das características de Plutão por signo e casa num mapa astrológico e todas as suas representações simbólicas denotam não só um saber astrológico diferenciado, mas, principalmente, um olhar de muita autoridade de quem consegue captar a natureza humana em toda sua crueza, verdade e potência.

Suas observações são atemporais e extremamente ricas em significado, resultando numa leitura muito instrutiva para todos aqueles que desejam se aventurar pelos campos sombrios e misteriosos dessa força extraordinária que é Plutão no mapa astrológico.

Diante de tantas e rápidas mudanças coletivas com a chegada de Plutão em Aquário, que pedem indivíduos cada vez mais conscientes e íntegros de seu papel no mundo, confio que esta obra inspirará cada leitor a ter um reencontro poderoso consigo mesmo, abrindo caminhos para travessias corajosas e promovendo as curas para um novo tempo.

— Verbenna Yin

Outono, 2024.

ALERTA DE GATILHO

O **Capítulo 5** deste livro trata dos difíceis tópicos abuso sexual, incesto e violência doméstica. Ele terá a indicação Alerta de Gatilho como um lembrete.

INTRODUÇÃO

Por Que Enfrentar os Problemas de Plutão?

Os temas que iremos discutir – culpa, ressentimento, abuso sexual, abuso infantil e morte – são difíceis de enfrentar. Quando se discute sobre essas influências de Plutão em seminários, algumas pessoas ficam tão incomodadas que chegam a sair da sala. Muitas digitadoras não resistiram e começaram a soluçar enquanto trabalhavam nesta obra. Então, considerando que os assuntos de Plutão são altamente dolorosos, vale a pena trazê-los à tona? Sabemos que sim, quando vemos pessoas anteriormente atormentadas pela culpa voltarem a amar a si mesmas. Sim, quando pessoas perseguidas por segredos terríveis aprendem a compartilhá-los com as pessoas certas, rompendo o isolamento e recuperando a autoestima. Sim, porque o propósito deste livro não é apenas compreender os problemas e dificuldades de Plutão, mas encontrar instrumentos e práticas de cura adequados para eles.

Se você é um astrólogo profissional, é importante ler este material. Assim se preparará para ajudar alguns clientes atormentados pelos problemas relacionados a Plutão. Esses clientes confessarão seus segredos angustiantes, e você precisará ter a capacidade de reagir de outra maneira que não com horror. As informações e as práticas de cura que abordaremos neste livro o ajudarão a começar a se preparar. Ao final de cada capítulo, há sugestões de leitura para aprofundamento de seus estudos.

E se você for uma pessoa plutoniana, receba o meu amor. Um plutoniano ou uma plutoniana é aquele que tem Plutão forte em seu mapa natal, como: Plutão em aspecto com o Sol, a Lua, o Ascendente ou o Meio do Céu, ou uma série de planetas em Escorpião. Você *pode* se livrar das resistências interiores que iremos discutir. Não vou dizer que será simples, pois não foi fácil se tornar um plutoniano até aqui. Mas com consciência e fazendo uso dos instrumentos de cura aqui descritos, você pode começar a romper as barreiras de Plutão. Se há alguém no mundo com a perseverança – e a obsessão talvez – de trabalhar um passado tão devastador como o seu, você é essa pessoa. As pressões que teve de suportar para sobreviver o moldaram como aço temperado, um diamante em formação. Que este livro possa contribuir para a sua vida.

Quando eu chegar a Phoenix...

Não, eu não estou indo para Phoenix, no Arizona. Estou almejando o lado fênix de Escorpião ou Plutão para ressurgir de minhas próprias cinzas, renascida. Você pode estar se perguntando porque escrevi um livro sobre Plutão. Com Plutão a apenas um grau do meu Ascendente, nunca fui capaz de levar a vida de forma tranquila, mas enfrento eternamente a necessidade de trabalhar em mim mesma e no meu relacionamento com o mundo. Parece mais honesto dizer isso do que posar como uma *expert* do lado de fora, uma teórica apontando para o experimento: "vocês aí".

Plutão também simboliza nossa relação com o coletivo. Assim, foi trabalhando nos meus próprios problemas de Plutão que aprendi a ajudar outros plutonianos que chegavam até a mim. Este livro é a essência desse conhecimento e traz instrumentos terapêuticos que você poderá usar para tratar seus próprios problemas de Plutão. A própria Astrologia é altamente terapêutica e pode ser um poderoso instrumento de ajuda, tanto para você quanto para seus clientes. Desde meus primeiros estudos, eu sabia o que significava Plutão no meu Ascendente, e isso era constrangedor. Sim, o orgulho pode às vezes ser uma virtude, pois me levou a parar de agir de forma destrutiva. Espero que a leitura sobre os aspectos e o posicionamento de Plutão no seu mapa natal sirva para o mesmo propósito. Não será uma tarefa fácil ler este livro. Ao escrever sobre meus próprios aspectos muitas vezes senti como se estivesse gritando: "Como você se atreve a me dizer isso!". Mas a consciência é, em si, um fator de cura.

À medida que for lendo os capítulos deste livro, se já conhecer meu trabalho anterior, você poderá pensar: "Como uma astróloga respeitável, com sólida formação em psicoterapia, se enredou por esse assunto esquisito, repleto de luzes, chakras, cânticos e sabe Deus o que mais?". Posso confessar que com Plutão no Ascendente todos esses elementos sempre estiveram presentes, mas eu os evitava a todo custo. Abordagens não convencionais eram mais fáceis de aceitar, mas esquisitices, nunca! Chegou então um momento, depois de treze anos de carreira, em que a Astrologia morrera (13 é um número de Plutão). Por um lado, ninguém que eu soubesse estava conseguindo manter um padrão de vida decente trabalhando com Astrologia. Por outro, sentia como se algo básico faltasse ao meu conhecimento astrológico. Uma vez diagnosticado o problema no mapa do cliente, onde estava a solução? Decidi então parar e procurar uma nova carreira.

Nessa época, encontrava semanalmente um médium admirável chamado Andrew Ramer. Iniciamos um projeto sobre as dimensões espirituais do alcoolismo que virou um livro sobre dependência e abuso de álcool, um material maravilhoso, muito poderoso. Depois, Andrew canalizou um material sobre *tratamento* de dependências e seus efeitos posteriores que comecei a usar no tratamento de alcoólatras em recuperação. Em pouco tempo, tanto meu grupo de cura como meus clientes individuais estavam progredindo. Às vezes, por estar impaciente demais para esperar a sessão seguinte com Andrew, comecei a canalizar eu mesma. (Era como se eu estivesse vendada e fosse conduzida passo a passo, pois meu medo da experiência mediúnica era bastante evidente.)

Na mesma época, me deparei com uma notícia sobre um curso de ervas e guardei-a para Andrew. Ele estava ocupado demais e quando me vi estava no metrô indo para a aula. Na terceira semana, o professor apresentou os Florais de Bach para problemas emocionais e comecei a estudá-los. Eles tornaram-se parte intrínseca do meu trabalho. Tornou-se claro que eu havia descoberto a minha nova carreira. Esses instrumentos e práticas terapêuticas, e outras que aprendi posteriormente, acrescentaram uma importante dimensão ao meu trabalho com a Astrologia. Os problemas tão prontamente diagnosticados por meio do mapa tinham realmente soluções. A Astrologia não morrera, afinal; apenas deslocara-se para outro nível!

CAPÍTULO 1

Plutão no Seu Mapa Astrológico

O planeta Plutão tem uma relação intrínseca com o signo de Escorpião e com a Casa 8. Essas três categorias são naturalmente orientadas para temas como nascimento, sexo, morte, poder e transformação. O poder, e como lidar com ele, é uma das questões centrais de Plutão, tanto no nível individual quanto no coletivo. Neste capítulo e ao longo desta obra, exploraremos as complexidades psicológicas de Plutão tanto no mapa natal como nos trânsitos e procuraremos meios de curar ou de aliviar as manifestações negativas de Plutão de acordo com seu posicionamento.

Assim, este capítulo descreve os aspectos e as posições de Plutão por casa, assim como sua presença nos diversos signos. (Os iniciantes podem consultar o Apêndice para descobrir o posicionamento de Plutão em seu mapa natal.) Se você tiver vários aspectos de Plutão (ou se a Casa 8 ou o signo de Escorpião estiverem fortemente enfatizados no seu mapa), provavelmente ler o Capítulo 2 ampliará sua consciência. Uma personalidade plutoniana é aquela com Plutão bastante forte no mapa astrológico, como foi descrito na introdução.[1]

Os temas esperados envolvendo Plutão são culpa, ressentimento, desejo de controle, de vingança ou de magoar. No entanto, é importante considerar que ninguém procura vingança sem estar profundamente ofendido, e em geral há algum tipo de história de horror relacionada ao posicionamento de Plutão no mapa natal. Desse modo, os efeitos de uma perda significativa decorrentes de morte ou de abandono geralmente se manifestam em uma tendência a desenvolver relacionamentos simbióticos, seguidos de períodos de isolamento. Embora algumas pessoas sejam afetadas mais profundamente por Plutão do que outras, todos nós apresentamos alguns traços de Plutão nas áreas da vida que ele toca.

Visão geral dos posicionamentos de Plutão

Grande parte do que será discutido nas páginas seguintes é dirigido a pessoas que têm Plutão tensionado ou aflito no mapa. Se seu Plutão fizer apenas bons aspectos (trígonos e sextis) ou se não for particularmente forte em seu mapa natal, esta obra poderá não ter grande importância para você. Mesmo assim, é possível que descubra mesmo nos posicionamentos mais fracos (como Escorpião na cúspide de uma casa sem qualquer planeta) algumas das dificuldades que você tem. Sendo assim, essa leitura pode fornecer *insights*, mesmo que você não manifeste alguns dos comportamentos mais drásticos desse posicionamento. Quer Plutão seja forte ou fraco no seu mapa, você poderá se sentir incomodado em alguns dos parágrafos; porém, encarar a verdade é o início da mudança. Uma vez, porém, não é o suficiente; temos de aceitar o desafio e continuar o confronto

---

[1] Aspectos de Plutão com Sol, Lua, Ascendente ou Meio do Céu ou nativos com diversos planetas em Escorpião ou com uma Casa 8 forte indicam um "Plutão forte".

até que nossas defesas sejam expostas, nos envergonhem e, então, nos livremos delas. Admiti-las para outras pessoas acelera o processo.

Normalmente, somos obcecados pelos temas da casa em que Plutão está ou pelos planetas com quem faz aspecto no nosso mapa natal. Afinal, acabamos perpetuando aquilo que não conseguimos abandonar e deixar ir. Então, o mesmo padrão negativo pode ocorrer repetidamente em nossa vida, e a cada retorno nos fixamos mais nele. Onde fomos ofendidos ou traídos, esperamos traição, de modo que escolhemos aqueles que irão nos trair e depois recriamos a traição de acordo com nossas expectativas. Uma pessoa digna atormentada por constante suspeita pode ser levada a dizer: "Você não confia em mim? Ok, se é isso o que você pensa de mim, então vou em frente e fazer isso mesmo!". Assim, criamos nossas próprias profecias autorrealizáveis.

Uma possível dinâmica na origem de uma obsessão é a tendência a disputas de poder nas questões relacionadas com a casa ou com os aspectos de Plutão. Essa insistência fanática em vencer pode, paradoxalmente, levar a amargas derrotas. Frequentemente, a luta de poder começa com um dos pais (ou com outra autoridade importante) na infância, alguém que colocou grande ênfase nas questões da casa de Plutão e tentou empurrar a criança a ter sucesso nesse setor. Se o filho tiver sucesso, o pai (ou a mãe) ganha. Então, para atingir o progenitor e ganhar a batalha, o indivíduo PERDE nas questões relacionadas à casa de Plutão. O fracasso é, assim, perversamente sentido como uma vitória moral. Essa dinâmica me levou a denominar a casa de Plutão no mapa como a "casa do fracasso devido ao rancor".

Há também situações em que o progenitor projeta o fracasso no filho, incutindo nele a ideia de que nunca será bem-sucedido em relação aos assuntos da casa natal de Plutão. Então, para se vingar, o filho fracassa consistentemente para envergonhar o progenitor e, com um sorriso lúgubre, lamenta seu fracasso: "Está vendo, mãe, você estava certa!".

Algumas pessoas isolam a área de Plutão para não sofrer, controlando necessidades e sentimentos de maneira tão rígida que nem mesmo os amigos mais próximos imaginam que ela é importante. Ainda assim, não se livram dela... Paralelamente, tendem a desenvolver uma atitude como a da raposa da fábula ("Eu não estava interessado mesmo"), além de um sentimento de superioridade moral em relação àqueles que têm sucesso na casa relacionada a Plutão.

Outro problema acontece quando o nativo incorpora a crença do progenitor de que as questões da casa ou dos aspectos de Plutão são tão poderosas que transformariam (e controlariam) a sua vida se tivesse sucesso nelas. Como resultado, um grau exagerado de poder é atribuído a essa área da vida. Devido ao poder dado a esse setor da vida e às disputas de poder que são nele travadas, o indivíduo pode acabar sendo controlado por aquilo que mais deseja controlar. Ele é impotente para ter sucesso e impotente para se libertar desse desejo até se transformar. Paradoxalmente, quando a área de Plutão é curada e perde seu poder de atuação, torna-se um setor no qual é possível manifestar um considerável grau de poder construtivo. Nesse contexto, podemos reconhecer em parte o ferrão do Escorpião, pois vencemos a batalha à custa de nossas próprias feridas.

Uma pessoa com um posicionamento tenso de Plutão pode agir como um Escorpião na área da vida indicada pelo mapa, envenenando os outros geralmente de maneira dissimulada. Chamo isso de a síndrome da *vítima vingativa*, pois é quando a pessoa que se sente injustiçada acredita plenamente que precisa retribuir aos outros o mal-estar que sente. Conheço um homem com a Lua em Escorpião que se sentia muito injustiçado pela mãe. De algum modo, ele se sentia vingado ao projetar sua raiva sobre qualquer mulher que se aproximasse dele. Nem todos somos vítimas vingativas, mas muitos de nós gostamos de representar, às vezes, a vítima. E caso você tenha um posicionamento tenso de Plutão no seu mapa, pode muito bem considerar se essa dinâmica não está atuando de algum modo.

É possível haver um profundo e obscuro segredo na área plutoniana da sua vida que faz você sentir que não pode se abrir com outros. Todos nós temos Plutão em algum lugar do mapa, e todos temos segredos. Os leitores podem se sentir aliviados em saber que não iremos discutir as implicações sexuais dos posicionamentos de Plutão. Normalmente, o mais profundo e obscuro segredo é sexual, mas, no fundo, não é sobre sexo. Em gral, quando existe bloqueio ou obsessão sexual, o verdadeiro tema é o poder. Os mesmos problemas fundamentais de traição, abandono, culpa e ressentimento podem influenciar a maneira como a sexualidade é vivida.

Entendendo as configurações de Plutão no mapa natal

As configurações de Plutão apresentadas neste capítulo consideram aspectos e posicionamentos por casa e por signo.[2] Elas foram organizadas por ordem de Casa, com posicionamentos semelhantes agrupados juntos. Por exemplo, Plutão na Casa 3 está relacionado com aspectos entre Plutão e Mercúrio e com Mercúrio em Escorpião, porque têm efeitos análogos. Não há dois aspectos idênticos, mas existem semelhanças que podem ajudar o astrólogo a descobrir temas análogos. Em cada um dos exemplos, as influências de Mercúrio estão relacionadas à Plutão, resultando em temas comuns. Quando uma das configurações for claramente diferente ou tiver um importante tema distinto, ela será tratada separadamente. Além disso, devido ao fato de eu não concordar com a

---

[2] O apêndice oferece maiores detalhes sobre os aspectos de Plutão e inclui informações para o estudante localizar Plutão no seu mapa astral.

regência tradicional de Vênus sobre Touro ou de Mercúrio sobre Virgem, eles serão omitidos, nesses casos, nas configurações de Plutão.

A força de Plutão não é a mesma para todas as configurações apresentadas a seguir. A ordem aproximada, da maior para a menor, seria:

Plutão em aspecto tenso com um planeta.

Plutão em uma casa.

Um planeta em Escorpião.

Planetas em Escorpião em uma casa.

Escorpião na cúspide de uma casa.

Plutão em um signo.

Além de colocar Plutão nas casas primeiro, essa ordem foi agrupada de acordo com a força aproximada que julgo que os posicionamentos tenham, mas ocasionalmente variam. Os aspectos referidos são principalmente os tensos (a conjunção, a semiquadratura, a quadratura, a sesquiquadratura, o quincunce e a oposição). Porém, às vezes, um trígono de Plutão também pode resultar em algumas das características descritas a seguir. A conjunção é o aspecto mais forte de todos, e o sextil tende a ter menor efeito. (Não listei os planetas e signos na Casa 8, mas possivelmente têm efeitos semelhantes.)

Configurações dos posicionamentos de Plutão

Considerando o que foi exposto sobre a força relativa das configurações apresentadas, a presença de Plutão em uma casa ou em aspecto com um planeta associado a essa casa é bem mais intensa do que Escorpião na cúspide de uma casa sem planetas. Nesse último caso, o efeito tende a ser bastante suave em comparação com as configurações mais fortes e, embora Plutão ou Escorpião atuem ali de forma menos dramática, seu movimento será, consequentemente, menos consciente. A seguir, veremos como Plutão atua em cada uma das configurações apresentadas.

PLUTÃO NA CASA 1

Aspectos tensos entre Plutão e o Ascendente;
Ascendente em Escorpião; planetas em Escorpião na Casa 1.
(Aspectos entre Plutão e Marte serão tratados na sequência.)

Essas são configurações tensas, principalmente se Plutão está em conjunção, quadratura ou oposição com o Ascendente. Pessoas com esses posicionamentos podem ser classificadas como plutonianas. (Ver Capítulo 2.) A luta pela imposição da vontade provavelmente é expressa já pela aparência física. Dramaticamente diferentes, podem se apresentar de maneira sexualmente provocante, usando jaquetas e outras peças de couro preto ou exibindo expressões carregadas e preocupadas. Quase podemos ouvir nativos com Plutão na Casa 1 dizendo aos pais: "Vocês não vão ditar o que vou vestir ou como devo me comportar". Uma vez que a Casa 1 é a casa da vitalidade, é fundamental resolver questões relacionadas à culpa e ao ressentimento, pois ao longo dos anos a energia represada pode se traduzir em sérios problemas físicos. (Instrumentos de cura para a culpa e o ressentimento serão apresentados no Capítulo 4.)

Plutonianos de Casa 1 tendem a afastar as pessoas, pois irradiam ressentimento e rancor. Em alguns casos, controlam severamente a expressão emocional, não confiando ao mundo qualquer informação importante e verificando tudo constantemente. Quando tristes ou ressentidos, eles podem se tornar introspectivos ou solitários. Seus relacionamentos, geralmente, são baseados em fazer demais pelos outros ou a se conectar de maneira simbiótica com eles. Quando a relação acaba ou falha, o resultado é o isolamento. A origem para a falta de confiança na vida pode ser uma deslealdade muito antiga, um abandono, a morte de alguém próximo ou outras situações familiares difíceis. (A Casa 1 mostra nossas defesas adquiridas em decorrência do ambiente familiar e de outros acontecimentos da primeira infância.)

Quando usado de forma construtiva, Plutão na Casa 1 é um posicionamento bastante forte, pois sua presença causa grande impacto no ambiente. À medida que se familiarizam com o uso do poder, a influência do plutoniano de Casa 1 sobre os outros aumenta. Trata-se da posição do médico ou do psicoterapeuta, pois ambos são capazes de enxergar o cerne do problema, transmitindo às outras pessoas o dom de se curar. São pessoas que também podem ser médiuns, conscientes ou não.

ASPECTOS TENSOS ENTRE MARTE E PLUTÃO

Marte em Escorpião

Pessoas com alguma dessas configurações podem ter enorme dificuldade em expressar a raiva, que será reprimida até se tornar ressentimento e mau humor, emoções que contaminam qualquer ambiente. Alguns podem sentir que a raiva que carregam tem o poder de destruir e até mesmo de matar. Provavelmente, foram vítimas de um trauma violento ou talvez captaram terríveis tendências ocultas no ambiente da infância, com a ameaça de violência presente apesar de não expressa diretamente. Há, no mínimo, a crença de que a ira pode destruir os relacionamentos ou de que o conflito aberto levará ao abandono. Uma vez que sentem exageradamente o poder da raiva como ameaça, plutonianos de Marte/Plutão tentam a controlar a todo custo e, não obstante, a carregam constantemente. Os mais próximos podem sentir essa raiva acumulada e, por sua vez, ficarem ressentidos. Assim, ao final, as pessoas de Marte/Plutão tendem a ser abandonadas, como temiam. Porém, à medida que aprendem a lidar melhor com a ira, passam a curar ressentimentos antigos, liberando energia e passando a usá-la de maneira poderosa. O uso controlado dessa força vital resulta em uma tremenda capacidade de concentração, que pode ser usada para curar ou para realizar outros feitos prodigiosos.

PLUTÃO NA CASA 2

Planetas em Escorpião na Casa 2; Escorpião na Casa 2.

Com essas configurações de Plutão, a disputa pelo poder naturalmente se concentra no dinheiro, sem dúvida um tema importante para os pais do nativo. É possível que, ao dar dinheiro para os filhos, esses pais tenham exercido um forte controle sobre eles. Consequentemente, essa contribuição pode ter sido impregnada por ressentimento, já que os vínculos estabelecidos nesses casos visavam o controle dos filhos. Assim, plutonianos de Casa 2 aprenderam a associar dinheiro a controle, possuindo, provavelmente, grandes fortunas ou absolutamente nada. Alguns se entregam ao rancor quando sofrem dificuldade financeira. Isso pode ter sido despertado por um evento na infância, quando os pais predisseram que o filho nunca teria independência financeira.

Assim, é possível haver grande ressentimento em relação às pessoas que têm dinheiro. (Um cliente meu, por exemplo, chamava os ricos de "filisteus".) Outros plutonianos de Casa 2 podem resistir às concessões que se tem de fazer para ganhar dinheiro, confundindo cooperação e controle. Desse modo, o ressentimento em relação ao dinheiro e ao que ele representa pode envenenar qualquer tentativa de autonomia financeira.

É possível também que a falta de dinheiro se transforme em um mecanismo de controle nos relacionamentos dos plutonianos de Casa 2, que tendem a se envolver simbioticamente com aqueles que os "ajudam". Nesse caso, a pobreza sempre dita a palavra final, pois é a carta na manga: "Não posso fazer o que você está me pedindo porque não tenho dinheiro". A sexualidade pode ser outra estratégia de jogo, então todos ficam ressentidos por ter de pagar dessa maneira. Há casos em que os plutonianos de Casa 2, em vez de ficarem dependentes de uma pessoa, recorrem à ajuda do governo, talvez para sentir o prazer secreto de se vingar do sistema. O ressentimento em relação aos que têm dinheiro pode levar os indivíduos menos éticos com esse posicionamento a se apropriarem de dinheiro ou bens do empregador, visto por eles como uma figura corrupta.

Por outro lado, há plutonianos de Casa 2 que usam o dinheiro que ganham para manter o controle dos relacionamentos ou do ambiente. São os "benfeitores", aqueles que se envolvem com pessoas que dependem de sua ajuda financeira. Isso dá a eles o controle de seus relacionamentos, criando a sensação de que não serão abandonados porque são necessários. No final, nem o relacionamento nem a carreira são realmente bem-sucedidos, pois se ressentem por ter de ganhar dinheiro por essas razões. O ressentimento envenenou tudo: eles não ganham tanto quanto poderiam nem se sentem amados por si mesmos.

Ao juntar as palavras-chave da Casa 2 e de Plutão, temos "ganhar poder". Essa é uma visão construtiva dessa posição. Pessoas com Plutão na Casa 2 que trabalham para se livrar da dinâmica negativa de Plutão (do ressentimento, da mágoa, da culpa, da luta pelo poder e do controle) relacionada com as finanças podem ser extremamente bem-sucedidas. Elas serão provavelmente ímãs de dinheiro ou verdadeiras artífices no que se refere a transformar recursos em riqueza. Para serem bem-sucedidas, elas têm de abandonar o rancor.

PLUTÃO NA CASA 3

Aspectos tensos entre Mercúrio e Plutão; Mercúrio em Escorpião; Escorpião na Casa 3.

Pessoas com alguma dessas configurações de Plutão acreditam que as palavras são tão poderosas que têm o poder de destruir. Elas são extremamente cautelosas com o que dizem para não correr o risco de serem prejudicadas ou controladas por alguma informação dada. Esse comportamento pode ter se originado em discussões na infância, quando algum membro da família (um irmão ou uma irmã provavelmente mais velhos) com faixa preta no caratê oral oprimiu o plutoniano de Casa 3. Esses eventos podem ter sido tão destruidores que ele aprendeu a ficar quieto.

Já adultos, os plutonianos de Casa 3 tendem a ter medo do abuso verbal ou a ser verbalmente abusivos e sarcásticos, adotando a postura de que a melhor defesa é o ataque. Outra manifestação possível é colocar as palavras no foco da luta de poder: enquanto não as transmitem, mantêm o controle. Nos relacionamentos, podem bloquear a comunicação; como empregados, tendem a reter documentos ou outras informações importantes; como estudantes, não entregam seus trabalhos, pedindo sempre mais prazo. As palavras também podem ser usadas para manipular, e com grande eficácia.

Plutonianos de Casa 3 quando estão na via construtiva são perceptivos e profundos no pensar e na comunicação. Têm o talento de ver as motivações dos outros e são capazes de analisar em profundidade qualquer problema. Podem usar as palavras para curar, indo direto ao cerne da questão. São eminentes professores e escritores analíticos. Em vez de serem manipuladores, em geral usam a palavra para influenciar e proporcionar aos outros o ânimo necessário para a concretização dos bons propósitos.

PLUTÃO NA CASA 4

Aspectos tensos entre Lua e Plutão; Lua em Escorpião; planetas em Escorpião na Casa 4; Escorpião na Casa 4.

A pessoa nascida com alguma dessas configurações é bastante plutoniana, sobretudo se Plutão está próximo da cúspide da Casa 4. Um de seus genitores, mais provavelmente a mãe, era poderoso, invasivo e controlador. Contudo, se um dos pais era abertamente dominador, o outro pode ter adotado uma abordagem mais sutil e manipuladora: "Somos eu e você contra aquele monstro". Geralmente, há grandes correntes de ressentimento no lar, particularmente em relação às necessidades emocionais do filho. Uma avó, como uma autêntica matriarca, pode ter exercido grande influência. Ou é possível ter havido, de fato, um abandono, a morte de um dos pais ou a ameaça constante de abandono caso a criança não se comportasse. Talvez todos estivessem em luto na época do nascimento da criança de Plutão na Casa 4, de modo que a mãe, deprimida, pouco tinha a oferecer.

Os aspectos tensos entre Lua e Plutão ou a Lua em Escorpião indicam certa dificuldade em confiar nas mulheres e algum ressentimento em relação a elas. Outra manifestação possível é a manipulação para tornar as mulheres dependentes de maneira simbiótica, de modo a evitar o abandono. Um pai ou uma mãe com essas configurações pode se indignar por ter que criar os filhos e, ao mesmo tempo, recompensá-los excessivamente ou prendê-los de maneira simbiótica ao fazer tudo por eles. Esse pai ou essa mãe provavelmente agarrarão desesperadamente o filho, sentindo que essa é a única relação em que nunca será abandonado(a). Por outro lado, as cicatrizes deixadas pela falta de afeto na infância podem ser tão profundas que esse indivíduo decide nunca se tornar pai ou mãe.

Depois de adultos, o lar dos plutonianos de Casa 4 pode se transformar em um verdadeiro campo de batalha para lutas de poder; ou, para evitar repetir padrões familiares, podem decidir morar sozinhos. Em geral, será difícil a convivência com outra pessoa, a menos que ele tenha controle absoluto da situação: "Minha casa é o meu *bunker*, meu santuário secreto, e realmente não suporto compartilhá-la com ninguém". É essencial que pessoas com esse posicionamento respeitem sua necessidade de privacidade e isolamento, sabendo que, mesmo quando moram com outras pessoas, precisam de tempo para si próprias. Assim, à medida que forem curando traumas e ressentimentos da infância, será cada vez mais fácil conviver intimamente com outras pessoas. A vida doméstica se tornará então uma fonte de regeneração, dando-lhes energia para ser levada para o mundo. Afinal, eles adquiriram a capacidade de se curar dos traumas antigos e podem compartilhar o que aprenderam com outros que foram feridos de maneira semelhante.

PLUTÃO NA CASA 5

Planetas em Escorpião na Casa 5; Plutão em Leão proeminente; Escorpião na Casa 5.
(Aspectos entre Sol e Plutão serão tratados na sequência.)

Com Plutão ou outros planetas em Escorpião na Casa 5, nota-se, pelo menos nas gerações mais antigas, o casamento forçado em decorrência de uma gravidez. Mesmo em um casamento estabelecido, a gravidez pode ser usada como instrumento de controle, por exemplo, para assegurar a permanência do companheiro. Já que essa não é uma maneira muito bem-sucedida de controle, pessoas com esse posicionamento em geral acabam magoando ou estragando os filhos para compensar o fato de não os ter desejado de início. Crianças birrentas são, com muita frequência, filhos indesejados que foram criados dessa maneira; o pai (ou a mãe) mimou em excesso os filhos e foi condescendente com eles por causa desse tipo de culpa. Desse modo, ao se sentirem usados, os filhos se ressentem e aprendem a manipular os pais.

Também com essa posição de Plutão os filhos podem ser percebidos como um instrumento de manipulação ou como uma garantia para um dos pais nunca ficar sozinho, resultando em laços simbióticos entre pais e filhos. (Ascendente em Câncer tem com frequência Escorpião na Casa 5; assim, esse posicionamento ajuda a explicar o amor sufocante do canceriano.)

De outro modo, plutonianos de Casa 5 podem se recusar a ter filhos. A "criança interior" negada por um dos pais cresce com medo ou ressentimento das exigências que os próprios filhos poderiam fazer. Elas temem que a maternidade (ou paternidade) domine suas vidas e as sufoque. Há também a questão do poder que a escolha pela não maternidade ou paternidade traria. Nesse caso, não ter filhos pode ser uma forma de vingança contra o companheiro ou os pais, uma recusa em conceder a eles a imortalidade.

Com Plutão na Casa 5 ou proeminente em Leão, um dos pais pode ter se impressionado com a criatividade da criança e enxergado nela um meio de riqueza e poder. Assim, podem ter ido longe demais, como aqueles que empurram os filhos para o palco, e o talento se tornou o foco das lutas de poder. Isso aconteceu com muitas pessoas que têm Plutão em Leão, pois foi a primeira geração com tempo e recursos materiais disponíveis para desenvolver a criatividade que existe em todos nós. O talento pode se tornar o centro de disputas de poder particularmente para aqueles que acham que o amor é um poder capaz de transformar e revelar um gênio em ascensão. Romance e transformação estão misturados para plutonianos de Casa 5. "Deixe-me amá-lo para que eu possa moldá-lo à minha própria imagem." Ou vice-versa. Para maior aprofundamento sobre a engrenagem romântica desse posicionamento, leia Plutão nas Casas 7 e 8, pois são semelhantes.

ASPECTOS TENSOS ENTRE SOL E PLUTÃO

Em menor intensidade, Sol em Escorpião. Quando Plutão em Leão for proeminente, também podemos ver algumas das dinâmicas a seguir.

A figura autoritária tóxica é, em geral, o pai do plutoniano, normalmente um homem rude e dominador. Devido às próprias necessidades de ego e de poder, o pai não foi capaz de elogiar o filho, como se qualquer coisa que a criança fizesse bem ou mal o diminuísse e se refletisse nele. Com um pai desses, não há vitória.

Quando usado de forma negativa, esse posicionamento combina o egoísmo e o desejo de atenção de Leão com a ânsia de poder de Escorpião. O conceito de si mesmo está ligado a *Ser Alguém*. O ódio contra si mesmo pode ser uma questão se essas pessoas não estão causando impacto em seu mundo, e elas às vezes usam táticas cruéis ou duvidosas para se tornarem importantes. Com o extremismo de Escorpião/Plutão, sentem que, se não *são alguém*, então são ninguém, e que a vida não vale a pena ser vivida. Elas podem se ressentir contra pessoas que estão no centro das atenções ou reagir de modo agressivo quando seus egos são ameaçados. Se perdem as batalhas pelo poder, o ódio contra si mesmo é multiplicado.

Paradoxalmente, quando essas pessoas conseguem se libertar da necessidade de ser o centro das atenções e a necessidade de poder perde força, elas podem realmente se tornar muito poderosas para uma boa causa. O poder vem de uma fonte de recursos inesgotável, irradiando do centro do seu ser, luz do Sol interior que nunca se põe. O contato entre Sol e Plutão mostra o potencial para transformar o ego. Quando algo precisa ser trabalhado, essas pessoas vão até o fim. Depois de curar o ego, a capacidade para curar outras pessoas com problemas semelhantes irá se manifestar.

PLUTÃO NA CASA 6

Planetas em Escorpião na Casa 6; Escorpião na Casa 6; possivelmente Plutão em Virgem.

Essas configurações em geral indicam indivíduos obcecados ou até mesmo viciados em trabalho. Plutonianos de Casa 6 servem, apesar de se ressentirem por serem subservientes; e trabalham de modo compulsivo, apesar do ressentimento por terem de trabalhar tanto. Essas pessoas acreditam que o trabalho é o caminho do poder e, dessa maneira, tramam pelo poder ao se tornarem indispensáveis. Uma vez que essa vontade de poder é facilmente reconhecível pelo empregador e pelos colegas, esses indivíduos são considerados pouco confiáveis. Ocorrem lutas pelo poder, assim como ressentimentos e vinganças com colegas; como resultado, essas pessoas podem estar sempre trocando de emprego em situações desagradáveis.

A Casa 6 é uma casa de saúde, de modo que, com Plutão nesta posição no mapa natal (ou em trânsito), indica a possibilidade de ocorrência de doenças devido a ressentimentos acumulados. E a doença pode ser a única maneira disponível de interromper a compulsão pelo trabalho. Quando o trabalho falha como meio para a conquista do poder, o plutoniano de Casa 6 pode buscar o controle por meio da doença, tornando-se o dependente que exige que os outros o sirvam. A simbiose está assegurada: alguém tem de cuidar deles. A maioria das pessoas não consegue abandonar uma pessoa doente, pois se sente culpada!

Usado de forma construtiva, esse posicionamento indica pessoas que se transformam continuamente por meio do trabalho, reconhecendo que as atividades profissionais e as relações de trabalho são o microcosmo de tudo na vida. Qualquer situação decorrente do trabalho pode ser usada como um meio de confrontar e trabalhar partes de si mesmo que necessitam de mudança. O trabalho pode ser um instrumento poderoso na transformação da vida; e essas pessoas podem também se tornar poderosos transformadores por meio do trabalho. Essa é outra característica da capacidade de cura, às vezes desenvolvida devido ao estímulo de uma doença.

PLUTÃO NA CASA 7

Aspectos tensos entre Vênus e Plutão; Vênus em Escorpião; planetas em Escorpião na Casa 7; Escorpião na Casa 7; possivelmente Plutão em Libra.

Para pessoas nascidas com essas configurações, o amor pode ser uma obsessão, e a simbiose com a pessoa amada, uma meta. Pode ocorrer uma intrincada dinâmica de possessividade, ressentimento, culpa e lutas pelo poder. Quando o ser amado se afasta, o plutoniano de Casa 7 tende a se isolar, decidindo não estabelecer mais nenhum relacionamento. Alguns provavelmente continuarão vinculados de maneira emocional com a última pessoa que jogou sujo com eles, passando a ser perseguidos por isso. Outros, optarão por permanecer solteiros, porque associam amor a controle, e eles não querem nada com isso.

Para muitos plutonianos de Casa 7, o amor equivale ao controle na infância, quando, a menos que se submetessem ao poder do progenitor, havia a ameaça de privação de afeto e de falta de aprovação. Possivelmente, experiências de abandono ou perda, como a morte, tenham despertado neles o medo de perder o amor. Por isso, se apegam intensamente e buscam se tornar indispensáveis. Pode ter havido uma relação simbiótica com um dos pais, como foi descrito em Plutão na Casa 4: “Somos você e eu contra aquele monstro”. (Em certa medida, essas dinâmicas podem ocorrer de forma semelhante com Plutão nas Casas 5 ou 8, também relacionais.)

Se Escorpião estiver na Casa 10, Plutão na Casa 7 pode indicar um pai ou uma mãe que segurou demais um filho ou que pode ter traído seriamente sua confiança. Às vezes, o progenitor do sexo oposto foi tão opressor, dominador ou sedutor que pessoas com esse posicionamento acham os relacionamentos íntimos muito assustadores. (Com frequência, há uma mudança para melhor nos relacionamentos depois que esse progenitor morre.)

Outra dinâmica envolve a interconexão entre relacionamentos e transformação. Plutonianos de Casa 7 podem se apaixonar com o intuito de mudar as pessoas amadas, e estas podem se ressentir tanto em relação à essa insistência quanto à desigualdade implícita do relacionamento. Podem surgir conflitos de poder, levando, por fim, ao abandono. O "paciente" pode, inclusive, piorar, por rancor. Ou a pessoa de Plutão pode ser o "paciente" e se apaixonar por um mentor poderoso.

Quando esse posicionamento é usado de maneira construtiva, os relacionamentos podem se tornar uma arena para a transformação, tanto do próprio indivíduo como da pessoa amada. Para se tornarem completos, esses indivíduos com frequência passam por processos de cura, trabalhando as feridas e as mágoas de relacionamentos anteriores, liberando-os de suas mentes e perdoando. À medida que curam suas dificuldades de relacionamento e aprendem a se libertar, esse posicionamento poderá se tornar um bom guia, particularmente em aconselhamento matrimonial, ao fazerem uso da relação terapêutica e da capacidade de amar como agente de cura.

PLUTÃO NA CASA 8

Planetas em Escorpião na Casa 8; Escorpião na Casa 8; possivelmente Plutão em Escorpião.

O sexo é um tema desafiador para as pessoas com essas configurações de Plutão. Elas foram ensinadas a dar muito mais importância à relação sexual, que acaba se tornando assustadora. (Em nossa cultura, todos atribuímos um poder exagerado ao sexo, mas os plutonianos de Casa 8 levam isso ao extremo.)

Essas pessoas podem sentir que, se se envolverem sexualmente, o parceiro irá controlá-las. Como resultado, tendem a pensar duas vezes antes de se envolverem. Ainda assim, são passionais, de modo que dificilmente conseguem evitar algo tão poderoso. Nos relacionamentos sexuais, elas provavelmente buscam manter o controle a todo custo. Fazer ou negar sexo se torna uma forma de controle, transformando a cama em um campo de batalha onde outras questões de poder no relacionamento (ou no mundo externo) são deflagradas. Quando surgem mágoas ou desconfianças no relacionamento, a relação pode esfriar. Mesmo após o fim de um relacionamento conturbado, o plutoniano de Casa 8 pode permanecer frio e sem disposição para se abrir para uma nova pessoa. Com esse posicionamento, em geral está presente um profundo e obscuro segredo.

A Casa 8 também é associada ao dinheiro, de modo que dinâmicas semelhantes às descritas para Plutão na Casa 2 podem ser encontradas também nessa posição. A partilha de recursos não é um tema fácil para essas pessoas, havendo uma grande desconfiança e uma necessidade compulsiva de manter o controle financeiro da relação. Heranças e outras dinâmicas do processo de luto podem levar a amargas batalhas. (Ver Capítulo 6.)

Encarada com medo e fascinação, a morte é outro tema significativo. Às vezes, a criança pode ter morado em uma casa em que houve muitas perdas ou havia uma ameaça de morte permanente, o que é talvez mais difícil de lidar. É possível que o pai tivesse um coração fraco, o que mantinha a família sempre atenta. O plutoniano de Casa 8 pode, assim, ter um medo intenso da morte e viver sob a perspectiva dela.

Na via construtiva, essa posição indica terapeutas, médicos e agentes de cura de todos os tipos e, possivelmente, o médium. Existe uma grande capacidade de regenerar a si mesmo e aos outros. Quando o sexo é aliviado de sua pesada carga emocional, pode se tornar um meio de rejuvenescimento e de regeneração. Quando o dinheiro não é fonte de luta pelo poder, essa posição poderá indicar um grande poder para ganhá-lo ou a capacidade de empoderar os outros para o sucesso.

PLUTÃO NA CASA 9

Aspectos tensos entre Júpiter e Plutão; Júpiter em Escorpião; planetas em Escorpião na Casa 9; Escorpião na Casa 9.

Plutonianos de Casa 9 geralmente têm uma mente analítica e profunda. No entanto, não raro se recusam a terminar a educação superior. Eles se revoltam com a ideia de precisar ter um diploma para atingir o sucesso, pois veem isso como uma vitória dos pais. Muitos deles percorrem toda a trajetória escolar e, então, de algum modo, deixam de completar o último semestre, a última disciplina, ou até mesmo o último trabalho. Esse é um tipo de vingança que enlouquece os pais, pois eles queriam que o filho obtivesse um diploma, considerado uma chave mágica para o sucesso.

Esse comportamento de fracasso pode ser considerado uma estratégia motivada pelo ressentimento, pois pessoas com essas configurações de Plutão acreditam no potencial transformador da educação e que sem ela não se chega a lugar algum. A posição de Plutão no mapa natal indica onde existe a tendência a abandonar o poder; entretanto, também aprisiona nesse setor. Na Casa 9, os ressentimentos podem ser transferidos para a sociedade. Lembro-me de um homem muito inteligente com esse posicionamento que precisava concluir apenas uma disciplina para se formar em um curso importante. Ele expressou seu ressentimento quanto à sociedade. Eu o confrontei, dizendo: "Sabe de uma coisa? A sociedade não se importa se você terminar esse curso ou não! A sociedade nem sabe que você existe! A educação é apenas para você". Lançado à lucidez por essa deliberada terapia de choque, ele decidiu completar o curso. (Padrões semelhantes de ressentimento e autopunição podem existir em relação à lei e à igreja.)

Quando essas pessoas trabalham os ressentimentos e superam os obstáculos em seu caminho, Plutão na Casa 9 pode ser um posicionamento extremamente benéfico. Elas se transformam em eruditos e pesquisadores natos e obtém grande satisfação em estudar sozinhas. Também podem se tornar excelentes professores, capazes de penetrar no cerne de assuntos abstratos, usando o poder da mente para libertar outros da prisão da ignorância. Conhecimento é poder, e o uso adequado do conhecimento pode transformar o mundo.

PLUTÃO NA CASA 10

Plutão em aspecto tenso com o Meio do Céu; aspectos tensos entre Plutão e Saturno; Meio do Céu em Escorpião; planetas em Escorpião na Casa 10; possivelmente Saturno eminente em Escorpião.

Pessoas com alguma dessas configurações experimentam situações extremamente desafiadoras com figuras de autoridade, mais provavelmente com um progenitor opressor, controlador e até mesmo abusivo. O resultado é um ressentimento profundo em relação àqueles que detêm poder (e possivelmente em relação ao mundo todo) e uma forte determinação em nunca ser controlado por ninguém. O dilema é que essas pessoas também buscam o sucesso, e é difícil alcançá-lo se estão eternamente em conflito com as estruturas de poder estabelecidas. O ferrão do escorpião significa que, geralmente, podem acabar feridas. Isso porque elas podem estar jogando com "figurões" naturalmente estrategistas enquanto seus próprios ressentimentos as levam a agir de maneira impulsiva.

Pais com algum desses posicionamentos de Plutão que não foram capazes de ser poderosos no mundo possivelmente transferiram a necessidade de poder a seus filhos, repetindo o que foi feito com eles. Plutão na Casa 10 indica um progenitor crítico e altamente ambicioso, que valorizava apenas GRANDES sucessos e que nunca se contentava com conquistas mais modestas. A praga paterna/materna "Você nunca vai ser nada na vida" pode ter sido ouvida com frequência, e esse indivíduo tende a passar por repetidos fracassos públicos como forma de vingança. O grau e a profundidade desse jogo de fracasso motivado pelo ressentimento não é nada divertido!

Plutonianos de Casa 10 podem ser teimosamente resistentes à cura, pois qualquer tipo de cura representa, de certa forma, estar sob o poder de alguém. Talvez acreditem que consigam fazer isso por si próprios. Trabalhar com as práticas de cura para o ressentimento do Capítulo 4 pode ser de grande importância. Uma carreira na área da saúde é bastante possível; eles terão de curar a si mesmos ao longo de seus estudos! Aqueles que são livres das manifestações negativas desse posicionamento, e conseguem trabalhar com o poder de forma íntegra, têm o potencial de causar grande impacto no mundo, produzindo cura e reforma.

PLUTÃO NA CASA 11

Planetas em Escorpião na Casa 11; Escorpião na Casa 11.

Para pessoas nascidas com alguma dessas configurações, o fantasma não é mais o progenitor poderoso, mas os grupos aos quais elas tanto tentaram pertencer durante a adolescência, mas sem sucesso. Para algumas delas, o sexo era o preço a ser pago para serem aceitas. Outras preferiram se isolar para não se submeterem ao controle do grupo, afinal, adolescentes exigem mais submissão do que pais jamais poderiam imaginar. O ressentimento em relação ao que aconteceu na escola pode interferir na forma como esses indivíduos participam de grupos já como adultos. Lutas pelo poder podem afetar as amizades, provavelmente possessivas e simbióticas. Alguns tendem a permanecer isolados, mesmo quando adultos, devido à incapacidade de confiar. Ser membro de grupos também pode ser problemático, pois essas pessoas são atraídas pela "política da organização" como meio de conquistar o poder.

Terapia de grupo ou grupos de apoio, a fim de romper com a alienação pessoal, são geralmente transformadores. À medida que questões de confiança e ressentimento são trabalhadas, é possível emergir a capacidade de se transformar em um poderoso líder. Essas pessoas podem se sentir atraídas por grupos que idealizam reformas sociais, ambientais ou a cura. A amizade será provavelmente a área em que elas serão transformadas, pois se envolver com outros plutonianos que não evitam a intensidade pode servir como fonte de cura mútua.

PLUTÃO NA CASA 12

Planetas em Escorpião na Casa 12; Escorpião na Casa 12; possivelmente Netuno em Escorpião.

Para os plutonianos de Casa 12, a repressão das emoções pode resultar em comportamento autodestrutivo ou em doenças físicas, já que essa é uma das casas de saúde. Nesse contexto, a doença pode servir ao propósito de mantê-los apartados de um mundo que lhes parece excessivamente poderoso, perigoso e pouco confiável. A doença pode ser usada como forma de controle sobre os outros, o que vale também para as doenças psíquicas. Você já deve ter lidado com alguém que parecia estar profundamente deprimido o tempo todo e que parecia controlado por sua fragilidade. A dependência de substâncias, outro estratagema da Casa 12, também pode ser usada para manter os outros sob controle.

Plutonianos de Casa 12 podem reprimir o desejo de poder, mas, mesmo assim, buscar formas sutis de controle que eles próprios não percebem. Assumir o papel da vítima desamparada, por exemplo, serve para disfarçar a ânsia de poder. Você já salvou uma pobre alma desamparada que, depois, tomou o controle da sua vida e de toda a sua energia? Então certamente você aprendeu que o papel de vítima pode ser poderoso! (É importante compreender que existem vítimas verdadeiras, mas aqui estamos falando daquelas que se entregam ao sofrimento para conseguir uma espécie de vitória moral sobre os outros.) A fascinação inconsciente com o poder também pode levar ao contato com elementos do submundo, com o psiquismo negativo e com diversos ambientes onde ele é usado de forma obscura. A cura do ressentimento reprimido pode ser uma longa jornada até a transformação das manifestações destrutivas em construtivas. Portanto, o Capítulo 4, que aborda culpa e ressentimento, pode ser útil nesse processo. Na casa do isolamento, os segredos profundos e obscuros sempre representam possibilidades. Revelá-los em ambientes terapêuticos pode libertá-lo de seu poder.

O uso construtivo de Plutão na Casa 12 está na capacidade de investigar o inconsciente e de curar problemas emocionais profundamente enraizados. Desse modo, é uma posição frequente em pessoas que trabalham no campo da saúde mental. Do mesmo modo, aqueles que já enfrentaram uma dependência e conseguiram se libertar são os que mais têm potencial para ajudar outros dependentes. Este posicionamento está também relacionado à mediunidade ou a capacidades psíquicas, e o estudo dos sonhos pode ser bastante útil. A cura espiritual é outra possibilidade significativa.

✦ ✦ ✦

Ao considerar as configurações de Plutão, por casa e por aspectos, em seu próprio mapa astrológico há, sem dúvida, pontos com os quais você não concorda. Em certos casos, as leituras revelaram aspectos indesejáveis e antigas feridas, abandonos, traições que ainda afetam negativamente sua vida atual, causando sofrimento. O que você pode fazer para transformar essas dificuldades? No Capítulo 3, você encontrará sugestoes, práticas, instrumentos e recomendações de leitura que podem ajudá-lo nesse processo.

A influência geracional de Plutão em um signo

Até recentemente, Plutão era considerado um planeta "impessoal" e, na medida em que afeta as pessoas de forma coletiva, sua presença em um signo não era tida como significativa. Certamente, a casa e os aspectos de Plutão mostram os efeitos mais óbvios do planeta no indivíduo, mas, assim como outros astrólogos, estou começando a perceber que Plutão em um signo pode ter uma influência profunda na psique coletiva, atuando, portanto, de forma mais interna do que externa. Afinal, a geração do indivíduo (e os importantes eventos que ocorrem no mundo nos anos de sua formação) pode ter um efeito pronunciado no comportamento, nas crenças e nos valores pessoais.

Muito tem sido escrito, por exemplo, sobre a geração do "EU" e sobre narcisismo. Do ponto de vista astrológico, isso me parece corresponder à geração de Plutão em Leão, nascida entre 1937-1958. Leão é um signo narcisista, e as pessoas com Plutão em Leão tendem a ser obcecadas por si mesmas quando esse planeta está em destaque no mapa natal. Combine o simbolismo de Leão e de Plutão e você terá um retrato dos efeitos psicológicos desse posicionamento. Essa geração, por exemplo, foi a primeira a ser fortemente influenciada pela disseminação dos conceitos psicológicos, ainda que estes tenham sido fundamentalmente direcionados ao ego. Conversas sobre "MEU analista", "MEU complexo de Édipo" e "MEUS sonhos" se tornaram comuns e abundantes. E quando essa geração se interessou pelo ocultismo e pela espiritualidade surgiram as expressões "MEU guru" e "MEUS poderes psíquicos".

A geração de Plutão em Leão também foi a primeira a ter tempo livre e recursos materiais para desenvolver sua criatividade inata. Como resultado, há uma infinidade de atores e cantores frustrados esperando para serem descobertos, milhões de pintores certos de que chegarão ao Louvre se tiverem uma oportunidade, um milhão de escritores com ideias que certamente estariam na lista dos mais vendidos se conseguissem encontrar um editor. Tudo isso misturado ao orgulho e à preguiça do Leão, que toma o reconhecimento como um direito inato e não como algo a ser conquistado à custa de muito suor.

É importante reconhecer, no entanto, que essa geração tem uma natureza incrivelmente prolífica, produzindo uma grande quantidade de sementes para assegurar sua própria reprodução. Foram criados milhões de espermas para cada um forte o suficiente para gerar um bebê, milhares de sementes para cada uma com a energia necessária para criar uma planta, e centenas de pessoas criativas entre as quais apenas uma tem a disciplina necessária para desenvolver seu talento. Como disse Rainer Maria Rilke: "Se eu não conseguir voar, alguém o fará. O Espírito deseja apenas que haja voos. Quanto àqueles que os realizam, há apenas um interesse passageiro". A menos que estejamos dispostos a nos dedicar inteiramente a esse talento, deixaremos nosso nome escrito na história. Mas o talento é transformador e pode ser um poderoso meio de autoconhecimento e de autoexpressão, além de ser uma fonte de cura para nós e para outras pessoas.

Dedicamos um bom tempo à geração de Plutão em Leão porque ela representa o grupo adulto dominante no mundo na época em que este livro foi escrito.* Para que você não pense que essa geração estará irremediavelmente autocentrada para todo o sempre, lembre-se de que durante os onze anos em que Plutão estiver em Escorpião ele fará aspectos tensos (quadraturas) com os posicionamentos de Plutão em Leão. Essa pode ser uma época de transformações em massa, na qual o trabalho de autoexploração feito pela geração de Plutão em Leão será, provavelmente, compartilhado por outros, criando uma geração de agentes de cura psicologicamente conscientes.

A geração de Plutão em Câncer (1913-1938) é bastante diferente da geração de Plutão em Leão, e isso contribuiu para o choque de gerações muito discutido há anos. A primeira foi marcada pela experiência da Depressão de 1930 e das duas Guerras Mundiais e era bastante voltada para a segurança, agarrando-se firmemente à família e aos valores tradicionais. Os valores da geração de Plutão em Câncer entraram em conflito com o hedonismo e o individualismo da geração de Plutão em Leão, cujos principais comprometimentos eram com o próprio ego e com a aventura romântica do momento. (Os trânsitos da década de 1960, como Urano e Plutão em Virgem, fizeram da reforma social um desejo premente.)

A presença de Plutão em um signo indica a obsessão de uma geração, mostrando onde é possível ter uma abordagem séria e alcançar um

---

* É importante considerar que esta obra foi escrita há quase quarenta anos. Durante esse período, Plutão transitou pelos signos de Escorpião, Sagitário e Capricórnio, até chegar a Aquário, signo que atravessa atualmente. Assim, alguns comentários, exemplos e referências a determinadas gerações ou eventos podem estar desatualizados em relação ao tempo atual. (N. da P.)

objetivo profundo. Michael Lutin observou que Plutão em um signo produz comportamentos compulsivos para evitar que as questões desse signo morram; esses próprios comportamentos, porém, contribuem para a destruição no final. Por exemplo, ele observou que o refrigerador foi desenvolvido durante o trânsito de Plutão pelo signo de Câncer como uma maneira de conservar o alimento; assim, as mulheres não tiveram mais que passar o tempo todo em casa cozinhando e então saíram para trabalhar. E a família nunca mais foi a mesma.

Além disso, o signo de Plutão da nossa geração pode ser um indicador da nossa abordagem em relação ao sexo. Esses valores são propagados como senso comum e pelos meios de comunicação na época em que somos jovens, sendo absorvidos e formando um modelo segundo o qual tentamos viver. Para Plutão em Leão, o sexo é uma *performance* dramática e romântica. É uma viagem do ego: “Sou tão poderoso que posso ter relações sexuais com vários parceiros sexuais e te levar ao orgasmo”. Plutão em Virgem provavelmente irá achar seus pais imorais e adotará uma postura mais casta e monogâmica, em parte como resposta à propagação das doenças sexualmente transmissíveis (DST). No entanto, essa geração tem Netuno em Escorpião, de modo que inicialmente foi muito ligada em sexo, pauta comum da época em que nasceram, cujos *slogans* eram: “Faça Amor, não faça Guerra” e “Amor Livre”. Observe que a música é regida por Netuno, e as pessoas com Netuno em Escorpião têm adotado a música sexualmente explícita.

No entanto, ainda é cedo para fazer afirmações definitivas sobre a geração de Plutão em Virgem, muito menos sobre Plutão em Libra ou Escorpião. Os efeitos de Plutão em um signo são tão amplos e trazem tanto luz como sombra para os indivíduos de uma geração, de modo que não é possível fazer grandes previsões. Além disso, não sabemos como as pessoas com Plutão em Leão irão reagir à quadratura de Plutão em Escorpião com seu Plutão natal.

Plutão e o desdobramento do coletivo

Os efeitos dos planetas geracionais Urano, Netuno e Plutão estão intimamente relacionados, pois colaboram para o desenvolvimento coletivo. É provável que Netuno dissolva em primeiro lugar as questões relacionadas a um signo, tornando os assuntos desse signo sonhos inalcançáveis. É como se contaminasse todos nós com uma ilusão que compulsivamente tentamos atingir, como uma nuvem de fumaça que os anos de Plutão, posteriormente, limpa. Urano atualmente segue Netuno, popularizando e disseminando as ilusões e colocando-as ao alcance das massas.

Plutão passa por um signo por volta de vinte e oito anos depois de Netuno e destrói as ilusões de Netuno da geração "X". A geração de Netuno em Virgem (1921-1942), por exemplo, nasceu em meio ao desemprego e à pobreza da depressão, de modo que passou a idolatrar o trabalho como se fosse divino. No entanto, essa geração teve de sofrer tanto o apego ao trabalho como a desilusão quando ele não os fez viver "felizes para sempre". O trabalho tornou-se sem sentido durante a época em que Plutão esteve em Virgem (1958-1971), incorporando o espírito da contracultura de "ligue, sintonize, saia", quando a ética do trabalho foi abandonada.

Enquanto Netuno esteve em Libra (1943-1957), começamos a procurar romances do tipo hollywoodiano, eternos e felizes para sempre, com alguém tão bonito ou simpático quanto um astro de cinema. Quanto mais perseguimos esse sonho, menos conseguimos nos relacionar com pessoas de verdade, pois estávamos em busca do nirvana romântico e de alguém que nos elevasse da condição humana para a divina. Durante o trânsito de Plutão por Libra, essas ilusões se esvaneceram e os relacionamentos tiveram de experimentar a dor da realidade.

Plutão em Libra intensificou a revolta sobre relacionamentos desiguais, de modo que relacionamentos em que o poder estava desequilibrado foram de fato destruídos. Talvez isso tudo faça parte de um Grande Plano e estejamos caminhando para a igualdade, mas precisamos nos isolar com frequência para sentir que não precisamos do outro para sobreviver. Assim, quando voltarmos a nos relacionar será em bases diferentes. Depois de Plutão em Libra ter destruído nossas ilusões sobre relacionamentos, tornando-os progressivamente amargos, talvez precisemos aprender a ficar sozinhos, uma interpretação possível para Plutão em Escorpião. Ou poderemos nos defender contra a solidão intensificando todas as defesas plutonianas: o controle, a manipulação, a simbiose e a luta pelo poder. Somente no final ficará claro que elas não funcionam.

Para a geração de Netuno em Escorpião (os filhos da geração das flores) e para a consciência coletiva dessa época (1957-1971) as ilusões e os apegos se relacionavam a sexo, riqueza e cinismo em relação à corrupção da estrutura do poder. A Casa 8 representa dívida, e Netuno, ilusão ou escravidão, de modo que essa geração vive em uma terra de fantasia com cartões de crédito como varinhas mágicas. O sexo era tão importante que controlava a vida dessa geração. Assim, anúncios com conteúdo sexual foram veiculados para manipular, levando a compras além das posses reais. Houve também uma série de ilusões sobre sexo e reprodução, com histerectomias desnecessárias e intrusões químicas ou cirúrgicas no processo de natalidade, que tornaram alguns médicos ricos. O uso de medicamentos para controle da natalidade deu a ilusão de liberdade sexual, porém o custo físico, emocional e espiritual também apareceu. As doenças sexualmente transmissíveis (como herpes e aids) fez com que as pessoas reavaliassem sua sexualidade "liberada". As ilusões lançadas quando Netuno transitou por Escorpião serão reavaliadas à medida que Plutão também passar pelo signo de Escorpião.

Muitos astrólogos observaram a maneira como a forma dos planetas segue a função, como as peculiaridades de sua construção diz algo sobre a maneira como os planetas agem em nossa vida. Isso se confirma quando consideramos a irregularidade da órbita de duzentos e quarenta e oito anos de Plutão. Em alguns pontos de sua trajetória em torno do Sol, por exemplo, Plutão permanece até trinta e dois anos em um signo, enquanto fica apenas onze em outro. Isso é mecânica celeste, realidade objetiva e, ainda, pode refletir as dinâmicas da mudança em nossa vida. Todos nós sentimos que as coisas estão se movendo rápido demais, se deteriorando rápido demais; todos temos uma sensação de muitos fechamentos e mesmo do tempo se acabando. As consequências parecem ocorrer mais rápido e, paradoxalmente, nossa expectativa de vida está aumentando à medida que vencemos doenças anteriormente fatais.

Essas foram algumas ideias preliminares sobre os efeitos de Plutão e dos outros planetas exteriores. A Astrologia pode estar prestes a descobrir muito mais sobre o significado desses posicionamentos; mesmo assim, eu gostaria de ver um bom historiador com uma boa bagagem de ciência política e economia abordar esse assunto. Estamos em um momento bastante excitante do desenvolvimento da Astrologia e ainda vamos descobrir muito mais sobre os significados e as correlações históricas dos planetas exteriores nos signos.

CAPÍTULO 2

♇

A Personalidade e a Natureza dos Plutonianos

Vamos deixar bem claro que este livro não é sobre Escorpião, mas sobre como entender Plutão em cada um de nós. E, se ele não estiver trabalhando de maneira construtiva, como curá-lo. Este capítulo mostra o melhor e o pior do plutoniano. São apresentados análises e instrumentos de cura para os mais diversos tipos plutonianos. E não há ninguém melhor do que um plutoniano que enfrentou seus desafios para ajudar outros plutonianos.

Como reconhecer um plutoniano

Primeiro, vamos definir o que queremos dizer com "pessoas de Plutão". Se você olhar os mapas natais deles (isto é, se eles *deixarem* você olhar, já que são muito reservados), irá descobrir algum aspecto de Plutão com o Sol, a Lua, o Ascendente ou o Meio do Céu. Em geral, há mais de um aspecto, na maioria das vezes tensos, como a conjunção, a quadratura e a oposição, e, em menor grau, a semiquadratura, a sesquiquadratura ou o quincunce. Às vezes, Plutão faz aspecto com vários planetas ou há posicionamentos-chave em Escorpião, que é regido por Plutão. Ter diversos planetas na Casa 8 também pode produzir alguns desses efeitos.

Mas como reconhecer um plutoniano na via negativa se você não tem seu mapa astral ou se não conhece a fundo a Astrologia? Há certos traços de personalidade que tendem a acompanhar padrões do mapa astral, embora nem todos apareçam em um único indivíduo. Se você for plutoniano e alguns desses traços realmente não se adequarem a você, deixe-os de lado e pegue o que for útil e o que melhor descreve sua personalidade. O que iremos apresentar é um quadro geral, resultado de meu trabalho com inúmeros plutonianos ao longo dos anos.

Os plutonianos na via negativa são geralmente bastante resguardados, rígidos e temem que os outros cheguem perto dele. Nunca revelam abertamente nada sobre si mesmos, mas sabem tudo sobre você, pois extraíram informações com o pretexto de ajudar. Em geral, plutonianos parecem sérios e podem ter uma aparência pesada que afasta os outros. Muitos são amargos e ressentidos, obcecados com o passado e do tipo que diz repetidamente: "Olhe o que fizeram comigo!". Por serem desconfiados por natureza, é possível que camisetas com os dizeres: "Os paranoicos pretendem me pegar!" ou "Não vou ficar maluco, vou ficar calmo" tenham sido criadas para eles. Ou camisetas pretas sem dizeres, pois os plutonianos com muita frequência se vestem de preto. Mesmo o humor deles muitas vezes é sombrio. Quantos Escorpiões são necessários para trocar uma lâmpada? Nenhum. Eles preferem ficar no escuro.

Há plutonianos que agem predominantemente na via positiva, seja curando, transformando ou transmutando a si mesmos e aos que estão à sua volta. Nunca satisfeitos com uma abordagem superficial, encaram a vida e as pessoas com profundidade, tendo um dom natural para entender o que há por trás das ações. Alguns vêm com esse dom inato, pois foram criados por pais que eram plutonianos positivos. Na maior parte dos casos, porém, o plutoniano positivo desenvolve sua capacidade de cura a fim de curar os efeitos de uma infância difícil ou de circunstâncias de vida extremas. Muitos sobreviveram a ambientes severos e traumáticos, que poderiam ter esmagado uma alma mais fraca, mas que deram aos plutonianos a resistência do diamante.

Os plutonianos têm o dom e a compulsão de encontrar métodos para tratar os eventos dolorosos de sua história. Em resumo, muitos plutonianos negativos se tornaram positivos por meio de um esforço persistente de se elevar dos próprios abismos internos. Este capítulo será dedicado ao entendimento dos plutonianos negativos; o restante do livro irá apresentar instrumentos terapêuticos para lidar com os desafios e os problemas de Plutão que todos nós enfrentamos.

Os plutonianos são conselheiros natos, de modo que tendem a atrair pessoas perturbadas. Porém, um plutoniano na via negativa se apresenta como indispensável, convencendo-o sutilmente de que você está em apuros sem ele. É difícil entender o rancor que você sente por ele, e o resultado é a culpa, afinal, ele faz tanto por você! De algum modo, a relação está desequilibrada, você faz tudo da maneira dele o tempo todo e se sente culpado se não fizer. As mulheres, com mais frequência do que os homens, manipulam dessa maneira para obter poder. Poder e controle são os temas centrais de Plutão pura e simplesmente. No entanto, uma vez que plutonianos não são puros nem simples, suas estratégias são disfarçadas, muitas vezes até para si mesmos. O controle é obtido por meios sutis, como manipulação, chantagem emocional, "ajuda" e culpa.

Outra característica dos plutonianos negativos é sua maneira de lidar com as emoções. Estar no comando das emoções é ter o controle da situação, ou pelo menos é assim que pensam. Os sentimentos raramente são mostrados, particularmente aqueles que ameaçam o controle, como raiva, carência ou vulnerabilidade. Os plutonianos repudiam a cólera, mas fervem internamente. Você sente, se incomodado, mas eles insistem: "Não, não há nada errado!".

Então, um belo dia, o plutoniano diz que você está fazendo tal coisa há meses, que ele fica maluco quando você faz tal coisa... Como você pode ser tão insensível? E diz que nunca mais quer vê-lo novamente. Você fica arrasado, porque não tinha ideia de nada e acredita que não conseguirá prosseguir sozinho porque está dependente dele. Na opinião dele, você está morto, pois não há como ressuscitar o relacionamento. Você não é o único, pois esse cenário se repetirá inúmeras vezes na vida dos plutonianos. E essa pode ser, de fato, a única maneira que eles conhecem de se relacionar.

Origens do plutoniano

Não quero que pensem que os plutonianos *escolhem* deliberadamente esse padrão doloroso. É importante lembrar que as defesas que causam tanta dor a esses adultos possibilitaram a eles sobreviver, quando crianças, em ambiente difícil e muitas vezes hostil. Essas crianças tiveram que lidar com abandono, morte, ressentimento, culpa, segredos, sexo ou vingança. Com muita frequência, houve uma quebra de confiança traumática ou ameaças à sobrevivência. Como veremos no Capítulo 5, é comum um Plutão forte entre filhos de alcoólatras, crianças maltratadas e vítimas de incesto. Outros podem ter perdido um dos pais por morte ou em decorrência de um divórcio violento, ou podem ter sido crianças que sofreram nas mãos de adultos poderosos.

Muitas vezes, houve uma mãe abertamente dominadora ou disfarçadamente manipuladora, que usou mal seu poder sobre o filho. Às vezes, um dos pais é severo e repressor, enquanto o outro, aparentemente mais fraco, é mais controlador. "Somos você e eu contra aquele monstro, de modo que é melhor ficar por perto e fazer apenas o que eu mandar." Portanto, paradoxalmente, o "bom" progenitor pode se tornar o problema maior, já que a raiva contra o progenitor dominador é direta, enquanto o progenitor santo/mártir pode gerar culpa e ressentimento aparentemente injustificados.

Na maioria das vezes, crianças plutonianas não foram desejadas, embora os pais tenham tentado compensar e esconder isso delas, mimando-as em excesso. Às vezes, os pais tinham tantos problemas e estavam tão mergulhados em conflitos entre si que o filho era apenas um agravante. Às vezes, a própria gravidez foi apenas uma estratégia. Isso acontece, por exemplo, em "casamentos forçados" ou quando um casamento está a ponto de se romper e a esposa "coincidentemente" engravida no momento crítico. Ainda que essas estratégias não sejam particularmente bem-sucedidas nos dias de hoje, mesmo quando conseguem manter o casal unido, o resultado é o ressentimento. O filho passa a ser alvo da raiva do progenitor, particularmente caso se pareça com o outro.

Outra situação comum que forja os plutonianos é uma morte na família quando eles são ainda bem pequenos. Pode ocorrer uma morte um ano antes do nascimento ou até mesmo dentro do primeiro ano de vida da criança. O lar está em luto, e o bebê absorve a tristeza como parte de sua natureza. Às vezes, a criança pode ter sido concebida para substituir uma pessoa amada. Parece quase um instinto, acima da razão. Eu mesma, que nunca quis ter filhos, me peguei chorando ao ver bebês na rua quando minha mãe estava morrendo. Conforme discutiremos no Capítulo 6, uma pessoa em luto está cheia de raiva, e esse sentimento pode ser absorvido pelo bebê como uma mensagem pessoal sobre si mesmo e o mundo. Além disso, o luto deixa pouca energia para atender às demandas da vida, de modo que as necessidades emocionais da criança provavelmente não serão atendidas. Por outro lado, quando a pessoa falecida é fortemente conectada à mãe (como um progenitor ou um filho), é possível que ela se ligue simbioticamente ao filho plutoniano para compensar a perda.

Além disso, é provável que ocorra uma ou mais mortes ou perdas não resolvidas e profundamente lamentadas. Os plutonianos parecem experimentar uma quantidade maior de mortes do que o esperado, e cada nova perda pode reacender as memórias do luto anterior. Como disse Dylan Thomas: "Após a primeira morte, não há nenhuma outra". Todas as fases do luto precisam ser vividas para que o plutoniano saia da melancolia.

Às vezes, há apenas a *ameaça* repetida de perda ou de abandono, que prejudica a criança tanto quanto uma perda real. Lembro-me de um grupo de estudos que conduzi sobre mães e filhas. Cada uma das sete participantes tinha um aspecto Lua/Plutão e eu, "coincidentemente", estava passando por uma conjunção Lua/Plutão. Intrigadas, procuramos descobrir o que cada uma de nós tínhamos em comum. Todas as mulheres haviam sido constantemente ameaçadas por suas mães quando jovens: a mãe iria morrer ou não estaria mais em casa quando elas voltassem da escola. O grupo teve vida curta porque, durante nosso segundo encontro, recebi a comunicação da morte da minha mãe. Esse chocante confronto com aquilo que nos tinha ameaçado durante toda a vida foi tão traumático que ninguém continuou. (Suspeito, no entanto, que elas precisavam enfrentar a realidade da morte inevitável de suas mães, e esse era o verdadeiro propósito do grupo.)

O poder do segredo familiar

O dr. Dick Auerswald, um terapeuta de família com quem trabalhei, costumava dizer que o "segredo" é o coração da patologia familiar. O segredo desfigura os membros da família em seu relacionamento entre si e com o mundo. O plutoniano geralmente é uma pessoa que cresceu em uma família cheia de segredos, com terríveis esqueletos no armário. Viver dessa maneira fazia-o se sentir contaminado, como se a aceitação fora dos domínios da família pudesse somente ocorrer por meio da dissimulação.

Mas que tipos de segredos seriam esses? É preciso entender que vivemos em uma época muito mais aberta do que há trinta anos, quando a autoestima do plutoniano adulto estava sendo formada. Há tempos atrás, a tuberculose era um escândalo não muito distante da lepra; a epilepsia era o beijo da morte no que se referia a uma carreira ou a um parceiro; se havia algum parente com problemas de saúde mental ou com deficiência intelectual, eles eram escondidos. Com Plutão em Escorpião, tabus como incesto e maus-tratos de crianças são discutidos mais abertamente, mas ainda são como segredos terrivelmente difíceis de se conviver.

É também bastante comum notar um Plutão proeminente nos mapas de filhos de alcoólatras, e essa doença ainda é um segredo vergonhoso. Os pais de pessoas com problemas com álcool dificilmente admitem o alcoolismo, embora óbvio, pois é inadequado trazer o assunto até mesmo para dentro do núcleo familiar. Assim, os membros da família negam o problema e entram em conluio para tentar evitar que o mundo exterior saiba. Os adolescentes, em particular, que querem tanto ser iguais a todo mundo, escondem o fato de que um dos pais bebe. Com um fardo desses, podem ter receio de deixar que estranhos os conheçam, mesmo já adultos. (Na bibliografia, listei alguns livros para filhos de alcoólatras.)

À medida que a criança cresce, o segredo familiar continua a exercer sua influência, mas o isolamento leva o plutoniano a desenvolver outros segredos. Esses segredos são geralmente atos desesperados na busca pelo amor e para superar a terrível sensação de solidão. Uma vez que Plutão tem muito a ver com sexo, alguns são segredos sexuais. Outros segredos carregados de culpa são as ações hostis motivadas por ressentimentos profundos. (O Capítulo 4 irá aprofundar esse assunto, além de sugerir práticas para eliminar a culpa a fim de experimentar o amor-próprio.)

"Você é tão doente quanto seus segredos", dizem os programas dos Anônimos, e certamente segredos podem adoecer. Em casos extremos, podem até causar câncer. Se você é atormentado por um segredo e precisar se livrar dele, não há outra opção a não ser encontrar as pessoas certas com quem o compartilhar. Use o seu discernimento e compartilhe-o. Os segredos perdem o poder quando revelados. Tenho ouvido segredos, profissionalmente, há muitos anos. De todos eles apenas UM me chocou. Não vou contá-lo, mas posso garantir que o seu não se compara a ele. Se o seu segredo for tão grave, rapidamente irá virar uma série de TV. Essa é a essência de Plutão em Escorpião: o fim dos segredos!

Emoções secretas que contribuem para o isolamento

O plutoniano geralmente é solitário e mesmo no meio de outras pessoas pode se sentir só. Isso ocorre principalmente devido à sua tendência de esconder as emoções para não ser traído por elas. Assim, desenvolvem a crença de que o que sentem é tão distante da condição humana que o torna um alienígena. Inúmeros plutonianos já me confessaram a sensação de serem de outro planeta.

Todas as características do plutoniano se desenvolveram de forma justificada. No ambiente familiar, havia uma constante turbulência emocional. A criança tinha de estar permanentemente alerta, pronta para se esquivar dos golpes que vinham em sua direção. Nem sempre esses golpes eram físicos; às vezes eram verbais ou até mesmo psíquicos. Podiam também envolver ameaça de abandono, desaprovação ou perda de amor. Mas a ameaça estava presente, e a criança precisava monitorá-la continuamente. Alguns dos mecanismos usados para se manter vigilante incluíam uma intensa percepção da linguagem corporal, de tom de voz, alterações faciais sutis e até mesmo percepções psíquicas. (Já adultos, alguns plutonianos se tornam terapeutas extremamente perceptivos. Essa sensibilidade não pode ser ensinada em uma faculdade de psicologia.) Os mecanismos eram necessários porque a verdade era um tabu, e a sobrevivência dependia de saber o que estava acontecendo. A criança tinha especialmente de monitorar o estado emocional da mãe, de modo que era melhor não ir muito longe. Uma criança tem percepções além do comum e costuma ser castigada se falar sobre elas.

O que ocorre é de certa forma semelhante à história de *A Roupa Nova do Imperador*. Alguns artistas trapaceiros convenceram o imperador de que estavam confeccionando roupas com um material tão delicado que apenas as pessoas mais refinadas e sensíveis poderiam vê-las, quando na verdade não estavam costurando nada. O imperador e sua corte estavam deslumbrados com sua roupa maravilhosa, quando na verdade ele estava nu em pelo. Houve apenas um garotinho na multidão que falou a verdade: o imperador está nu! Você já se perguntou alguma vez como a história realmente terminou? Sendo uma plutoniana, aposto que ninguém agradeceu ao garoto por sua sinceridade. Mais provavelmente, ele foi castigado por sua ousadia! Sem dúvida, ele era um plutoniano que aprendeu bem rápido a se calar. No entanto, quando seus pais mentem sobre o que está acontecendo, você passa a desconfiar deles e a sentir ressentimento.

Quando o plutoniano se aventura fora do ambiente familiar e de suas perigosas dinâmicas emocionais, a sensibilidade continua. Sentimentos não declarados são considerados ameaçadores mesmo em situações em que não há perigo. Um segundo tipo de desconfiança se instala porque as pessoas em geral mentem constantemente sobre seus sentimentos, e não importa que elas mintam em primeiro lugar para si mesmas. A criança plutoniana percebe a discrepância entre o que está sendo dito e sentido e, se ousar expor isso, poderá ser castigada ou rejeitada. Com a repetição dessas situações, o jovem plutoniano passa a sentir que não deve confiar nas pessoas quando se trata de sentimentos. Ao mesmo tempo, poderá também achar estranho ter essas percepções aparentemente inaceitáveis. À medida que as mentiras persistem ao longo da vida, nas mais diversas situações sociais, tornam-se adultos emocionalmente rígidos na expressão de seus sentimentos. A consciência da mentira e de ser diferente criou um isolamento doloroso.

Outro fator que contribui para a solidão do plutoniano é que as pessoas reagem mal não apenas quando você revela o que ELAS estão sentindo (afinal, devemos respeitar sua privacidade), mas quando você revela o que VOCÊ está sentindo. Caso seja um sentimento plutoniano, como tristeza, inveja ou mágoa, é realmente tabu discuti-los; talvez uma vez seja adequado, mas as pessoas provavelmente se afastarão se você *persistir demais*. Tente dizer a seus colegas do Yoga e do curso de Tarô que você está pensando seriamente em se vingar de seu marido que acabou de abandoná-la e fique à espera de que o telefone toque. Se seus amigos também forem plutonianos, eles lhe darão conselhos sobre como superar esses sentimentos e ficarão frustrados se você não seguir o que eles sugerirem. Então você finalmente aprende a se calar, e seus sentimentos se tornarão ainda mais terríveis por não serem compartilhados.

Nesse contexto, a terapia de grupo é extremamente útil. Você pode imaginar que a última coisa que um plutoniano pensaria em fazer seria se abrir para um grupo de *estranhos*. No entanto, quando estamos diante de alguém que estamos pagando para ouvir, não é tão incômodo. Podemos controlar muito bem a situação, pois os terapeutas não falam muito e sempre podemos dispensá-los se não gostarmos de suas reações. Eu detestava fazer terapia de grupo todas as semanas por mais de um ano. Mesmo assim, foi uma das mais potentes experiências de cura que já tive. Fui tirada da minha arrogante e raivosa sensação de ser uma alienígena ao estar com pessoas que não escolhi e nem podia controlar. Elas eram tão diferentes de mim e dos meus valores que eu nunca teria escolhido me aproximar delas. Ao ouvi-las relatar as mesmas reações que eu estava tendo, fui forçada a concluir (não sem muita resistência) que eu era humana, afinal, e não tão diferente. Os grupos de apoio também me mostraram o quanto era parecida com os outros, mas eu podia ficar em silêncio dentro desses grupos, sem revelar muito, e me afastar quando as coisas se tornassem íntimas demais.

O plutoniano nos relacionamentos

Que estranha é a solidão, e como ela pode ser amedrontadora. Nunca nos permitimos nos aproximar demais dela; e, se por acaso o fazemos, dela fugimos rapidamente.[3]

Em um momento de fascinação pela análise transacional, descobri que cada posicionamento de Vênus poderia ser identificado pelos jogos e estratégias que pessoas faziam para evitar a intimidade. Os posicionamentos mais marcantes faziam aspecto com Plutão e com as casas de relacionamento (a 5ª, a 7ª e a 8ª). Isso se aplicaria também à Vênus em Escorpião e aos aspectos de Plutão em relação ao eixo do Ascendente/Descendente, e provavelmente a todos os plutonianos. Essas pessoas fazem um jogo duplo, e um se transforma tão rapidamente no outro que é difícil discuti-los separadamente.

A primeira estratégia é "Até que a morte nos separe", com todas as suas possíveis ramificações sinistras. O plutoniano não cria relacionamentos: ele toma reféns! Sua intensidade em relação ao amor o faz verdadeiramente acreditar que se trata de uma questão de vida ou morte. Ele não se opõe a uma única noite de paixão intensa, mas, na manhã seguinte, avalia a pessoa como seu parceiro para o resto da vida e toma

3 J. Krishnamurti. *Commentaries on Living*. Quest, Wheaton, IL, 1967. [*Comentários sobre o Viver*. São Paulo: Cultrix, 1961 (fora de catálogo).]

uma decisão irrevogável. Se gostar de você, é você. Nada de chegar devagar, conhecer e explorar um ao outro antes de se envolver. Talvez, com sua aguda percepção, esse seja o tempo necessário para ele fazer uma avaliação psicológica válida, mas certamente pode afastar pessoas que precisam de mais tempo para se comprometer. Uma vez estabelecido o relacionamento, o alívio após uma dolorosa solidão é tão forte que ele se torna obsessivo e possessivo. Com medo do abandono, ele prende a pessoa amada com os mecanismos descritos anteriormente. Infelizmente, devido a esse medo desesperado, ele muitas vezes provoca o abandono que tanto lutou para evitar, pois acaba se tornando sufocante.

Depois do abandono, entra em ação a segunda estratégia: "Já me feri antes". Nesse ponto, o plutoniano pode se isolar mais ainda, pois isso lhe dá total controle sobre o seu ambiente. Às vezes, ele desiste de qualquer novo envolvimento e se agarra ao amor perdido, visitando regularmente esse cemitério emocional. Acusações e mágoas são lançadas contra os que o abandonaram, muito embora tenham sido essencialmente afugentados.

Esse padrão pode ser eterno. Por exemplo, um plutoniano sofreu uma traição da qual não consegue se livrar e espera ser traído outra vez, geralmente escolhendo alguém que muito provavelmente irá traí-lo, ignorando outros tipos de pessoas. ("Elas simplesmente não me atraem.") Então, por meio de palavras, comportamento e linguagem corporal o parceiro é manipulado para atender a essas expectativas. Após um tempo, cansado das acusações, o parceiro conclui: "Se é para isso que sirvo, vou em frente!".

A solidão atinge uma forma ainda mais dolorosa. E se uma pessoa por acaso reacender as brasas do desejo de intimidade do plutoniano terá de se esforçar para provar que não é como a anterior. Assim que o plutoniano começa a acreditar, mesmo que só um pouquinho, retornamos ao "Até que a morte nos separe!". O exercício para abrir o centro do coração disponível no Capítulo 3 pode ajudar a acalmar essa intensidade quanto aos relacionamentos.

O plutoniano e o sexo

Os plutonianos tendem a ser bastante apaixonados e às vezes até obcecados por sexo. Assim como seus outros sentimentos, desejos e sensações sexuais podem ser fortes, o que é uma das vantagens de ser plutoniano! Eles podem ser amantes habilidosos, pois a aguda sensibilidade quanto ao que está acontecendo com os outros – sem falar de suas capacidades mediúnicas – pode ajudá-los a saber exatamente o que fazer para proporcionar máxima satisfação a seus parceiros. Sua aparência apaixonada, intensa e misteriosa pode também os tornar muito desejáveis. Os plutonianos, em resumo, são atraentes e magnéticos.

Essa é a boa notícia. A má é que o sexo é uma questão complexa e cheia de armadilhas emocionais para o plutoniano. A necessidade de poder e de controle é um dos motivos de o sexo às vezes ser compulsivo. Plutonianos são inclinados a vencer a todo custo e, mesmo quando uma conquista sexual não é vantajosa pessoal, social ou profissionalmente, eles querem "marcar mais um ponto". Quanto mais arriscada e clandestina a empreitada, melhor. Muitas vezes, os plutonianos são atraídos por pessoas em condições sociais desfavorecidas pois sentem prazer na sensação de superioridade. Por outro lado, podem ir atrás de pessoas poderosas e ricas, outro afrodisíaco para eles. Há também os que se sentem atraídos por pessoas perigosas, entrando em uma disputa de controle por meio do sexo. O comportamento sexual compulsivo pode ser também uma forma de vingança contra o parceiro atual, do passado ou contra um dos progenitores.

Em resumo, o sexo serve a outros propósitos além da descarga física. Por um lado, ele proporciona a sensação de não estarem mais sozinhos. Porém, o isolamento natural dos plutonianos é tal que a solidão logo retorna, transformando o sexo em uma necessidade constante. Outra utilidade possível é como proteção contra o abandono. Os plutonianos também podem usar a intimidade física como uma defesa contra a intimidade emocional, já que há pouco tempo para expressão verbal durante o ato sexual. Deve ser por isso que eles mantêm os parceiros tão ocupados: para não notarem a falta de comunicação verbal.

No entanto, em algum momento, você pode começar a perceber que está sendo controlado e tratado como objeto sexual. E passa a se sentir sozinho em meio a toda aquela pretensa intimidade. Então, você pode se ressentir de fazer tudo da maneira dele ou se sentir usado pelo fato de estar sempre satisfeito e totalmente exposto, enquanto ele, o plutoniano, nunca perde o controle nem deixa que você o satisfaça. Nesse ponto, você já está enredado na estratégia da dependência ou pode ir embora. E assim o plutoniano é abandonado novamente.

As razões por trás da compulsão sexual e do controle remontam às origens da personalidade plutoniana. Experiências de incesto ou abuso infantil podem fazer parte da história de um plutoniano, fazendo com que o sexo e o mau uso do poder coexistam desde as primeiras experiências da criança. O ambiente familiar talvez fosse carregado de energia sexual, e a criança pode ter sido exposta precocemente à atividade sexual dos adultos, o que acabou moldando sua visão sobre relacionamentos e sexualidade. (Freud, um velho plutoniano, não postulou a teoria da cena primal como uma das origens da neurose?) Ainda, um ou ambos os pais podem ter sido promíscuos ou infiéis, o que também ajudou a formar a imagem do plutoniano quanto aos relacionamentos e à sexualidade. É bem provável que a sexualidade não fosse explícita, mas a criança absorvia dinâmicas sexuais sutis, possivelmente estando ligada a um progenitor inconscientemente sedutor. Se a criança se sentia indesejada ou não amada, carente de uma verdadeira intimidade, ela pode ter buscado qualquer tipo de intimidade disponível e ter se iniciado sexualmente mais cedo do que a maioria dos jovens. Dada a combinação de uma ou de diversas dessas situações, a intimidade se tornou sexualizada para o plutoniano, que não pode conhecer outras formas de se aproximar das pessoas.

Se você for um plutoniano e estiver pensando porque tem sido celibatário todos esses anos ou que quando tem relações sexuais não se satifaz, a resposta pode estar nas difíceis situações que fizeram de você um plutoniano desde o início. Traições, invasões do seu corpo e das suas emoções, abandonos podem ter sido tão fortes que você tem dificuldade em se abrir e se entregar. Talvez você esteja se agarrando a ressentimentos profundos em relação ao seu parceiro ou a um relacionamento antigo, e uma ira gélida o tornou sexualmente frígido. O trabalho com o ressentimento, no Capítulo 4, pode ajudar quanto a isso, e algumas das outras práticas de cura disponíveis no Capítulo 3 podem ajudar a restabelecer sua vida sexual. Você *poderia* ser tão *sexy* como os plutonianos descritos acima, acredite!

A vítima vingativa

Deixem-me começar dizendo que há vítimas REAIS. Como discutiremos no Capítulo 5, pessoas que foram submetidas a um poder opressor se sentem impotentes e podem, assim, perpetuar sua própria condição de vítima em relacionamentos posteriores. Essas pessoas infelizes não merecem menos que compaixão.

Onde temos Plutão no nosso mapa, podemos às vezes usar a estratégia que chamo de *vítima vingativa*. No entanto, plutonianos inclinados à vingança podem dedicar anos e uma considerável energia para isso. Nessas situações, eles se sentem injustiçados e acreditam ser justo retribuir essa injustiça aos outros. Pessoas cheias de ódio devido a ações que um dos progenitores fez há vinte, trinta ou quarenta anos podem procurar vingança em qualquer um que tentar se aproximar. Embora isso naturalmente não faça sentido, elas se sentem moralmente corretas e justificadas.

É importante ressaltar que nada disso é consciente; a única coisa da qual os plutonianos têm consciência é da mágoa em relação ao que foi feito. No entanto, eles se apegam ao ressentimento e, ao fazer isso, o perpetuam, como no exemplo do amante que é empurrado para a traição devido à contínua suspeita. O desfecho é que o plutoniano vem a dizer "Eu estava certo! Não se pode confiar nas pessoas. Traído outra vez!". Ele diz isso com um sorriso mórbido, como se acreditasse na sua vitória. Na realidade, a melhor vingança é viver bem.

Agir como vítima pode ser uma estratégia de vingança. A injustiça é levada ao extremo, de maneira que os outros se sintam de algum modo culpados e responsáveis, como se devessem compensar o que foi feito. Aqueles que tentam ajudar a vítima vingativa (e esses tipos são sedutores para muitos de nós que sentimos a necessidade de ajudar!) enfrentam um desafio semelhante a tirar um espinho da pata de um leão. Quando você se envolve na situação e sente a máxima compaixão, percebe que tem sido explorado, manipulado e usado.

Nova York, por exemplo, está cheia de artistas famintos que se sentem vítimas porque a sociedade não reconhece o seu talento (Plutão em Leão) e que têm ódio por não poderem ganhar a vida dessa maneira. Eles se vingam encarnando o papel da vítima, encontrando amantes que sentem pena deles e se veem obrigados a pagarem seu aluguel.

Os plutonianos e a pulsão de morte

Sigmund Freud, que tinha Ascendente em Escorpião e Plutão no Descendente, introduziu o conceito da pulsão de morte como um anseio humano universal. Talvez esse conceito seja válido, ou talvez Freud tenha atraído outros plutonianos ao seu redor, pois o signo Ascendente determina o que atraímos para nós mesmos e o Descendente diz muito sobre as nossas companhias. Seria Freud assombrado por um desejo de morte que ele projetou para o resto da humanidade ou todos nós o temos? (Freud, cujo mapa natal será apresentado adiante, também tinha Netuno na Casa 8, o que indica a tendência de ver a morte como uma saída.) Os plutonianos na via negativa, no entanto, geralmente têm uma forte pulsão de morte. Alguns são ambivalentes em relação à vida: têm raiva de terem de estar aqui e não aceitam o fato de serem compelidos a viver ao lado de suas fantasias suicidas.

Como mencionou em sua obra *Life Before Life*, Helen Wambaugh hipnotizou várias centenas de pessoas, muitas das quais não acreditavam em reencarnação ou vida após a morte. A maioria delas se lembrou de acontecimentos anteriores ao nascimento, incluindo o conhecimento de sua missão de vida e a escolha de seus pais, da qual participaram. Havia alguns indivíduos, aparentemente plutonianos, nascidos mais ou menos contra a vontade, que não desejavam encarnar novamente e que tinham muita raiva disso. Alguns se recordaram de abortos espontâneos que suas mães tiveram antes da gravidez que resultaria em seu nascimento. Quando pergunto a plutonianos que manifestam essa ambivalência sobre a vida se houve um caso desses em sua família antes de eles nascerem, eles geralmente me respondem espantados: "Como você sabe disso?". (A percepção psíquica da mãe em relação à falta de vontade da criança de viver pode ser uma razão para a mãe se agarrar possessivamente ao filho, segundo a dinâmica do desenvolvimento do plutoniano discutida antes.)

A ambivalência em relação à vida pode remontar a um contato precoce com a dor. Um luto não vivido e inconsciente, como a perda de um dos pais, pode estar por trás desse desejo de morrer. Além disso, se os pais estavam de luto, eles próprios podem ter sido ambivalentes sobre a existência da criança, que pode ter concluído que seria melhor não ter nascido depois de sofrer essa rejeição. Em situações traumáticas, a criança pode absorver desde cedo a atitude de que a vida não vale a pena. Por exemplo, a taxa de suicídio entre os jovens da geração nascida na segunda metade da década de 1960, quando Plutão fazia conjunção com Urano em Virgem, foi extremamente alta, provavelmente devido a situações domésticas extremamente difíceis quando o aspecto é forte (em especial os aspectos com o Sol, a Lua, o Ascendente ou o Meio do Céu, por exemplo).

Independentemente de sua origem, os plutonianos precisam resolver essa ambivalência para viver plenamente. Livros sobre reencarnação e sobrevivência parecem ajudar, pois eles podem começar a ver que existe mais na vida, mesmo que seja difícil, e que há um propósito para isso. Esses livros também discutem os efeitos do suicídio e a probabilidade de ter de repetir as lições desta vida caso essa seja a escolha. (Consulte o Capítulo 6, no qual discutimos como esse conhecimento ajudou um plutoniano a superar ideações suicidas.) Eliminar ressentimentos passados, seguindo as sugestões do Capítulo 4, também auxilia os plutonianos a sentirem que a vida vale a pena ser vivida.

Plutão – o eremita, o erudito, o pesquisador

Não é que adoramos estar sozinhos; é que adoramos voar muito alto e quando voamos alto a companhia fica cada vez menor até desaparecer... Não somos os mais inferiores a desejar atingir os cumes, embora a multidão não ascenda até eles.

– Henry David Thoreau

As palavras de Thoreau me trazem à mente o lado águia/fênix da natureza do Escorpião, pois os plutonianos são também solitários em um sentido mais positivo, tão focados em alcançar algum objetivo que têm pouco tempo para frivolidades. Eles lembram uma carta do Tarô, O Eremita (ver Figura 1). Uma das primeiras e mais destemidas pessoas a voar alto foi Amelia Earhart, cujos voos solitários fizeram dela uma lenda. Como podemos ver no Mapa 1, ela tinha Plutão em conjunção com Lua, Vênus e Netuno no signo aéreo de Gêmeos, além da conjunção de Urano (o planeta associado com a aviação) e Saturno (o planeta da realização e da autodisciplina) em Escorpião. Seu mapa é plutoniano, e sua morte foi marcada por um misterioso desaparecimento durante um voo que, segundo boatos, poderia estar relacionado a uma missão de espionagem.

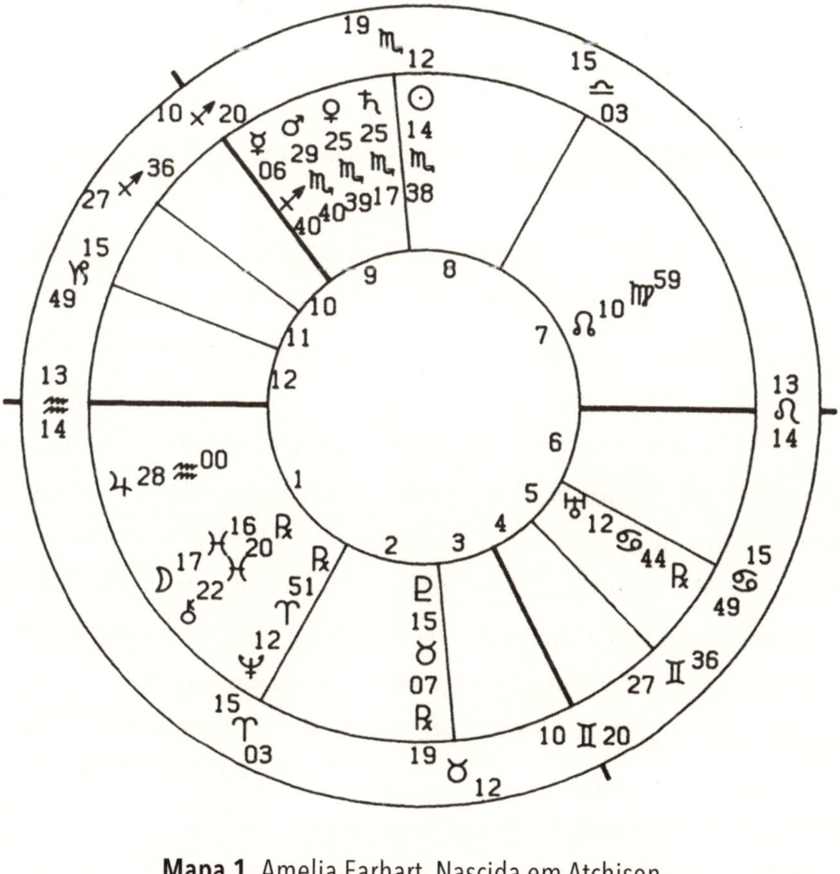

Mapa 1. Amelia Earhart. Nascida em Atchison, Kansas, em 24 de julho de 1897, às 23h30 CST.

Figura 1. O Eremita, do Tarô Waite-Smith. Reproduzido com permissão da U. S. Games Systems, Nova York. Reprodução proibida.

Fazia algum tempo que eu estava usando a imagem de Madame Curie peneirando laboriosamente toneladas de uraninita para colher uma pequena quantidade de urânio a fim de ilustrar o árduo e solitário trabalho de que os plutonianos são capazes. Por fim, ocorreu-me olhar seu mapa. (Ver Mapa 2.) Ela tem quatro planetas em Escorpião além do Sol na Casa 8 em oposição a Plutão e da forte conjunção de Marte, Saturno e Vênus. As conjunções Marte/Saturno têm uma péssima reputação, e nenhum planeta é muito bem-visto em Escorpião. Posso imaginar o que um astrólogo melancólico e opressivo teria dito se ela fosse anticientífica o suficiente para consultá-lo: "Esqueça. Todos os seus esforços levarão a nada!".

Certa vez perguntei ao diligente astrólogo pesquisador Michel Gauquelin qual ocupação se destinava a Plutão no Ascendente ou no Meio do Céu. Ele disse que era a de pesquisador e que ele próprio tinha esse posicionamento em seu mapa. A configuração de Plutão de Madame Curie não é a mesma de Gauquelin, no entanto, ela é plutoniana e uma pesquisadora da mais alta ordem. A própria energia nuclear parece ter natureza plutoniana, na medida em que é usada para a cura, particularmente no tratamento do câncer, uma doença plutoniana, além de ter o poder de destruir o nosso mundo. Como é próprio do seu mapa plutoniano, Madame Curie se tornou postumamente uma das figuras mais poderosas da história, pois suas descobertas mudaram o curso da humanidade.

É importante também considerar que o isolamento sofrido pelos plutonianos pode ser karmicamente necessário. Nesse caso, não tem o

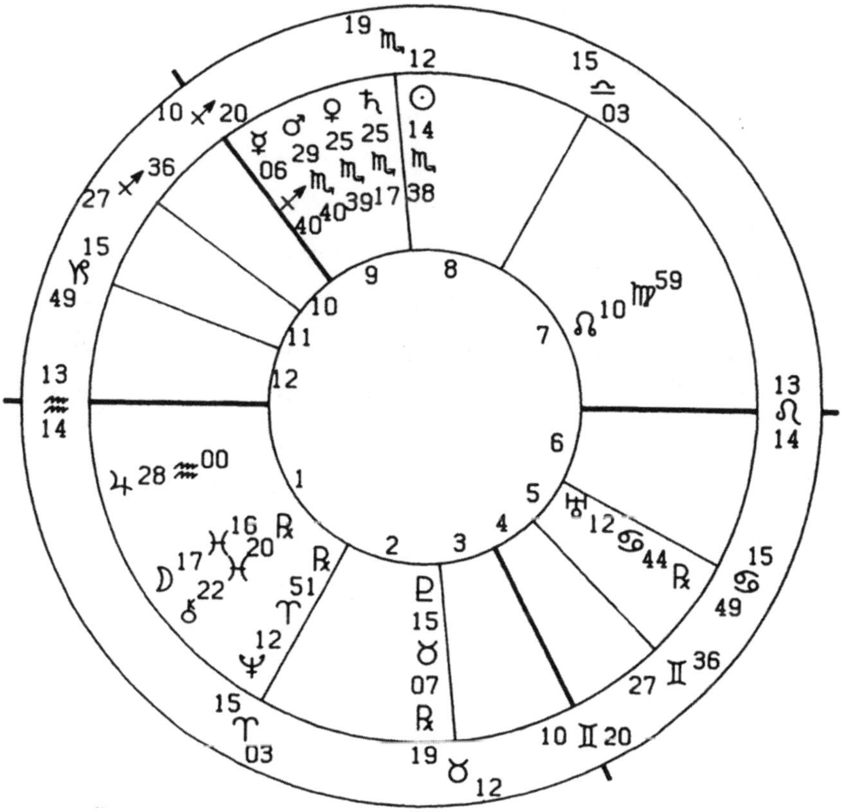

Mapa 2. Marie Curie. Nascida em Varsóvia, Polônia, em 7 de novembro de 1867, às 13h06.

caráter de punição. O isolamento pode ser a condição de que alguns necessitam para desenvolver plenamente suas capacidades ou para atingir um objetivo de vida. Pode ser necessário concentrar-se em alguma atividade particular, em vez de ficar imerso nas necessidades cotidianas da família ou de outros relacionamentos. O objetivo de vida pode ser tão absorvente e tão importante para o mundo que exige um considerável sacrifício pessoal. Por esse sacrifício, os plutonianos merecem nosso amor e apoio. A maioria de nós tem pouca consciência de suas tarefas kármicas de vida, de modo que o plutoniano pode ser deixado apenas com a dor de estar sozinho. A fama póstuma parece ser uma consequência dessas buscas de grande alcance, ainda que isso possa trazer pouco consolo.

Embora doloroso, o isolamento nos dá liberdade para ir mais fundo. Não é tão fácil nos escondermos de nós mesmos quando estamos sozinhos, nem é tão necessário fingir quando estamos na companhia de outros. Um de meus amigos mais queridos, que tem conjunção Sol/Plutão, me contou que aos 12 anos reconheceu que seu caminho de vida seria geralmente solitário. Explorar a fundo a vida interior não é para pessoas comuns e não dá muito reconhecimento social. Requer o isolamento para a cuidadosa análise do eu e da vida, algo típico tanto para psicólogos quanto para buscadores espirituais.

A vida à parte, muito embora seja difícil, pode oferecer perspectivas necessárias para entender sua cultura, descobrir o motivo pelo qual ela é como é e como corrigir seus problemas. Psicólogos, reformadores e outros que sentem a necessidade de provocar um impacto na solução de problemas do mundo geralmente são plutonianos. Por não estarem tão imersos na cultura como pessoas comuns, os plutonianos não são tão controlados por seus valores e exploram novas dimensões. Como disse Dag Hammarskjold: "Reze para que sua solidão possa incitá-lo a encontrar algo para que viver, algo grande o suficiente para morrer".[4]

O plutoniano como agente de cura, terapeuta e ativista

Os plutonianos têm potencial para se tornarem grandes terapeutas. Eles são altamente conscientes de tudo o que é humano, captando nuances como tons de voz, movimentos, escolha de palavras, bem como do que não é abertamente dito. Situações difíceis no ambiente familiar podem ter sido seu campo de treinamento para o desenvolvimento de sua

[4] Dag Hammarskjold. *Markings*. Knopf, Nova York, 1964, p. 72.

sensibilidade, o que os torna extremamente atentos às necessidades dos outros. Por meio da dor, os plutonianos fazem esforços vigorosos para se autocurar e, nesse processo, desenvolvem a coragem para enfrentar emoções e motivações inconscientes. Por meio da autoanálise, eles também podem desenvolver a capacidade de analisar os outros. Se é verdade que escolhemos nossos mapas natais e nossos pais, como os estudos de reencarnação sugerem, então talvez os plutonianos tenham escolhido essas circunstâncias difíceis para motivá-los a se dedicarem a ajudar os outros.

Nesse sentido, os plutonianos têm um dom natural para a psicologia como resultado de sua experiência e seu conhecimento adquiridos. O mapa de Elisabeth Kübler-Ross, por exemplo, a protetora dos pacientes terminais, é apresentado no Capítulo 6 (Mapa 17, p. 187). Ela é uma psiquiatra com Plutão em conjunção com Sol e Lua.

Outro exemplo é Sigmund Freud (ver Mapa 3, p. 90), cujo mapa será citado em diversos capítulos desta obra dado o impacto da teoria psicanalítica sobre nosso modo de pensar. Como já mencionado, Freud, claramente plutoniano, tem Ascendente em Escorpião e Plutão em oposição ao Ascendente. A dinâmica de Plutão pode ser vista em sua carreira tanto na via positiva da cura como na negativa, do poder e do controle.

A capacidade de cura dos plutonianos não se limita à psicologia. Aqueles que ressignificam o ressentimento e outras condições tóxicas são capazes de usar as energias de cura de maneira mais sutil, como nas técnicas apresentadas neste livro. Quando o desejo de controlar está ausente, o poder em sentido mais puro tende a ser usado para transmutar matéria ou energia, de modo que os plutonianos podem desenvolver a capacidade de curar a mente, o corpo e o espírito, possivelmente uma combinação dos três. Ellen Yoakum (ver Mapa 4, p. 91) é um exemplo de uma pessoa dedicada à cura cujas habilidades foram bem aceitas e reconhecidas pela profissão médica. Ela tinha uma Grande Cruz (uma configuração tensa,

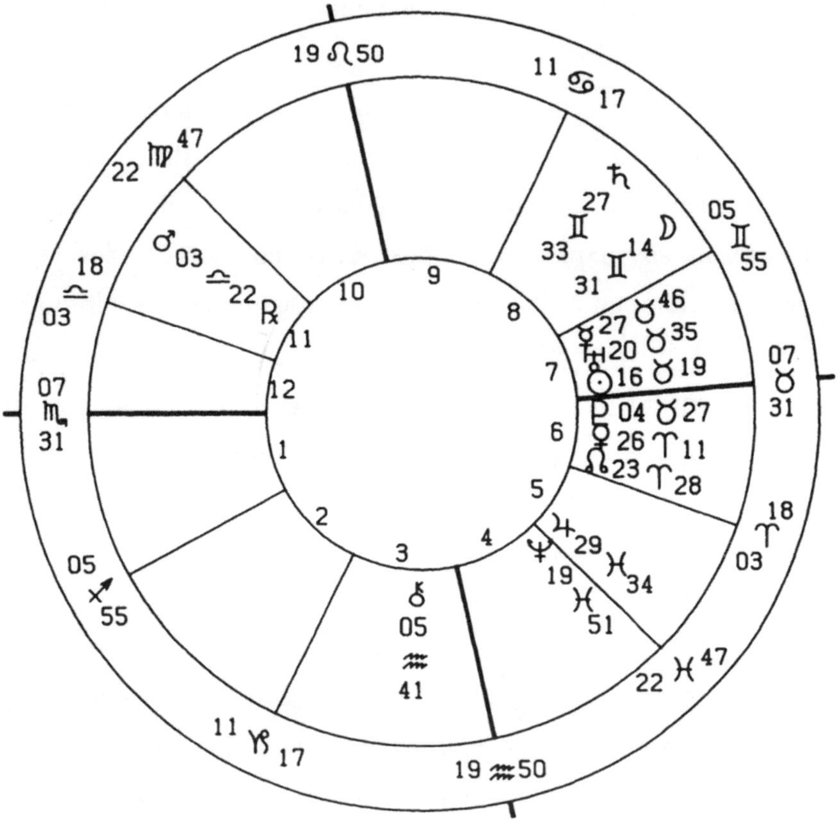

Mapa 3. Sigmund Freud. Nascido em Frieburg, Alemanha Ocidental, em 5 de maio de 1856, às 18h21.

mas dinâmica) envolvendo Plutão na Casa 1, em Gêmeos; Júpiter no místico signo de Peixes; Vênus em Virgem, orientada para a saúde e o serviço; e o não convencional Urano em Sagitário, o signo do sacerdote.

Uma vez que Plutão está intimamente relacionado ao coletivo, plutonianos tendem a ter um forte desejo de cura social; assim, muitos ativistas têm esse planeta enfatizado em seus mapas natais. Um exemplo

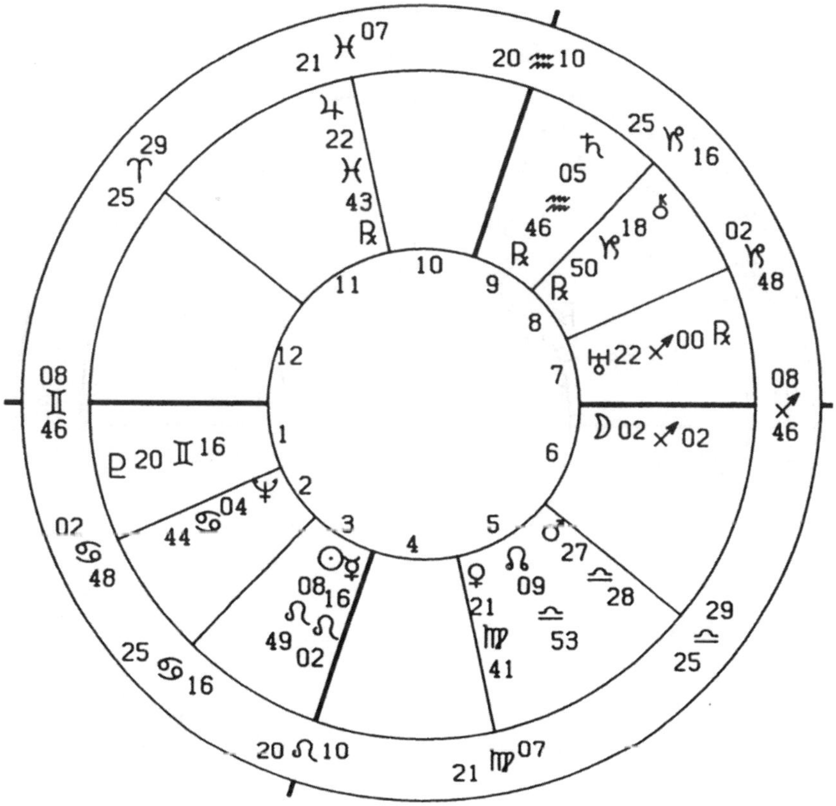

Mapa 4. Ellen Yoakum. Nascida em Hillsboro, Texas, em 2 de agosto de 1903, à 1h20 CST.

notável é Gandhi, cujo empenho para libertar a Índia exigiu grandes sacrifícios pessoais e uma grande capacidade plutoniana de progredir sob pressão (ver Mapa 5, p. 92). Seu mapa tem uma quadratura em T envolvendo a conjunção Plutão/Júpiter em Touro, a Lua em Leão na Casa 10 (sua capacidade de inspirar o público) e a conjunção Vênus/Marte em Escorpião. Ele também tem Mercúrio em Escorpião perto do Ascendente.

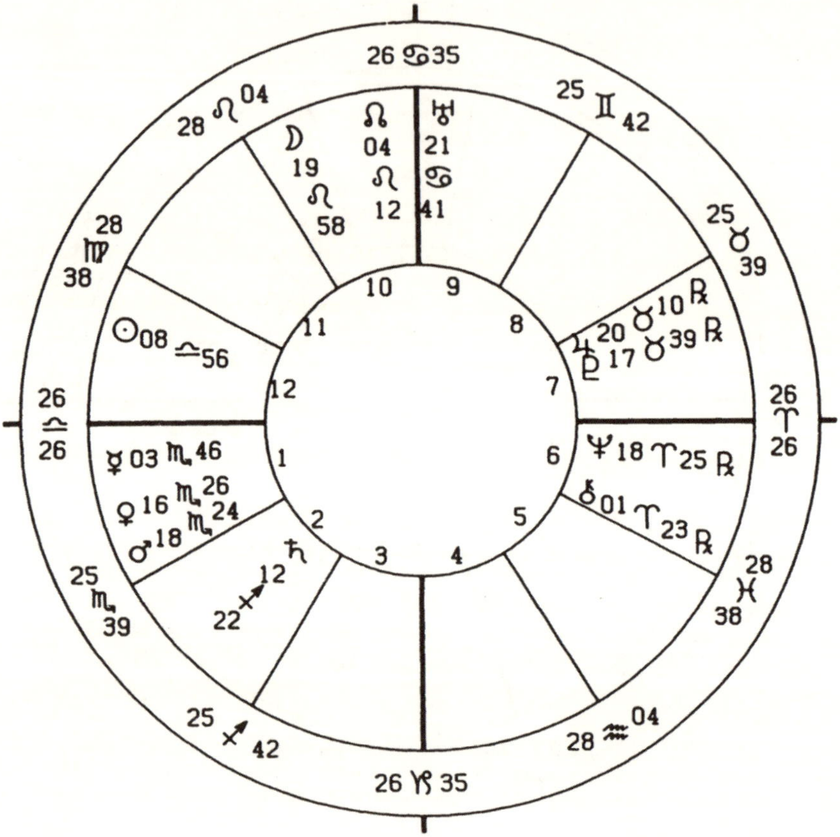

Mapa 5. Gandhi. Nascido em Porbandar, na Índia, no dia 2 de outubro de 1869, às 7h11:48. Mesmo com essa data questionável de nascimento, os leitores não podem deixar de notar a quadratura em T que envolve Plutão em ação: esse aspecto de quadratura em T mostra sua forte orientação para a reforma.

Transformando os efeitos negativos de Plutão

Se você tiver uma natureza plutoniana, pode estar se perguntando como transformar os efeitos negativos e dolorosos de Plutão em usos positivos e construtivos. A psicoterapia, sem dúvida, pode auxiliá-lo em relação ao autoconhecimento, e espero que este livro lhe transmita uma compreensão maior de si mesmo. Além disso, o Capítulo 3 apresentará instrumentos e práticas de cura para superar a culpa, o ressentimento, a compulsão por controle e outros traços plutonianos negativos.

Livros para filhos de alcoólatras

Black, Claudia. *It Will Never Happen to Me*. M. A. C. Printing and Publications, 1982. Um livro escrito pela pioneira no campo de tratamento para filhos adultos de alcoólatras, especificando os traços de personalidade e os problemas que acompanham essa questão familiar.

NACoA (National Association for Children of Addiction). *Newsletter* da crescente rede de grupos e serviços para filhos adultos de alcoólatras.

Seixas, Judith S. e Geraldine Youcha. *Children of Alcoholism: A Survivor's Manual*. Crown Publishers, Nova York, 1985. Escrito por duas autoras que têm feito contribuições substanciais ao campo de educação relacionado com o problema do álcool. Seixas também escreveu belos livros para adolescentes e crianças com pais alcoólatras.

Livros úteis para plutonianos

Friday, Nancy. *My Mother/My Self*. Dell, Nova York, 1978. Livro fascinante sobre a simbiose entre mãe e filha, muito útil para adquirirmos consciência sobre o impacto profundo que nossas mães têm em nossa vida.

Hoffman, Bob. *No One Is to Blame: Getting a Loving Divorce From Mom and Dad*. Science and Behavior Books, Nova York, 1979. A obra apresenta reflexões valiosas e estratégias para liberta-se de padrões condicionados e de antigas cicatrizes e ressentimentos familiares.

Keyes, Ken. *A Conscious Person's Guide to Relationships*. Living Love Publications, St. Mary's, KY, 1979. Um livro impactante que aborda as dinâmicas viciadas dos relacionamentos, como o controle e a necessidade de estar sempre certo. A leitura pode ajudar a se desprogramar para construir melhores relacionamentos.

Kushner, Harold. *When Bad Things Happen to Good People*. Avon Books, Nova York, 1981. A obra levanta uma questão fundamental: se existe um Deus, por que acontecem tragédias na vida das pessoas?

CAPÍTULO 3

Instrumentos e Práticas de Cura para os Problemas de Plutão

Discutimos anteriormente uma série de problemas comuns aos plutonianos que, mais cedo ou mais tarde, todos teremos de enfrentar de alguma maneira. Pode ser útil ter um melhor entendimento sobre a origem dessas dificuldades, mas conhecimento sem orientação pode ser um pouco desanimador. Aprimorar o autoconhecimento sem cultivar o potencial de transformação pode fortalecer sentimentos de autodesprezo. Algumas pessoas se perguntam: "Se eu compreendo, por que ainda ajo de tal forma? Por que não consigo parar?". Este capítulo irá apresentar os instrumentos terapêuticos que você pode usar para transformar a si mesmo. Devido ao fato de Plutão, Escorpião e a Casa 8 estarem relacionados à cura, um segundo objetivo é inspirar mais plutonianos a se tornarem agentes de cura. Ao curar a si mesmo, você aprende a arte da cura, o que pode despertar o desejo de querer curar os outros.

Crises de cura

O conceito de "crises de cura" é de extrema importância, significando que, ao procurar enfrentar problemas como culpa e ressentimento, pode ocorrer intensificação das emoções que estamos tentando curar. Às vezes, ao olharmos honestamente para uma área da vida que gostaríamos de mudar, os problemas parecem aumentar. Não é que as coisas estejam realmente piorando; apenas removemos os véus que encobriam os problemas e percebemos que eles pioraram enquanto os ignorávamos. Foi a consciência que se ampliou, não as dificuldades. Essa reação é comum em diversos tipos de terapia. Um trânsito de Plutão em si é uma crise de cura, mesmo que não nos esforcemos para trabalhar as questões que ele traz.

Muitos de nossos "problemas" são, na realidade, tentativas de manter nossas emoções sob controle. Em um dos livros da série *Seth Books* [Livros de Seth], Jane Roberts diz que toda doença é uma tentativa de fugir da verdade. Para resolver o problema, as emoções que reprimimos precisam ser expressas. Nesse momento, podemos pensar que as coisas estão piorando quando na verdade são os sentimentos reprimidos vindo à tona. Se estivermos há tempos reprimindo nossa raiva sobre o comportamento de um parceiro, por exemplo, uma tremenda briga será necessária para limpar o ambiente e transformar a situação. (Observe que não estou sugerindo brigar sem levar em consideração as pessoas. Há maneiras maduras de lidar com as emoções sem repressão ou prejuízos ao próximo.)

Tanto os esforços de cura como os trânsitos de Plutão provocam, às vezes, uma intensificação temporária da crise, quase como se o problema reconhecesse que seu poder sobre nós está ameaçado. Ele se mostra maior e o mais ameaçador possível, de modo a nos submeter novamente a ele. "ELE" não está separado de nós, mas é parte de nosso ser e funciona de forma automática. "Ele" foi desenvolvido quando vivíamos sob ameaça numa época anterior como meio legítimo de sobrevivência, e ainda persiste, sendo ativado de maneira descompensada em novas situações. Trabalhar com esses "Ele" é uma técnica desenvolvida pelos praticantes da PNL (Programação Neurolinguística; ver bibliografia para mais informações). Como experiência, você pode tentar se comunicar com seu "ele", seu Plutão. Você pode, por exemplo, se sentar e escrever uma carta que começa com "Querido Plutão", perguntando por que você repete determinado padrão. A resposta tende a vir à medida que você escreve ou de alguma outra maneira, como em um sonho.

Acredito que todos nós temos um Eu Superior (ou alma) que nos guia pela vida e que nos leva a determinadas experiências e pessoas para aprofundar nosso desenvolvimento. Às vezes, durante uma crise de cura (ou um trânsito de Plutão), essa sabedoria interior nos impele a uma versão extrema de algo que estamos tentando esclarecer. Por exemplo, alguém com Plutão na Casa 6 tem o hábito de causar intrigas com colegas de trabalho e pode acabar conseguindo um novo emprego com plutonianos mesquinhos: o chefe, a secretária e os colegas fofoqueiros são todos de Escorpião. Ele claramente está em desvantagem e, na batalha que se segue, tem de reaprender a agir e, ao mesmo tempo, se redimir. Isso pode também ocorrer em relações amorosas ou entre amigos. É quando nos lançamos à situação mais deprimente possível para ficarmos tão enjoados e cansados dela que paramos. Isso acontece o tempo todo nas crises de cura. Não é nada divertido, mas é o início da mudança.

É importante manter a consciência das crises de cura enquanto trabalhamos nossas próprias dificuldades plutonianas. Os instrumentos de cura que usaremos podem trazer à tona sentimentos e memórias dolorosos. Por exemplo, ao lidar com a culpa, talvez precisemos senti-la de forma integral. No entanto, esse processo de sentir de maneira nova e de perceber exatamente de onde ela vem é parte do processo de nos libertar da culpa, e o resultado é que deixamos de ser corroídos por ela. Não estamos simplesmente escavando o passado; estamos buscando a cura, e com os instrumentos adequados. A dor é temporária, a cura é permanente.

À medida que você fizer os exercícios sugeridos a seguir, é provável que surjam sentimentos do passado, como raiva, ressentimento, dor, e você tente associá-los a algo no presente. "Não faz sentido", você diz para si mesmo, "ficar tão furioso com algo que aconteceu há tanto tempo". Você por exemplo pode ficar enlouquecido com um caso amoroso que acabou há dez anos, mas projetar esse sentimento em seu companheiro atual, em um membro da família ou num bom amigo. Você pode também atribuir esse ódio a algo que seu companheiro atual fez, de modo a poder dizer que tem um motivo para a sua fúria. Procure não ser tão extremista, esteja consciente quanto a essa tendência de projetar sentimentos e continue redirecionando-os para o alvo apropriado.

Também não tente eliminar os sentimentos racionalizando: "Está tudo no passado; não faz sentido chorar por isso". Não disfarce sua dor nem seja hipócrita. O verdadeiro perdão e a aceitação virão depois, quando tiver feito os exercícios de cura até o fim. Mas não até você ter se permitido sentir raiva ou dor. Beber, comer demais, fumar em excesso ou usar drogas ou tranquilizantes irá interromper o processo de cura ou reduzir seu impacto; então, tente não fazer nada disso. Evitar embotar as emoções por meio de compulsões e deixá-las fluir são as melhores, além de mais rápidas, formas de se curar.

A transformação envolve crises de cura? Provavelmente não. Se nossa consciência se transformasse por completo, nossos problemas desapareceriam num instante. Os problemas de Plutão estão profundamente enraizados e, de certa forma, são obsessivos, contendo em geral elementos do ferrão do Escorpião, de modo que pode não ser fácil nos livrarmos deles. A maioria de nós não tira a mão do fogo enquanto não se queima. A maioria de nós não irá parar de fazer o que está nos deixando doentes até adoecermos. Mas nós podemos preferir não bater a cabeça na parede. E, muitas vezes, a Astrologia nos ajuda a ver a parede contra a qual estamos batendo a cabeça e indica outras maneiras de passar por ela. Um livro sobre Astrologia – ou uma leitura sobre si mesmo neste livro – pode representar uma crise de cura.

Astrologia e metafísica

Um problema sempre tem um fundamento, uma base interna de operação. O problema não começa no mundo. Começa primeiro na mente antes de aparecer no mundo. Um estado mental sempre precede a ação.[5]

A metafísica é o estudo de como criamos nossa própria realidade por meio de padrões de pensamento. Muitos plutonianos são mágicos, na medida em que são particularmente talentosos em se manifestar por meio de seus pensamentos e crenças. Quando suas crenças são negativas, aquilo que manifestam apenas confirma sua negatividade. Portanto, é importante evitar essas previsões destrutivas e autorrealizadoras. Por exemplo, se um cliente concorda com a opinião do astrólogo de que um trânsito de Plutão vai ser um inferno, é exatamente o que acontecerá, em vez de uma oportunidade para transformar padrões antigos e dolorosos. Para equilibrar a negatividade, muitos plutonianos podem se beneficiar do estudo da metafísica. (A bibliografia inclui uma série de livros recomendados.)

Muitos astrólogos estão estudando metafísica e incorporando essa filosofia em sua prática. Ela é particularmente útil ao lidar com plutonianos, pois elimina a convicção de que nossa realidade é criada por Plutão, Netuno ou Saturno. Compreender como as pessoas criam suas próprias realidades pode eliminar a sensação de impotência que sentimos

---

[5] Raymond Charles Barker. *Barkerisms*, p. 28.

com frequência nas áreas em que Plutão atua em nossa vida, aquela área em que o infame ELE de nós mesmos adquire maior estatura. Usar o mapa astral para explorar atitudes que contribuem para situações indesejáveis relacionadas com o nosso Plutão natal pode ser de grande ajuda.

Instrumentos e práticas de cura

Duas práticas terapêuticas para a transformação de padrões de pensamento rígidos são as visualizações e as afirmações. Podemos adotá-las para neutralizar o pensamento negativo dos plutonianos e a negatividade muitas vezes difundida por livros de Astrologia ou por astrólogos. Afirmações são frases para serem repetidas várias vezes por dia ou sempre que surgir um pensamento negativo. Elas são ditas sempre de maneira positiva, pois uma frase como "*Não* irei fazer X" contém o pensamento "Irei fazer X", reforçando, portanto, a velha programação. Algumas pessoas escrevem afirmações em cartões para ler enquanto esperam ao telefone ou ficam numa fila. Você pode montar suas próprias afirmações para uma ajuda mais específica na sua situação pessoal. Como exemplo, aqui estão algumas afirmações criadas para as características plutonianas discutidas no Capítulo 2.

AFIRMAÇÕES PARA PLUTONIANOS

Eu transformo o ressentimento em desapego e compaixão.

Eu deixo que esta situação se desenvolva naturalmente em benefício de todos.

Eu me desapego e confio em uma força superior.

Eu esqueço meu passado e confio em meu futuro.

Eu abro meu coração e minha vida para as pessoas certas.

Visualizações são pequenas cenas mentais nas quais você imagina uma situação acontecendo da maneira como você gostaria. Seria difícil eu fornecer aqui visualizações apropriadas à sua situação específica, mas você pode imaginá-las. Por exemplo, se você se magoa porque seu chefe sempre recebe os créditos pelo seu trabalho, pode criar afirmações como "Recebo crédito e reconhecimento pelas minhas contribuições. Meu relacionamento com o meu chefe é de respeito mútuo". Além disso, visualize-se falando com seu chefe sobre a situação injusta de maneira altamente diplomática. Imagine-o respondendo e dando-lhe crédito em uma reunião da equipe. Não é necessário que você "veja" nada enquanto faz essas práticas mentais. O simples fato de imaginar já é poderoso o suficiente.

Essências florais e outros remédios

Os Florais de Bach, as Essências Florais da Califórnia e os elixires de gemas são remédios homeopáticos para tratar problemas emocionais e espirituais. Eles ajudam em casos de culpa, ressentimento, necessidade de controle e de outros padrões de personalidade há muito enraizados. Não são drogas nem substâncias químicas: são essências líquidas superdiluídas e naturais, que atuam em níveis vibratórios sutis da mesma maneira que as preparações homeopáticas para problemas físicos. Eles limpam a aura, reparando os danos resultantes de anos de excessos emocionais e produzindo mudanças significativas no comportamento e no bem-estar. Eu as tenho usado associadas à Astrologia e à terapia com clientes há muitos anos e observo transformações reais e duradouras ocorrendo em apenas alguns meses.

Caso esses instrumentos de cura lhes pareçam estranhos, saiba que a eficácia das essências florais foi demonstrada por um estudo cuidadoso, usando técnicas modernas de pesquisa. Em sua dissertação, o dr.

Michael Weisglas receitou florais para três grupos: um contendo uma mistura de quatro essências, um com sete e um somente com o meio líquido, sem essência alguma. Nesse experimento, tanto as pessoas que tomaram misturas com essências florais como as que ingeriram placebo não sabiam quem estava tomando o que. Foram feitos testes psicológicos antes do experimento, três semanas e seis semanas depois. As pessoas que receberam frascos sem remédios não mudaram, então não era uma questão de fé. Quanto às outras, os testes mostraram que as essências florais aprofundaram a autoaceitação, estimularam o crescimento pessoal e aumentaram o bem-estar, a criatividade, o humor, o autoconhecimento e a realização sexual.[6]

As mais antigas e testadas essências são os florais do dr. Bach. Desenvolvidos na Inglaterra durante a Depressão de 1930, eles refletem as necessidades da época, uma vez que são para curar o medo, a depressão, o ressentimento e outras emoções e padrões intensamente dolorosos. Os problemas mais difíceis que os plutonianos enfrentam parecem se encaixar com os florais do dr. Bach. Ao longo desta obra, indicaremos as essências específicas para cada um dos problemas discutidos nos capítulos. De forma mais geral, indicamos para o plutoniano: *Willow*, para ressentimento e amargura; *Vine*, para o desejo de controlar e dominar; *Water Violet*, para pessoas indiferentes emocionalmente que não se misturam com as pessoas ou seus assuntos corriqueiros; *Chicory*, para os tipos possessivos e mártires que estão sempre controlando e manipulando os outros; *Heather*, para pessoas solitárias que estão envolvidas em seus próprios problemas; e *White Chestnut*, para preocupações e obsessões mentais.

Já as Essências Florais da Califórnia foram desenvolvidas durante a década de 1970 e refletem sua era: o Movimento do Potencial Humano.

---

6 Michael Weisglas, Ph.D. "Bach Flower Essence Research: A Scientific Study". *The Flower Essence Journal*, v. l:1, 1980, pp. 11-4.

Assim, elas estão mais relacionados à criatividade, ao crescimento espiritual e à autorrealização. Algumas das Essências Florais da Califórnia tratam do doloroso problema da alienação e do isolamento: *Dogwood* é para receptividade ao amor; *Shooting Star*, para a sensação de que você não pertence a este mundo; *Mariposa Lily*, para a sensação de separação.[7]

Os florais vêm em forma de líquido concentrado. Duas a quatro gotas de cada concentrado são colocadas em 30 ml de água, geralmente em um frasco âmbar como os de colírio. O frasco deve ser agitado vigorosamente para misturar bem as essências. Muitas pessoas acrescentam uma colherinha de conhaque ou de vinagre de maçã como conservante.[8]

É melhor não abusar, talvez usando não mais que quatro essências de cada vez. As pessoas que os prescrevem acham conveniente testá-los, geralmente usando um pêndulo ou reflexologia muscular, para ver se estão adequados. Toma-se quatro gotas da essência diluída quatro vezes ao dia. Uma boa prática é tomar a primeira dose pela manhã, para preparar sua disposição mental para o dia, e a última ao se deitar, para trabalhar os sonhos. Embora pesquisas mostrem que a ação dos florais não depende da fé, usar afirmações e visualizações associadas a eles parece potencializar o resultado.

Assim como todos os métodos que iremos discutir, as essências florais podem produzir uma reativação temporária dos sentimentos que deveriam curar. Eles não pioram; você apenas tem maior consciência deles e dos padrões de pensamento que estão por trás. A consciência

---

7 Em *Flower Essences*, afirma-se que *Shooting Star* é útil para o estudo da Astrologia. Embora isso pareça contraditório, os astrólogos com frequência se sentem alienados como se não fizessem parte deste mundo. (Ver *Flower Essences*, Gurudas, Brotherhood of Life, Albuquerque, NM, 1983, p. 186.)

8 A recuperação de alcoólatras, obviamente, não admitiria o uso de conhaque. Os próprios concentrados são conservados em conhaque, de modo que, para alcoólatras, eu reduzo a fórmula para uma gota de cada concentrado, usando o vinagre de maçã como conservante. Isso parece fazer com que desapareçam os sinais da bebida.

fortalecida faz parte do processo: no final, os pensamentos ridículos e vergonhosos lhe darão força para transformá-los. As crises de cura parecem durar apenas alguns dias. À medida que você toma o floral, elas se acalmam. Você pode precisar tomar de dois ou mais frascos para mudar um hábito arraigado, mas chega o dia em que percebe que está diferente, que ocorreu uma situação que em outra época teria provocado ressentimento, culpa ou pensamentos obsessivos e você não reagiu a eles.

Os florais de Bach são um instrumento excelente para o astrólogo. Seu uso não é difícil de aprender e possibilita dar ao cliente algo além da compreensão. Levantar os trânsitos do momento é fundamental para determinar as áreas de trabalho com as essências, pois eles produzem suas próprias crises de cura, assim como a motivação para trabalhar com uma dificuldade particular. Se você tiver aspecto de Vênus/Plutão em seu mapa natal, por exemplo, ressentimentos sobre amores antigos podem constantemente atrapalhar a procura de um novo relacionamento. Quando um planeta em trânsito fizer aspecto com Vênus ou Plutão será o momento ideal para tomar *Willow*, para ressentimento, e *Honeysuckle*, para abandonar o passado. *Bleeding Heart*, essência da Califórnia para liberar apegos emocionais dolorosos, também é bastante poderosa. Suponha também que um mapa indique que a suspeita e o ciúme estejam ameaçando o casamento de um cliente (outro problema de Plutão). Nesse caso, *Holly*, para desconfiança e ciúme, seria de grande ajuda na transformação desse padrão.

A cromoterapia

Podemos ler sobre as propriedades das cores em livros de psicologia ou de ocultismo. Até mesmo a indústria e os projetistas estão tomando consciência dos efeitos das diversas cores à nossa volta. Em livros sobre psicologia das cores, lemos que o azul ajuda a diminuir o medo ou a ansiedade, tendo o poder de acalmar; o vermelho eleva a energia, a coragem e a positividade; o rosa suaviza e produz sentimentos mais amorosos; o verde estimula a saúde e o bem-estar financeiro. A entrada de Plutão em Escorpião coincidiu com a tendência da cor púrpura na moda... quase um componente básico. Sem nenhuma surpresa, o tom púrpura tem a ver com o processamento dos ressentimentos e parece que nós, conjuntamente, fomos atraídos por ele para curar nossas diferenças.

Terapeutas holísticos também trabalham com as cores e às vezes com a luz, mas nem sempre no nível físico. Mais frequentemente, trabalham com o tipo de luz contido na aura. Ao imaginar a cor púrpura, por exemplo, a consciência superior do indivíduo é estimulada a liberar e a processar antigos ressentimentos. As meditações sugeridas em diversas partes deste livro fazem uso desse tipo de luz. Para operar, não é preciso que você a veja; apenas uma pequena parcela das pessoas tem percepções visuais. Simplesmente confie que seu Eu Superior sabe como criar esse tipo de luz. Trabalhar com luz e cor (por meio de vestimentas ou da imaginação) pode produzir crises de cura, o que estimula a liberação de emoções acumuladas. Isso pode não ser muito agradável, mas é parte do processo de cura.

Os chakras e seu impacto na cura

Muitas tradições espirituais reconhecem a existência da aura ou do corpo de energia. Dentro dele, há órgãos de energia, chamados centros ou chakras, que regulam a entrada e a saída da força vital. O bloqueio dessa energia geralmente resulta em situações traumáticas, como as indicadas por posicionamentos ou trânsitos difíceis de Plutão. A obstrução do centro do coração, por exemplo, tende a criar problemas em dar e receber amor. Um bloqueio do plexo solar pode resultar em necessidade excessiva de atenção ou em pouca autoestima. Os exercícios deste tópico abrem o fluxo de energia, e trabalhar com ela é uma forma poderosa de cura que todos podemos aplicar em nós mesmos.

O primeiro centro, o chakra da raiz, está localizado na base da espinha. Bloqueios nesse chakra podem resultar em falta de praticidade e insegurança, com uma preocupação constante com a sobrevivência. Aspectos de Plutão no mapa natal ou por trânsito com a Lua, a Casa 4 ou com a Casa 1 podem resultar em desenraizamento ou em outros traumas que provocam danos ao chakra da raiz. (Estamos focando em Plutão, mas aspectos difíceis com outros planetas podem criar bloqueios semelhantes nesses centros.)

O segundo centro, ou chakra do sacro, controla a reprodução e o fluxo da energia sexual. Tensões nesse chakra podem resultar em ênfase excessiva ou insuficiente na sexualidade, ou em medos ou ressentimentos sobre o sexo. Diferentes correntes indicam localizações diversas para esse chakra; algumas defendem que ele está cinco centímetros abaixo do umbigo, outras afirmam que, nos homens, está na área dos testículos. Um Plutão forte em geral, aspectos natais ou em trânsito com Marte ou Vênus – ou até posicionamentos tensos na Casa 8 – podem bloquear o fluxo energético nesse centro em decorrência de experiências sexuais traumáticas ou de dificuldades no parto.

O terceiro centro está na área do plexo solar, logo acima do umbigo. Esse chakra controla a autoexpressão e a autoconcepção. Bloqueios podem criar baixa autoestima e falta de confiança em si mesmo ou seu inverso menos óbvio: egoísmo, narcisismo e egocentrismo. Na Astrologia, está relacionado com o Sol, de modo que aspectos Sol/Plutão natais ou por trânsito geralmente criam bloqueios nesse chakra, mas aspectos Plutão/Saturno também podem causar problemas.

O quarto centro é o chakra do coração, localizado na área do coração físico. É um centro crucial, que regula nossa capacidade de dar e de receber amor. Bloqueios nesse chakra tendem a criar problemas de relacionamento e uma sensação de falta de intercâmbio amoroso com o mundo exterior. Aspectos de Vênus/Plutão, natais ou por trânsito, são capazes de causar problemas, assim como Plutão na Casa 1, pois a pessoa, em geral, se sente isolada e sozinha desde a infância. Por outro lado, uma relação simbiótica com um dos pais pode ter exigido uma efusão excessiva de um centro do coração imaturo.

O quinto centro, localizado na garganta, ou chakra da garganta, controla a comunicação e outras expressões e trata também do dinheiro. Posicionamentos tensos de Plutão, em geral, podem bloquear o chakra da garganta, mas especialmente os aspectos Mercúrio/Plutão, natal ou por trânsito, ou Plutão na Casa 3.

O sexto centro, o chakra do terceiro olho, na testa, localizado entre os olhos, tem a ver com a clareza mental e a comunicação intuitiva. Bloqueios poderiam criar confusão/obsessão mental ou dificuldade para controlar o *input* psíquico. Um aspecto Mercúrio/Plutão também pode estar atuando.

O chakra da coroa está localizado no topo da cabeça e se relaciona com os estados de inspiração ou meditação, quando entra em contato com o divino; bloqueios nesse chakra levam a depressões espirituais, perdendo aquele sentido de relação com o Universo. Plutão na Casa 12 ou na 9 pode causar esse bloqueio.

A LIMPEZA DOS CHAKRAS COM REDEMOINHOS

1. Entre em um nível mais profundo de consciência usando uma técnica particular de meditação que você já conheça ou apenas respirando profundamente e contando até três repetidamente.

2. Construa uma bolha de proteção em torno de você e preencha-a com uma luz. Escolha uma cor particular seguindo a sua intuição. A luz branca é sempre uma boa escolha, pois ela contém todas as outras cores. Imagine os chakras e localize-os no seu corpo.

3. Começando com o chakra da raiz, imagine um redemoinho ou funil de luz posicionado nele, dentro da bolha, e apontando em direção ao seu corpo. Instrua o redemoinho a queimar e consumir quaisquer áreas escuras em seu caminho. O redemoinho de luz irá girar o quanto for necessário à medida que você passar para os outros chakras. No básico, os bloqueios se originam do sentimento de estar desenraizado ou de antigos traumas relacionados à sobrevivência.

4. Vá para o chakra do sacro e forme outro redemoinho que queima e consome os bloqueios. A intenção é criar um fluxo saudável e equilibrado para a energia sexual.

5. Quando as áreas inferiores parecerem relativamente limpas, mude para o plexo solar e inicie outro redemoinho. Nessa área, a luz irá queimar obstruções como um ego ferido e sentimentos de incompetência para a criação de uma autoestima mais realista e saudável.

6. Deixando os redemoinhos anteriores girando, mude para o chakra do coração e inicie outro redemoinho. Esse centro, tão crucial e vulnerável, à medida que ferimentos antigos e mais profundos vêm à superfície, pode suportar grande intensidade de limpeza. A luz queima obstruções relacionadas ao amar e ao ser amado.

7. A seguir, forme um redemoinho no chakra da garganta, queimando e libertando bloqueios relacionados à comunicação e para o livre fluxo financeiro.

8. Depois, trabalhe o chakra do terceiro olho, eliminando obstáculos que impedem o fluxo de energia psíquica e criativa.

9. Por fim, forme um redemoinho na coroa, queimando bloqueios ligados à meditação e à inspiração.

10. Observe em qual dos chakras ainda há redemoinhos, pois esses podem precisar de atenção particular. Estimule a luz intensamente nessas áreas por alguns momentos antes de interrompê-la e dissolver a bolha.

11. Repita esse exercício por alguns dias, até os chakras parecerem limpos. Depois, repita-o com as cores sugeridas nos próximos capítulos ou seguindo sua intuição. Repita a limpeza periodicamente a fim de evitar o acúmulo de sobrecargas emocionais e psíquicas no decorrer da vida cotidiana.

A ABERTURA DA FLOR DO CORAÇÃO

Este exercício pode ser adaptado para qualquer um dos chakras. Quando aplicadas para abrir outros chakras, as afirmações devem ser adaptadas. Daremos ênfase aqui ao chakra do coração, pois ele é essencial no que se refere à abertura para relacionamentos mais amorosos e para sanar antigos ferimentos e perdas. Muitos sofreram danos no chakra do coração, especialmente quando Plutão transitou pelo signo de Libra. Quando usadas para abrir outros chakras, as afirmações seriam destinadas ao centro em questão. É importante abrir e limpar todos os chakras, não se concentrando exclusivamente em um único, pois isso tende a criar desequilíbrios.

1. Visualize-se dentro de uma bolha. Imagine o chakra do coração como uma linda flor com inúmeras pétalas fechadas. Uma cor positiva para a flor seria o rosa brilhante, a cor do amor.

2. Começando pela parte externa, abra as pétalas, uma a uma. Ao abrir cada pétala, afirme sua disposição de dar e receber amor. Você poderá fazer isso dizendo internamente "Estou aberto para o amor" ou outra frase que desejar. Usar as mãos através do campo de energia, como se estivesse realmente abrindo as pétalas, potencializa o efeito desse exercício.

3. Continue abrindo pétalas, uma após outra, e repetindo as afirmações à medida que o faz.

4. Ao se aproximar do centro, observe que as pétalas estão brilhando com luz rosa. Perceba que elas estão quentes.

5. Quando o centro finalmente estiver aberto, a luz rosa irradiará, pulsando através dos limites da bolha. Diga para si mesmo: "A luz do meu coração é um farol para aqueles que partilham amor comigo". Receba luz rosa de seu Eu Superior e canalize-a para fora.

Esse exercício é de grande eficácia. Talvez você tenha alguma dificuldade no começo, pois a dor que carrega no chakra do coração pode aflorar. Deixe-a aflorar, dissolvendo e liberando ressentimentos antigos. Trata-se de uma parte importante do processo de autocura. Com o tempo, ao trabalhar com ela, irá perceber maior movimento e energia nessa parte do corpo. Quando alguém de quem você gosta se aproximar, haverá um fluxo de energia saindo do coração que parecerá elevá-lo. O chakra do coração é bastante sensível e às vezes pode se fechar facilmente quando alguém à sua volta for insensível ou fizer algo para magoá-lo. Ele também pode se fechar como forma de autoproteção. Quando ele estiver fechado, você irá observar a ausência daquele fluxo de energia e saberá que chegou a hora de repetir esse exercício.

Vá com calma

Compulsivos e obsessivos como são, os plutonianos tendem a se exceder quando encontram instrumentos terapêuticos que podem ajudá-los com suas dificuldades. É importante evitar o uso desses instrumentos em excesso, pois padrões muito arraigados precisam ser curados lentamente. É aconselhável não trabalhar com muitos assuntos ao mesmo tempo, mesmo que seja tentador quando finalmente se descobre algo que possa ser útil. Uma prática saudável é meditar não mais do que cinco dias por semana.

É possível combinar os diversas instrumentos de cura para maior eficácia. Por exemplo, aliar o floral para ressentimento com meditações para ressentimento, embora aumente de forma significativa a magnitude das crises de cura. Se estas se tornarem intensas demais, pare por um tempo. É também uma boa regra dar a si mesmo um descanso completo de todas as atividades de cura; por exemplo, suspender de vez em quando todas as terapias por seis semanas.

Esses instrumentos terapêuticos são complementos estimulantes para a prática da Astrologia, e tenho esperança de que mais e mais astrólogos sejam atraídos para as terapias de cura. A Astrologia é um instrumento de diagnóstico como nenhum outro, mas uma vez revelados os problemas é fundamental encontrar formas de trabalhá-los. Este capítulo é apenas uma introdução; consulte a bibliografia para se inteirar sobre esses instrumentos com maior profundidade.

Livros sobre essências florais

Bach, Edward, M. D. e F. J. Wheeler, M. D. *The Bach Flower Remedies*. Keats Health Books, New Canaan, CT, 1979. (Publicado no Reino Unido por C. W. Daniel, Ltd., Saffron, Walden.) As descrições originais dos remédios e seus propósitos explicados pelo homem que os desenvolveu. Não é tão abrangente ou inteligível quanto o livro de Chancellor, mas é considerado a Bíblia dos remédios. [*Os Remédios Florais do dr. Bach*. São Paulo: Pensamento, 1990.]

Chancellor, dr. Phillip M. *Handbook of the Bach Flower Remedies*. Keats Health Books, New Canaan, CT, 1971. (Publicado no Reino Unido por C. W. Daniel Ltd., Saffron, Walden.) O melhor livro sobre os Remédios Florais do dr. Bach. Contém uma descrição de cada um dos remédios com o propósito e os traços de personalidade que deve curar. Traz o relato de casos sobre cada remédio, incluindo as doenças físicas da pessoa que foram eliminadas à medida que as dificuldades emocionais subjacentes melhoraram. [*Manual Ilustrado dos Remédios Florais do dr. Bach*. São Paulo: Pensamento, 1990 (fora de catálogo).]

Gurudas. *Flower Essences*. Brotherhood of Life, 110 Dartmouth SE, Albuquerque, NM, 87106, 1983. Um livro sobre diversas essências florais que tem coisas muito interessantes a dizer sobre a correspondência entre as formas das plantas e seus propósitos de cura.

Gurudas. *Gem Elixirs and Vibrational Healing*. Cassandra Press, P.O. Box 150868, San Rafael, CA, 94915. Combinações de Elixires de Gemas e essências florais e como podem ser usadas para trabalhar com os chakras e os corpos sutis para curar doenças.

Livros sobre metafísica

Gawain, Shakti. *Creative Visualization*. Whatever Publishing, Mill Valley, CA, 1978. Um dos melhores livros de orientação sobre o uso de visualizações e afirmações para ajudá-lo. [*Visualização Criativa*. São Paulo: Pensamento, 1990 (fora de catálogo).]

Roberts, Jane. *The Nature of Personal Reality*. Prentice-Hall, Englewood Cliffs, N. J., 1974. Esse livro apresenta uma das visões mais profundas sobre metafísica. Pode demandar uma leitura mais atenta do que livros populares sobre o assunto, porém está repleto de conteúdos poderosos sobre a maneira como nossa realidade pessoal é formada por nossos pensamentos. Pertencente à série de livros de Seth, que foram canalizados pela médium Jane Roberts.

Outros tópicos de cura

Bandler, Richard e John Grinder. *Frogs Into Princes*. Real People Press, Box F. Moab, UT, 84532, 1979. Livro básico sobre Programação Neurolinguística, um método terapêutico de ação rápida destilado do trabalho dos maiores terapeutas da nossa época e que incorpora alguns dos princípios de hipnose e linguística. Parte de uma série de trabalhos pedagógicos sobre esse método, incluindo o excelente *Trance-Formations*, pelos mesmos autores e editora, 1981.

Clark, Linda. *The Ancient Art of Color Therapy*, Pocket Books, Nova York, 1975. Um excelente livro sobre a arte da cromoterapia como é praticada em outros países. Aborda mais os efeitos físicos e emocionais da luz e das cores reais, em vez das cores áuricas com que estamos trabalhando aqui; no entanto, os dois métodos podem reforçar um ao outro.

Wallace, Amy e Bill Henkin. *The Psychic Healing Book*. Wingbow Press, Berkeley, CA, 1981. Um manual escrito em linguagem simples para o aprendizado da cura psíquica e sobre técnicas para unir-se à terra e obter sua proteção. Sensível, realista, o melhor guia do seu tipo, bastante acessível.

CAPÍTULO 4

♇

Culpa, Ressentimento e Plutão

Culpa e ressentimento estão tão intimamente ligados que podemos chamá-los de irmãos siameses; um não existe sem o outro. Se essa dupla torna a sua vida difícil, este capítulo irá ajudá-lo a entender como a culpa e o ressentimento são criados e o que você pode fazer para se livrar deles considerando a dinâmica de Plutão. Você vai encontrar os padrões familiares na base da simbiose, do controle, da vingança e do apego. A parte final do capítulo contém práticas terapêuticas e sugestões para eliminar a culpa e o ressentimento.

É importante ressaltar que todos nós temos Plutão e Escorpião em algum lugar de nosso mapa natal e já sofremos essas emoções dolorosas e nocivas. A culpa doentia, que causa a sensação de nó no estômago, ou o ressentimento obsessivo, que chega a queimar, são familiares à maioria de nós. O ressentimento nos distancia dos outros e sabota nossas relações; a culpa nos distancia de nós mesmos. Os plutonianos são consumidos por esses sentimentos, que os aprisionam em rígidas defesas e dominam suas relações. A seguir, vamos analisar a relação entre culpa e ressentimento, de modo que você possa entendê-los e superá-los. Para extrair maior benefício dessas informações, faça uma lista de situações e pessoas que lhe causam culpa antes de começar a leitura.

Não se deixe enganar pela culpa

Dos dois irmãos siameses, a culpa e o ressentimento, vamos começar pela culpa. A verdade é que a culpa não tem fundamento e é uma grande bobagem. As palavras culpa e malícia, em inglês [*guilt* e *guile*] têm a mesma raiz, e há muita perversidade envolvida nisso. As pessoas que tentam fazer você se sentir culpado estão mentindo a respeito de sua verdadeira motivação. Por trás das ruidosas manifestações de amor e preocupação, o desejo delas é manipulá-lo de modo que você faça o que elas querem. "Se você me amasse, você..." Isso é chantagem emocional disfarçada de amor. A culpa funciona e faz você andar na linha mais rápido do que ameaças e dominação ostensiva. **Embarcar na culpa é como se submeter a um jogo de poder**. Sempre que você se sentir sufocado pela culpa, pergunte a si mesmo: "Essa pessoa está tentando me manipular?".

A culpa geralmente surge em relações de falsa dependência que chamamos de simbiose. Imagine duas pessoas unidas pelos quadris, um padrão de Plutão. Na maior parte das vezes, aqueles que fazem muito por nós ou dão muito para nós não agem movidos pela bondade do coração. Eles fazem isso porque querem nos controlar. É realmente generoso tirar de alguém a oportunidade de aprender e crescer de maneira independente? É altruísta fazer você se sentir incompetente ao fazer qualquer movimento sem eles? Em algum nível, você sabe que está sendo roubado e passa a ficar ressentido com a simbiose. Quando você reivindica seus direitos ou "egoisticamente" quer fazer o que precisa para sua própria felicidade e seu desenvolvimento, seu assim chamado benfeitor mexe as cordinhas para manipulá-lo e fazê-lo se sentir culpado. Repetindo: a motivação original do plutoniano é o controle. É sutil, naturalmente, e é por isso que funciona tão bem.

Sim, embarcar na culpa é aceitar a luta pelo poder, e culpa implica esperteza. Mas você não pode enganar um homem honesto, e um homem puro não sabe o que é culpa. Em outras palavras, você está escondendo algo quando se entrega à culpa, como falsa dependência ou falta de disposição para assumir responsabilidade por si mesmo, e assim entrega o poder para o plutoniano. Você está enganando o plutoniano para ele ser sua mamãezinha. Pergunte a si mesmo se está valendo a pena em termos de autoestima e crescimento. No final, não importa quanto você adie, ainda terá de assumir a responsabilidade pela sua vida.

Não se engane e nem engane outras pessoas: sua sensação de culpa é *também* um conflito de poder. Você está apegado à ilusão de que suas ações têm poder e de que é indispensável para a felicidade deles. A verdade é que nós não somos imortais nem indestrutíveis. Estamos sujeitos à morte, às lesões físicas e nenhuma de nossas ações tem grande poder para ferir as pessoas, exceto se elas também estiverem enredadas em dinâmicas plutonianas.

Se o fato de você buscar honestamente seu autodesenvolvimento torna a outra pessoa infeliz, então existe uma dependência que não é saudável. Em uma situação como essa, siga seu próprio caminho. Assim, crescer de forma independente poderá deixar de ferir o outro e forçá-lo a crescer também, de modo que você estará fazendo um favor a ele no final. Mas, se você se deixar manipular pela culpa e impedir o seu crescimento, começará a sentir ressentimento contra a pessoa que o manipula.

Há outra forma sutil de ação da culpa. Um psicólogo, cujo nome me escapa, disse que a culpa é o preço que pagamos ao nos agarrarmos a uma falsa autoimagem enquanto continuamos atacando-a. Sempre que houver um DEVERIA, suspeite que esse tipo de autoimagem pode estar em ação. Onde você tiver expectativas de perfeição ou santidade, há duas maneiras de se livrar da culpa: mude seu comportamento ou mude suas expectativas. A culpa a que você se agarra representa uma licença para continuar agindo de maneira errada e fazendo com que você mesmo e os outros pensem que está tentando melhorar.

A culpa é o ressentimento internalizado

Como o desenvolvimento de uma estrutura de caráter culpada decorre do abandono do esforço em desenvolver uma independência madura, ela representa um retraimento para uma dependência infantil... Isso produz um clima de ressentimento, além de uma sensação geral de culpa.[9]

A maioria de nós está familiarizada com o ensinamento psicológico de que depressão é raiva introjetada. Muito poucas pessoas, porém, sabem que a culpa é o ressentimento internalizado. Quando éramos crianças, os adultos pareciam todo-poderosos em relação à nossa sobrevivência. Quando eles tentavam nos corrigir ou nos manter sob controle, nós nos magoávamos, mas tínhamos poucos recursos para reagir. Eles tinham tanta força e nós tão pouca. Então, o ressentimento se voltou para dentro, transformando-se em um sentimento que chamamos de culpa.

Mesmo na vida adulta, carregamos parte daquela dependência infantil. Ninguém nunca é inteiramente adulto, de modo que nenhum de nós pode escapar da culpa e do ressentimento. No entanto, as pessoas mais culpadas são aquelas que se retraíram mais, tornando-se altamente dependentes. Onde há culpa, há abuso de poder. Quando nos envolvemos

9 Sue Mansfield. *The Gestalt of War*. Dial Press, Nova York, 1982, p. 101.

com plutonianos em conflitos de poder, sentimentos de impotência são ativados em decorrência das manipulações. Nos tornamos simbioticamente dependentes e, quando eles tentam nos controlar, o ressentimento é sentido como culpa. "Como posso ficar com raiva dela se ela é tão boa para mim? Sinto-me tão culpado... Ela sabe o que é melhor para mim." Sheldon Kopp afirma que a culpa nada mais é do que o ressentimento secreto contra obrigações indesejadas.[10]

Talvez você tenha feito algumas coisas terríveis, pois não é nenhum santo e provavelmente cometeu alguns erros. Mas às vezes essas ações foram puramente autodefesa. Por certo você fez exatamente aquilo que eles não suportam, por exemplo, uma traição de confiança. Possivelmente, você fez isso para terminar o relacionamento ou para empatar o jogo. Talvez não houvesse outra forma de interromper uma dinâmica repetitiva, não havia outra saída.

Às vezes, a culpa é apenas uma estratégia de vingança em uma luta pelo poder. É um jogo ardiloso, como a personagem Lucy Brown da tirinha do Snoopy, que se desculpa e jura para o irmão, Charlie Brown, que não vai mais tirar a bola quando ele for chutar. Em seguida, ela arruma a bola para ele mais uma vez apenas para tirá-la no último momento, fazendo com que ele se esborrache no chão novamente. Ah, eu sei que, enquanto você se sente culpado, a miserável da Lucy não tem consciência, mas esse é o preço a ser pago para participar desse jogo. Ao bater no peito com autodesprezo, comprar um ramalhete de flores e implorar perdão, você invalidou a raiva deles e os preparou para serem ludibriados novamente. Por esse tipo de culpa você deveria se sentir culpado.

Comportamentos como esse em geral despertam o desejo plutoniano de vingança. Talvez as pessoas com quem você está agindo desse

---

[10] Sheldon Kopp. *The Hanged Man*. Science and Behavior Books, Palo Alto, CA, 1974, p. 111.

modo tenham se tornado excessivamente dependentes e você está tentando descontar. Ou talvez esteja manifestando ressentimento contra seu pai, sua mãe ou outra figura autoritária. Infelizmente, a vingança não se importa com quem atinge (o escorpião não tem consciência), de modo que você fica fazendo todas as mulheres ou todos os homens pagarem pelo que sua mãe ou seu pai lhe fizeram há vinte ou até trinta anos atrás. Agir dessa maneira não é louvável, e é por isso que você acaba se sentindo culpado. Essa culpa causa sofrimento e, ao mesmo tempo, lhe dá um passe livre para agir mal de novo.

Ser pego é outra estratégia nesse jogo particular. A vingança não tem graça se ninguém souber. Ser descoberto, no entanto, é um golpe certeiro no objeto da sua vingança. Você consegue se vingar, mas vai pagar o preço das consequências (o ferrão do escorpião) e sentirá culpa e autodesprezo. Mas você tem a sua vingança. Nas versões mais mórbidas do jogo, isso é tudo o que conta.

QUESTIONÁRIO DE AUTOAVALIAÇÃO

Você pode consultar a lista que elaborou anteriormente ou criar uma lista das pessoas e situações que o fazem se sentir culpado agora. Considerando o que foi discutido, há diversas perguntas para você fazer a si mesmo quando estiver sofrendo uma crise de culpa:

- Estou envolvido em uma relação de dependência simbiótica e falsa?
- Estou evitando assumir a responsabilidade pela minha própria vida?
- Estão me manipulando em um jogo pelo poder?
- Estou buscando poder ou enganando os outros?

- Minha culpa está limitando meu crescimento pessoal?
- Do que estou me culpando nesta situação?
- Estou usando minha culpa como desculpa para continuar agindo dessa maneira?
- Estou tentando resolver questões passadas com essa pessoa?
- Estou tentando resolver questões com o progenitor que essa pessoa representa?

Depois de responder as perguntas, você terá maior clareza sobre a situação e saberá se existe, de fato, motivo para culpa. Se a ação que o faz se sentir culpado contribui para o seu crescimento, você provavelmente está certo ao fazê-la. Talvez não tenha feito de uma maneira suave ou ponderada e pode querer corrigi-la. Contudo, você nunca poderá fazer outra pessoa feliz inibindo seu próprio desenvolvimento, porque isso inevitavelmente irá provocar ressentimentos, geralmente por parte das duas pessoas envolvidas.

A culpa existencial do plutoniano

O que você não encontrará na sua lista é a culpa preexistente, que está à espera de uma transgressão para se agarrar. Ela se alimenta e se aloja em você, como ninguém gosta de sentir culpa sem motivo aparente, você inventa um. "Eu não devia ter sido tão rude com ela. Devia ter telefonado para saber como ela estava. Devia ter tentado mais. Devo ser uma pessoa terrível para ter pensamentos tão desleais. Na verdade, eu SOU horrível; não posso imaginar como alguém ainda pode gostar de mim. Ninguém gostaria se realmente soubessem quem eu sou."

Chamo isso de culpa existencial. Se você a tem, ela já existia muito antes de você ter idade suficiente para fazer mal a alguém. Os freudianos diriam que ela tem a ver com o treino do uso do banheiro. Eu digo que ela está relacionada aos treinadores do uso do banheiro e com o ressentimento que eles tinham de cuidar de um bebê. Essas crianças percebem que a mãe parece não gostar delas, pelo menos quando estão com fome, cansadas ou doentes, então concluem que é errado precisar de algo e que não merecem ser amadas. Elas chegam a se sentir culpadas por ocuparem espaço no planeta, por precisarem de alguma coisa, por simplesmente existirem. E, por debaixo disso, alimentando esse sentimento, há o ressentimento por não terem sido amadas e cuidadas de maneira adequada.

As pessoas podem lidar de duas maneiras com a culpa existencial: passar a vida em expiação, sendo tão santas quanto puderem e dedicando a vida a servir (e, secretamente, sentindo *muita* raiva, de modo que isso permeia toda a atmosfera à sua volta); ou, em vez de se tornarem santas, podem se tornar transgressoras, agindo para justificar a culpa e buscando castigos para expiá-la. Essa é também uma maneira de ajustar as contas com os pais: ferindo a reputação deles.

Como sei tanto sobre culpa existencial? Eu tinha esse tipo de culpa. Era tão intensa que quando via um carro de polícia me encolhia. Nunca fiz nada ilegal em minha vida, mas de algum modo sabia que eles iam me prender e me levar embora. Superei essa culpa por meio dos processos apresentados e, hoje, é difícil alguém me manipular usando essa culpa. É maravilhoso estar livre dela.

Quando culpa é justificada e útil?

Sheldon Kopp diz: "Acho que não somos castigados por nossos pecados, mas por meio deles"[11]. Nesse ponto, você pode estar se perguntando se existe alguma razão para se sentir culpado. Sim, acredito que há

---

[11] Kopp. *The Hanged Man*, p. 216.

momentos em que a culpa é apropriada. Um exemplo é quando você abusa do próprio poder. Quando você controla, engana ou manipula alguém em benefício próprio e não para o crescimento de alguém está abusando do poder. Também há culpa legítima quando você não está fazendo o máximo para controlar sua natureza interna e para crescer espiritualmente. Mas essa culpa legítima não deveria durar mais que alguns minutos. Conscientizar-se de que agiu errado deve ser uma oportunidade para o crescimento, uma ampliação da consciência que diz: "Não vou mais fazer isso". Essa afirmação deve ser seguida de uma tentativa sincera de fazer melhorias, e não por um desprezível "Ainda vou me redimir com você de algum modo", seguido de repetição após repetição.

Como todas as manifestações de Plutão, o propósito real da culpa é a *transformação*. Se você não se agarrar à culpa, mas trabalhar por meio dela, esses momentos de saber que você não fez o máximo podem fortalecer seu caráter e sua integridade, ajudando-o a agir no mundo de maneira mais consciente e amorosa. Mas esse tipo de culpa boa e integral só ocorre quando você se curou do ressentimento. Por isso, é hora de olharmos o ressentimento e como ele participa dessa dolorosa dinâmica emocional.

Simbiose, poder e ressentimento

Para obter o máximo deste tópico, seria interessante parar por uns momentos e fazer uma lista das pessoas que o magoaram, daquelas que sente raiva ou das que não consegue perdoar. Estranho, não é? Quantas dessas pessoas apareceram na sua lista de culpa? Agora já deve estar ficando claro que as pessoas pelas quais mais temos ressentimentos são aquelas de quem mais dependemos. Estranhos podem nos deixar com raiva pela imprudência de suas ações, mas apenas aqueles que têm poder real ou imaginado sobre nós podem nos magoar. Guardamos a raiva dentro de nós porque tememos a deserção ou a retaliação. Quanto mais dependente e simbiótico o relacionamento mais temos que abdicar do nosso próprio poder e mais medo temos de expressar nossa raiva. Tememos perder a ajuda que nos parece tão indispensável.

É importante dizer que ambos os parceiros na relação simbiótica são plutonianos, pois estão tentando manipular e controlar o outro de modo a sustentar a simbiose. A "mamãe" dependente precisa da dependência do "filhinho" para se sentir poderosa e no controle. No entanto, quando tentamos controlar alguma coisa, ela acaba nos controlando. O controle exige uma imensa quantidade de energia e nunca funciona por muito tempo.

Um relacionamento sufocante como esse gera ressentimento em ambas as partes. A pessoa abertamente dependente se ressente da desigualdade e da perda de crescimento e de liberdade. A pessoa que abertamente doa se ressente por ter de dar tanto. Presente que não é dado de bom grado não é presente. Na verdade, sempre que você se ressentir por ter de dar algo, suspeite da existência de uma dinâmica plutoniana atuando. Isso também vale se sentir que não dar significará que será abandonado. Como "dar" torna o receptor cada vez mais dependente, as duas pessoas podem se tornar cada vez mais ressentidas uma com a outra, levando a dinâmicas tóxicas que discutimos quando tratamos da culpa. No final, o ressentimento crescente tende a levar a uma separação amarga e dolorosa, que poderá perseguir cada um dos implicados por anos a fio.

A verdade é que a intimidade legítima (a intimidade de Vênus, não de Plutão) é impossível sem igualdade e liberdade para expressar e resolver os conflitos que naturalmente surgem em qualquer relacionamento. A raiva reprimida fermenta e cria distanciamento. Se você faz repetidamente algo que me aborrece mas eu tenho medo de lhe dizer, a raiva não expressa cresce e, no final, intoxica o relacionamento. Apenas com uma discussão aberta do conflito, como dois sócios iguais de uma empresa, é que o relacionamento pode crescer. Quando o relacionamento é desigual, a raiva em geral é contida por medo e acaba se transformando em ressentimento. Quando o ressentimento se acumula, o relacionamento é destruído, e o temido abandono de fato acontece.

Às vezes podemos carregar ressentimentos por anos e anos depois de separações dolorosas. Essa é também uma luta ilusória pelo poder, uma maneira de se agarrar a outras pessoas que podem ter se esquecido de nós há muito tempo. Podemos fantasiar pensando em encontrá-las novamente ou nos apavoramos com a ideia de um novo encontro. Nós fantasiamos pensando em nos vingar. Ou imaginamos ficar ricos e poderosos ou morrer, só para mostrar para elas ou fazê-las se arrepender por ter nos deixado. As pessoas que mais gostamos de odiar em geral são as que mais adorávamos. Isso não nos dá nenhum poder sobre elas, mas lhes dá um imenso poder sobre nós. Ao nos abraçar ao ressentimento muito depois de o relacionamento ter terminado, *ainda* estamos entregando o poder à outra pessoa. Quanto mais nos ressentimos com alguma coisa ou com alguém, mais poder entregamos e mais somos controlados. Essas pessoas se tornam imensamente importantes em nossa vida, embora possamos ser insignificantes para elas. Enquanto as cultivamos, elas crescem em nossa imaginação, tornando-se cada vez menos as pessoas reais que um dia amamos e cada vez mais monstros maiores que a própria vida. Vá visitar o dragão; você encontrará não mais que uma minhoca.

Ressentimento tóxico

Um membro do meu grupo de tratamento de alcoólatras certa vez perguntou: "Qual a diferença entre raiva e ressentimento? Não são a mesma coisa?". (Para a Astrologia, a raiva é de Marte e o ressentimento, de Plutão.) Respondi que são iguais assim como o suco de uva e o vinho.

Eles nascem iguais, mas o ressentimento é a raiva que foi fermentada e amadurecida como o vinho, tornando-se uma substância mais tóxica. O fígado, no nível espiritual, metaboliza a raiva, e nunca soube de alguém com cirrose por tomar suco de uva.

O ressentimento é um enorme problema para os alcoólatras em recuperação com quem trabalho. Ele é um fator determinante no desenvolvimento da dependência de outros padrões que os atormentam. É também um veneno para o corpo, causando problemas como pedra na vesícula e câncer; situações nas quais aquilo que está destruindo você começa a consumir seu corpo. Por outro lado, um estudo mostrou que os pacientes de câncer que são capazes de mobilizar a raiva têm maior probabilidade de sobreviver.[12]

Um dos efeitos colaterais do ressentimento é o ódio por si mesmo. É como se os nossos corpos fossem vasos, e, quando eles estão cheios de ressentimento, ele volta para nós. O ódio que nutrimos pelos outros se transforma em ódio por nós mesmos. E quanto mais ódio temos de nós mesmos, mais tendemos a formar relacionamentos "amorosos" simbióticos do tipo plutoniano para tentar recuperar nosso amor-próprio por meio do outro. No entanto, a autoestima não pode realmente vir de fora de nós mesmos, e, se odiamos a nós mesmos ou aos outros, temos muita dificuldade em encontrar o amor.

O plutoniano que está determinado a buscar o amor-próprio por meio do poder exercido sobre outros raramente encontra amor, apenas ódio. Quando saímos por aí cheios de ressentimentos, afastamos os outros. Nos sentimos tão infelizes com nossos relacionamentos desastrosos e acabamos culpando Deus pelos nossos problemas. Um afastamento

---

[12] De um estudo por Sandra Levy da Escola de Medicina da Universidade de Pittsburg, citado em *USA Today*, 29 de agosto de 1984, p. 1, no artigo "Angry Patients Give Cancer Best Fight" ["Pacientes Raivosos são Melhores Adversários para o Câncer"].

progressivo e amargo de Deus e do homem é a história de vida de muitas pessoas com um Plutão forte.

As estratégias da vingança e da maldade

Pessoas vingativas afogam suas mágoas no ódio...
Elas são resistentes ou incapazes de aceitar que são tipos capazes de sofrer danos. A vingança é uma tentativa de sustentar uma imagem essencialmente falsa de si mesmo.[13]

Vingança, sem dúvida, não é uma palavra muito popular entre os modernos. Preferimos usar expressões como "dar o troco" ou "acertar as contas". A expressão "dar o troco" sugere que há um desequilíbrio de poder. Se temos de revidar, significa que as coisas estavam desequilibradas. Se nos sentíssemos seguros em nos afirmar, seríamos capazes de reagir e sem alimentar rancor. *Alimentar* é uma palavra relacionada à dependência. É por isso que nos ressentimos mais com aqueles de quem somos mais dependentes. Esses ressentimentos maiores e mais persistentes geralmente despertam o desejo de vingança.

Em alguns casos, quando nos sentimos fracos e dependentes em um relacionamento e revidamos de maneira direta, acabamos fazendo coisas contra nós mesmos por vingança. As crianças muitas vezes fazem isso, mas muitos adultos também fazem coisas maldosas contra eles mesmos para se vingarem dos pais por coisas que aconteceram há muito tempo. Por exemplo, se os pais constantemente dizem à criança que ela nunca vai ser nada na vida, quando adulta ela pode repetidamente ser demitida. Ou quando uma mãe fica dizendo à filha que ela é gorda e feia, a garota pode ganhar mais peso por vingança. Quando alguém diz

---

[13] Mansfield. *The Gestalt of War*, p. 50.

"Vou mostrar para eles" o resultado é geralmente a autossabotagem. Por isso, chamo a casa em que Plutão está posicionado de casa do *fracasso por vingança*. (Ver Capítulo 1.)

Além disso, como observa Theodore Isaac Rubin, a busca implacável desse tipo de triunfo destrói a nossa satisfação em outros aspectos importantes da vida, sendo inexorável em suas exigências. Ele afirma: "A busca de vingança nos tira o impulso e poder, dando à pessoa que queremos atingir poder sobre nós... Isso faz com que outras e importantes áreas da nossa vida sejam negligenciadas".[14]

Tanto os plutonianos quantos os escorpianos são conhecidos pelo espírito de vingança. Quando o escorpião ataca, ele mata não apenas seu inimigo, mas também a si mesmo. Toda vingança é assim; o desejo de vingança quase sempre envenena a nossa consciência. Agir tomado pelo desejo de vingança sempre leva a uma escalada destrutiva do conflito. A maioria das formas de vingança são extremamente plutonianas. O suicídio, por exemplo, é geralmente um ato de vingança. Contar segredos obscuros e profundos também pode ser uma forma de vingança à la Christina Crawford.[15]

O maior problema com a vingança é que, ao decidirmos ir atrás dela, passamos a ser controlados por ela, desperdiçando energia que poderíamos usar para criar algo positivo em nossa vida. Ficamos presos ao passado e não conseguimos nos mover em direção ao futuro livremente. Portanto, o trabalho de deixar de lado ressentimentos e perdoar não é para o bem da outra pessoa, mas para o NOSSO próprio bem. Se necessário, podemos adotar a versão escorpiana do Pai-Nosso: "Perdoai as

---

[14] Theodore Isaac Rubin, MD. *Reconciliation: Inner Peace in an Age of Anxiety*. Viking Press, Nova York, 1980.

[15] Segundo seu livro, *Mommie Dearest*, Christina nasceu em 11 de junho de 1939, à tarde. Seu mapa mostra uma quadratura de Marte, Plutão e Saturno, uma combinação que indica abuso e raiva profunda em relação a isso.

nossas ofensas assim como perdoamos a quem nos tem ofendido, embora esses miseráveis não o mereçam!".

Instrumentos de cura para se libertar do ressentimento e da culpa

Você se identificou com a dinâmica que foi descrita? Mas o que é possível fazer? Plutão também tem o seu lado positivo, e podemos transformar a energia destrutiva desse planeta e torná-la mais construtiva. Plutão rege a psicologia e a autoanálise, de modo que é possível nos libertarmos do passado ao olharmos profundamente para dentro e enfrentarmos a nós mesmos de forma honesta. Plutão é o planeta do renascimento, da cura e da transformação. Somos capazes de determinar uma nova vida para nós mesmos, mais feliz e livre da culpa e do ressentimento, se dirigirmos nossa atenção em reconhecer e transformar esses padrões.

A cura começa com a consciência: quanto mais conscientes estivermos dos mecanismos que estão por trás da culpa e do ressentimento, menos provavelmente seremos enredados por eles. No início, essa consciência pode ser dolorosa, como uma lâmpada subitamente acesa no escuro. Mas, à medida que nossos olhos se acostumam com a nova luz, não tropeçamos mais no escuro. O segundo passo crucial é pararmos de projetar a culpa NELES. Exceto quando crianças, ou a menos que tenhamos sido vítimas de violência, nós contribuímos para o mecanismo da culpa e do ressentimento ao abdicarmos do nosso poder e ao nos eximirmos da total responsabilidade por nós mesmos. O livro de Wayne Dyer, *Pulling Your Own Strings*, pode contribuir para o aprofundamento desse assunto e ajudar a sair dessas dinâmicas.[16]

[16] Publicado pela Avon, Nova York, 1977.

Explorar as situações de culpa e ressentimento escrevendo-as ou usando um gravador para registrar sua fala sobre elas pode ajudar. Retome a lista de pessoas por quem você sente ressentimento ou culpa e analise-a mais à fundo, dando particular atenção às situações da infância e da adolescência. Escreva sobre cada uma das pessoas listadas detalhadamente, considerando questões de poder e dependência. Considere como suas ações e falhas de caráter contribuíram para criar essa situação. Por exemplo, você fez demandas excessivas de atenção e cuidado ou falhou em se autoafirmar ou em se comunicar sobre o conflito? Você deixou que o orgulho, o medo ou necessidades infantis interferissem em uma troca que poderia ter sido mais aberta, igualitária ou compartilhada? Considere, ainda, como a dependência simbiótica se aplica a você nesse relacionamento.

Para obter uma nova perspectiva, coloque-se no lugar da outra pessoa e escreva ou fale sobre o conflito do ponto de vista dela. Como ela qualificou seu comportamento? Quais pressões ela enfrentou? Será que a situação mudou ao observá-la desse modo? O próprio ato de analisar essa lista de pessoas é um fator de cura, porque encarar velhas situações sob uma nova ótica fará com que você se livre delas.

A lista das pessoas em relação às quais você sente culpa tem outras utilidades. Ela ajuda a delimitar sua culpa, tornando-a específica em vez de ilimitada. Você pode então decidir se a sua culpa foi real e merecida ou se surgiu de um conflito de poder. Mesmo em situações em que você feriu alguém de forma mais ou menos deliberada, analise se o desejo de ferir veio de ressentimento em relação à dinâmica de poder e dependência dentro do relacionamento.

Há situações em que a culpa é justificada. Nesses casos, você pode aliviar sua culpa dando algum tipo de satisfação para a pessoa. Se isso for difícil, considere se ainda há algum ressentimento interferindo em relação a essa pessoa. Se esse for o caso, talvez seja conveniente trabalhar primeiro o ressentimento.[17]

Em alguns casos, dar satisfações pode provocar mais mal do que bem. Digamos que você se sente culpado porque foi infiel ao seu companheiro, mas ele não sabe. Uma confissão causaria um dano desnecessário. Ou, se você desviou dinheiro da empresa em que trabalha, uma confissão resultaria na perda do emprego e causaria grandes dificuldades financeiras à sua família. É importante considerar sua motivação para confessar nessas circunstâncias, para evitar que seja uma forma de vingança. Para aliviar a culpa de segredos como esses, o velho ritual da confissão era terapêutico e oferecia um propósito. Se você não pode se confessar (não precisa ser católico para usar esse serviço), encontre alguém de confiança. Astrólogos também fazem um voto de sigilo, de modo que você poderia se confessar. Nem todos os astrólogos são bons conselheiros, mas um aconselhamento astrológico feito por um praticante com inclinações humanísticas pode ser bastante compensador. Os plutonianos se isolam por causa de seus segredos cheios de culpa, e o isolamento lhes faz mal. Você está tão doente quanto os seus segredos.

Remédios florais

Complementares à lista de pessoas, há outros instrumentos de cura específicos para a culpa e o ressentimento: as meditações guiadas e as essências florais. Esses instrumentos foram explicados no Capítulo 3.

---

[17] Os capítulos 8 e 9 do Manual dos Alcoólicos Anônimos, *Twelve Steps and Twelve Traditions* (publicado por Alcoholics Anonymous World Services, Inc., Box 459, Nova York, 10017) indica um processo para nos aliviarmos da culpa e para fazermos reparações a pessoas que ferimos.

Dentre os florais do dr. Bach, *Pine* é específico para culpa. Além dele, *Crab Apple* é para autoaversão e a sensação de que você está de algum modo contaminado. *Sunflower*, Essência Floral da Califórnia, ajuda a equilibrar o ego e a restabelecer a autoestima. *Fuschia* e *Scarlet Monkey*, também florais da Califórnia, ajudam a integrar emoções fortes e podem ser muito úteis. A essência *Honeysuckle*, do dr. Bach, é altamente recomendada, porque trabalha na libertação do passado, já que tanto a culpa como o ressentimento mantêm a energia enraizada no passado.

O *Willow* ajuda nos casos em que você sente amargura, ressentimento e a sensação de que foram desleais com você. *Holly* é para o ódio, o ciúme, a desconfiança e o desejo de vingança, todos emoções tipicamente plutonianas. Se estiver perturbado por qualquer um desses sentimentos, *Holly* tem a prioridade, porque essas emoções são excessivamente tóxicas e podem envenenar todas as tentativas de autoajuda. Quando o ressentimento surge como resultado de um desejo de controle, *Vine* é o floral indicado pelo dr. Bach.

AFIRMAÇÕES PARA A CULPA

O passado é relevante apenas quando posso extrair aprendizados.

Encaro o meu passado e a mim mesmo com amorosa compaixão.

Assumo responsabilidade por ________________.

Encontrarei uma maneira de fazer reparações a ________________, ou, se for prejudicial fazê-lo, eu o esquecerei.

Confio na minha capacidade de fazer melhor.

Perdoo a mim mesmo por todas as transgressões passadas.

Meditações guiadas

As meditações a seguir foram criadas para ajudá-lo no trabalho com situações em que a culpa e o ressentimento o estejam perturbando, incluindo aquelas mencionadas em sua lista que ainda não foram totalmente resolvidas até o momento. Pode ser útil registrar as etapas com um celular ou outro tipo de gravador de áudio, assim você não precisa olhar o livro enquanto as executa. Se tiver alguma das essências florais mencionadas anteriormente, será de grande proveito tomar uma gota dissolvida em água antes de iniciar a meditação.

MEDITAÇÃO PARA LIBERAÇÃO DA CULPA

Você pode praticar a meditação a seguir diversas vezes para cada pessoa da sua lista. É especialmente importante fazê-la para seus pais e seu companheiro.

1. Tente atingir um estado profundo de consciência. Peça a seu Eu Superior para ajudá-lo a se libertar da culpa.
2. Crie em volta de si uma bolha de luz trêmula e agradável com a cor lavanda. Imagine seu corpo como um contorno vazio e preencha-o com uma chama cor de lavanda.
3. A certa distância, crie outra bolha de luz de cor lavanda e coloque dentro dela a pessoa ou a situação em relação à qual você sente culpa. Imagine-as tão detalhadamente quanto possível, repassando os eventos e deixando que os sentimentos de culpa aflorem.

4. Visualize a outra bolha se transformando em um poderoso ímã, sugando do seu corpo a culpa que você guardava. Aprofunde ainda mais seu estado de consciência, se necessário. Chame o seu Eu Superior para ajudar na libertação da situação.

5. Quando tiver libertado tudo o que puder, mova a bolha para trás de você, a fim de remover sentimentos de culpa inconscientes ou esquecidos, ou aqueles que você absorveu psiquicamente daquela pessoa. Você poderá sentir que a bolha é até mais poderosa quando posicionada atrás.

6. Após ter feito tudo o que puder, traga a bolha à sua frente. Olhe a pessoa ou a situação outra vez. Se ela ou ele não parecer mudado para você, reduza o tamanho da bolha para diminuir o poder dessa pessoa sobre você.

7. Acenda a bolha da outra pessoa com a chama de cor lavanda, desfazendo a imagem e purgando os resíduos de culpa. Quando a luz estiver com a cor lavanda, clara e brilhante, destrua a bolha e disperse a sua luz na atmosfera.

8. Acenda a chama cor de lavanda na sua própria bolha. Peça para seu Eu Superior remover qualquer culpa paralisante que ainda possa ter ficado e que lhe dê discernimento em suas futuras ações de reparação.

9. Deixe a luz cor de lavanda se desfazer e a substitua por uma luz branca. Volte ao seu estado normal de vigília.

10. Repita a meditação periodicamente, com todas as pessoas da sua lista, até estar livre das culpas desnecessárias.

É possível que ao final da meditação você sinta uma forte sensação de alegria e mude seus relacionamentos para melhor. Por um lado, será mais difícil para as pessoas controlá-lo! Por outro, essa prática terá contribuído significativamente para sua autoestima.

AFIRMAÇÕES PARA SITUAÇÕES DE RESSENTIMENTO

Reivindico o meu próprio poder nesta situação.

Exijo o meu reconhecimento de maneira efetiva e apropriada.

Aceito a responsabilidade pela minha parte no conflito.

Aceito com serenidade as situações que não posso mudar.

Estou disposto a perdoar _______________ por suas ações.

Abençoe e liberte _____________ para o seu bem mais elevado.

MEDITAÇÃO PARA LIBERAÇÃO DO RESSENTIMENTO

Você pode praticar a meditação a seguir diversas vezes para cada pessoa da sua lista. É especialmente importante fazê-la para seus pais e seu companheiro.

1. Tente atingir um estado profundo de consciência. Peça a seu Eu Superior para ajudá-lo a se libertar dos ressentimentos.
2. Crie em volta de si uma bolha de luz intensa de cor violeta. Imagine seu corpo como um contorno vazio e preencha-o com uma chama violeta.

3. A certa distância, crie outra bolha de luz violeta e coloque dentro dela a pessoa ou a situação em relação à qual você sente ressentimento. Imagine-as tão detalhadamente quanto possível, repassando os eventos e deixando que os sentimentos de ressentimento aflorem.

4. Visualize a outra bolha se transformando em um poderoso ímã, sugando do seu corpo o ressentimento que você guardava. Aprofunde ainda mais seu estado de consciência, se necessário. Chame o seu Eu Superior para ajudar na libertação da situação.

5. Quando você tiver libertado tudo o que puder, mova a bolha para trás de você, a fim de remover ressentimentos inconscientes ou esquecidos, ou aqueles que absorveu psiquicamente daquela pessoa. Você poderá sentir que a bolha é até mais magnética quando posicionada atrás.

6. Após ter feito tudo o que puder, traga a bolha à sua frente. Olhe a pessoa ou a situação outra vez. Se ele ou ela não parecer mudado para você, reduza o tamanho da bolha para diminuir o poder dela sobre você.

7. Acenda a bolha da outra pessoa com a chama violeta, desfazendo a imagem e purgando os resíduos de ressentimento. Quando a luz estiver violeta, clara e brilhante, destrua a bolha e disperse a sua luz na atmosfera.

8. Acenda a chama violeta na sua própria bolha. Peça para seu Eu Superior remover qualquer ressentimento.

9. Deixe a luz violeta se desfazer e a substitua por uma luz branca. Volte ao seu estado normal de vigília.

10. Repita esta meditação periodicamente, com todas as pessoas da sua lista, até estar livre de ressentimentos.

MEDITAÇÃO PARA DESAPEGAR-SE

Se você ainda estiver tendo dificuldade para desapegar-se da pessoa ou situação, a prática a seguir é de grande valia:

1. Entre numa bolha de luz branca e tente aprofundar sua consciência. Entre em contato com o seu Eu Superior e expresse o seu desejo e sua intenção de ficar livre dessa pessoa ou situação.
2. Imagine-se na margem de um imenso e poderoso rio. Há um pequeno bote amarrado nas margens, e a forte correnteza está a ponto de levá-lo rio abaixo.
3. Imagine a pessoa tão detalhadamente quanto possível. Reconheça que ela também tem um Eu Superior, que é totalmente separado do seu. Fale através do seu Eu Superior com o Eu Superior dela, explicando que você precisa se libertar do elo negativo que está ligando vocês dois.
4. Agora, pegue uma faca grande e afiada que está no chão e use-a para cortar a corda que amarra o bote ao cais. Segure a ponta da corda.
5. Segure a corda em sua mão e diga ao Eu Superior da outra pessoa: "Eu a liberto. Siga o seu caminho para o bem".
6. Solte a corda e veja a correnteza carregar velozmente o bote e a pessoa rio abaixo. Diga adeus enquanto ela vai ficando cada

vez menor. Deseje-lhe tudo de bom. Saiba que o rio não pode inverter o seu curso e voltar rio acima; sendo assim, o bote se foi para sempre e você renunciou ao seu domínio sobre aquela pessoa ou situação.

7. Se sentir vontade, chore, mas saiba que coisas melhores virão. Você não perde as memórias boas, apenas a dor.

O perdão como o maior remédio

Praticar as meditações descritas anteriormente na íntegra vai levá-lo a se libertar do ressentimento, do ódio e da amargura em relação às pessoas e às situações do seu passado e do seu presente. Essas emoções tóxicas roubam sua energia e vitalidade, cargas pesadas que não deixam você viver com alegria e plenitude. Sentimentos negativos em relação a alguém, conscientes ou inconscientes, retornam como um bumerangue, emocional e espiritualmente. Eles o separam não apenas da pessoa que você passou a odiar (e a quem você, sem dúvida, um dia amou), mas de uma possível troca afetiva com as pessoas do seu convívio, que se distanciam ao perceber esse ódio em você. Então, o livre fluxo espiritual também é cortado, pois é repelido pela energia negativa.

Exploramos até aqui as maneiras como o ressentimento envenena sua vida. Para se curar, você precisa estar disposto a perdoar. Isso pode parecer humilhante ou até mesmo impossível, mas é a única maneira de se livrar do ressentimento. O perdão é uma necessidade para a sua própria cura, e não um mero impulso de bondade em direção à outra pessoa. *Learning to Forgive*, de Doris Donnelly, é uma obra que ensina as etapas por que devemos passar até atingir o perdão. Como diz a autora, "Quando estou ferida, física ou espiritualmente, meus ferimentos têm poder sobre mim; eles me dizem o que posso e o que não posso fazer...

O perdão é um poder que serve como antídoto para a energia da dor que me conduz".[18] Donnelly não recomenda um perdão simulado, agradável. Ela descreve uma experiência profunda na qual o ressentimento e a dor devem ser plenamente experimentados. Recomendo fortemente esse livro para as pessoas cuja vida esteja obscurecida pelo ressentimento. Creio que o perdão e a reconciliação de nossas diferenças com outros podem ser o ponto-final de Plutão em Escorpião. Primeiro trouxemos para fora os segredos, os rancores e os ódios não expressos para então trabalhar com eles até o fim, para sermos mais felizes e mais livres.

MEDITAÇÃO PARA O PERDÃO

1. Imagine-se no centro de uma bolha de luz branca. Eleve-se ao seu Eu Superior e peça-lhe ajuda para perdoar.

2. Agora, crie uma segunda bolha de luz e coloque dentro dela a pessoa a quem você está tentando perdoar. Imagine essa pessoa da forma mais detalhada possível, particularmente como ele ou ela era quando a dificuldade surgiu. Peça ajuda ao Eu Superior da pessoa para trabalhar com você a fim de libertar a ambos desse elo negativo.

3. Imagine-se nadando de costas no rio do tempo até o período em que isso estava acontecendo. Recrie a cena detalhadamente, recordando as emoções que sentiu.

4. Deixe as emoções transbordarem até encherem a sua bolha. Imagine então que uma suave chuva dourada lava essas emoções do fundo da bolha até elas sumirem.

---

[18] Doris Donnelly. *Learning to Forgive*. Festival Books Edition, Abingdon Press, Nashville, TN, 1980, p. 27.

5. Dirija-se novamente ao seu Eu Superior e ao da pessoa e imagine uma porta basculante entre suas bolhas. Caminhe em direção a ela, enquanto ela vem ao seu encontro, e use a porta para trocar de lugar.

6. Aprofunde sua consciência e sinta os sentimentos da outra pessoa em relação à situação. Explore esse período do ponto de vista dela, particularmente no que diz respeito às pressões e necessidades que estavam operando.

7. Recrie a cena novamente do ponto de vista da outra pessoa. Como você se sente? Como a outra pessoa sente o seu comportamento?

8. Agora, volte para a porta e troque de lugar com a outra pessoa. Volte para a sua bolha e contemple o que aprendeu sobre a situação. Indo ao seu Eu Superior mais uma vez, peça a disposição para tirar essa situação da mente. Volte ao estado de vigília.

9. Repita essa meditação periodicamente até conseguir se libertar.

Não vale a pena o esforço?

Culpa e ressentimento são emoções dolorosas e persistentes. Eles represam sua energia no passado, criando bloqueios que o impedem de viver efetivamente no presente. Eliminar esses padrões é como, de repente, perder vinte quilos. Você se sente mais leve, mais livre e mais pertencente à raça humana. Trocas de afeto com outros se tornam cada vez mais frequentes. Sim, há uma dor temporária ao ter de enfrentar esses problemas, mas isso não é nada comparado ao seu prazer futuro. Pratique as meditações aqui descritas com honestidade e perseverança e se libertará.

Livros terapêuticos para culpa e ressentimento

Donnelly, Doris. *Learning to Forgive.* Festival Books Edition. Abingdon Press, Nashville, TN, 1980. Um excelente livro sobre a necessidade do perdão e o processo de cura que torna isso possível. Escrito de um ponto de vista religioso, porém não negando a dor e a cólera.

Dyer, Wayne. *Pulling Your Own Strings.* Avon, Nova York, 1977. Um livro que contribui para a compreensão das situações de vítima que auxilia a sair delas. Quando você não se sente enredado no papel de vítima, acumula menos ressentimento.

Rubin, Theodore Isaac, M.D. *Compassion and Self-Hate.* Ballantine, Nova York, 1975. Um livro de cura para as raízes da nossa culpa e do ódio a nós mesmos, um livro de efeitos transformadores.

__________. *The Angry Book.* Macmillan, Nova York, 1979. Outro dos excelentes livros de Rubin para autocura, abordando o problema da cólera e as consequências de seu congelamento.

CAPÍTULO 5

Incesto e Violência Doméstica (Alerta de Gatilho)

Com a entrada de Plutão em Escorpião*, o incesto, o abuso sexual e infantil e a violência doméstica passaram a ocupar as manchetes. Na semana em que Plutão entrou em Escorpião pela primeira vez, em novembro de 1983, foi exibido na televisão aberta o filme *Paixão Doentia* (*Something About Amelia*), o primeiro tratamento realmente sensível e de conscientização sobre o incesto. No ano seguinte, casos de abuso sexual não saíram do noticiário. Revelações sobre pornografia infantil e o abuso sexual com crianças em creches mexeu com todos nós. Uma mulher ganhou um grande processo contra seu padrasto por molestá-la. Outra jovem processou diversos sacerdotes que a molestaram. Um homem ganhou uma enorme indenização por danos psicológicos sofridos quando foi violentado na prisão. Um grupo de apoio foi formado por mulheres que foram sexualmente abusadas por seus terapeutas.

---

* Ver nota da preparadora, p. 61.

Neste capítulo, vamos discutir os componentes psicológicos e astrológicos da violência doméstica, incluindo incesto, violência contra a mulher e abuso infantil. Tudo isso é de natureza extremamente plutoniana. Por mais angustiante que esse material possa ser, é cem vezes mais angustiante para a pessoa que passou por isso.

A prevalência do abuso sexual e da violência doméstica

Cada vez mais pessoas revelam os abusos físicos ou sexuais que sofreram. O abuso é, provavelmente, o crime mais encoberto de todos, pois é um segredo de grande culpa para suas vítimas. Em 1986, as estatísticas existentes e mesmo as mais conservadoras eram alarmantes:

1. Especulava-se que de 20% a 40% das garotas com idades entre 4 a 13 anos eram sexualmente molestadas por um adulto.
2. 8% dos garotos também eram molestados, mas isso era mais encoberto porque os meninos tendiam a denunciar menos seus abusadores.
3. Na época, estimava-se que talvez 35 milhões de pessoas nos Estado Unidos haviam sido sexualmente molestadas.
4. O abuso era mantido como um segredo. De 50% a 80% das vítimas não faziam denúncia.
5. De 80% a 90% dos abusadores eram homens. 80% eram parentes ou íntimos da família, e não completos estranhos.
6. 70% das prostitutas jovens foram vítimas de incesto ou de abuso sexual. 80% das mulheres que usavam drogas foram abusadas sexualmente e usavam a droga para anestesiar seus sentimentos.

7. Um estudo revelou que 80% dos jovens em uma unidade de internação juvenil tinham sido sexualmente molestados.
8. Pelo menos 28% de todas as mulheres eram espancadas pelos maridos.

O abuso sexual e a violência doméstica permeiam todas as camadas sociais e os grupos étnicos, mas são muito mais noticiados entre as camadas sociais mais baixas, que dependem da rede de saúde e da assistência pública, que mantêm estatísticas. Uma pessoa de classe média ou alta pode pagar por cuidados médicos e psiquiátricos particulares, o que as deixa fora das estatísticas.

Por que este capítulo é necessário

Como podemos perceber, o abuso é um grande problema social. A razão para incluí-lo em um livro sobre Plutão é dupla. Em primeiro lugar, o abuso é uma questão intrínseca ao universo plutoniano, afetando e moldando a personalidade dos nascidos sob forte influência desse planeta. Em segundo lugar, visa fornecer apoio e orientação para profissionais da Astrologia que venham a atender clientes vítimas de abuso.

Astrólogos e terapeutas em geral que atendem clientes regularmente devem conhecer os efeitos psicológicos que afetam as pessoas que são vítimas de experiências traumáticas, como incesto, violência conjugal e estupro. É importante que você esteja preparado para ouvir com sensibilidade e empatia, além de indicar locais onde podem encontrar ajuda. Haverá aqueles que não conseguem revelar seus segredos, pois ainda não sabem que falar é um forte elemento de cura. Reconhecer os sinais no mapa astral de como abordar a questão, sempre com gentileza e sensibilidade, pode ajudar o cliente no sentido de buscar ajuda apropriada.

A bibliografia recomendada no final deste capítulo sugere alguns livros sobre abuso que podem ser perturbadores. No entanto, a dor de ler sobre abuso não se compara à dor da experiência. Essas obras fornecem informações essenciais sobre o assunto, estimulando a empatia no lugar das suposições e dos julgamentos. Os autores narram essa experiência melhor do que muitas vítimas poderão fazê-lo.

Mesmo que você não seja um astrólogo, pode ser útil entender a vítima. A probabilidade alarmante de que uma em cada três mulheres, e um número desconhecido de homens, sofrem algum tipo de abuso sexual faz com que sejam bastante altas as probabilidades de que uma vizinha, amiga ou mesmo um membro da família revele a você algum evento desse tipo que venha mantendo em segredo. Você já conhece muitas dessas vítimas pessoalmente, só que elas estão sofrendo em silêncio.

A tendência de culpar a vítima

A tendência de *culpar a vítima* é constante em nossa sociedade. Isso ocorre frequentemente em casos de estupro, quando muitas pessoas acreditam que a mulher provocou a situação ao ter usado roupas provocantes. Da mesma forma, em casos de violência doméstica contra a mulher, alguns podem adotar uma postura falsamente psicológica e afirmar que a vítima inconscientemente provocou a violência devido a tendências masoquistas. Em relação às vítimas de latrocínio, é comum culpar a vítima afirmando que elas foram descuidadas em estar naquele lugar e àquela hora. Queremos acreditar, do mesmo modo que as vítimas, que elas, de algum modo, foram responsáveis pelo que aconteceu. Culpar a vítima nos faz sentir mais poderosos, mais no controle, como se algo assim nunca pudesse acontecer conosco. Às vezes, os acusadores mais fervorosos são aqueles que têm lembranças reprimidas de abusos sofridos ou que estão reprimindo seus próprios impulsos violentos ou antissociais.

Além disso, há inúmeros mitos populares, todos com a ideia de que as vítimas participam e contribuem para seus abusos e que é por isso que ficam nessa situação. Alguns, por exemplo, definitivamente não entendem por que a esposa que é repetidamente espancada não faz as malas e abandona o marido, ou porque a vítima de incesto não conta para a mãe o que está acontecendo. Se você ler as histórias ou ouvir as pessoas, no entanto, poderá perceber que a esposa espancada muitas vezes tentou ir embora, e que a vítima de incesto procurou ajuda, em vão, mais de uma vez.

A tradição de culpar a vítima tem consequências graves: ela contribui para o isolamento das pessoas que sofreram abuso. Com a culpabilização, elas se sentem ainda mais envergonhadas e enraivecidas, o que acaba por silenciá-las. O abuso se torna um segredo de culpa, que as aliena do resto da humanidade. Em resumo, elas se tornam plutonianas.

Como o complexo de Édipo foi inventado

Outro segredo revelado durante o primeiro ano do trânsito de Plutão por Escorpião está relacionado com as origens do Complexo de Édipo. Logo que Freud começou a investigar a neurose, postulou que ela se originava de encontros sexuais da criança com adultos. Essa ideia não foi bem recebida por seus mentores e pares; então, em seguida, ele "descobriu" que esse complexo se relacionava apenas às mulheres. Investigando a causa dessas fantasias, Freud propôs que elas se originavam do fato de as meninas quererem dormir com o pai (Eureka! Tinha inventado o Complexo de Édipo!) e, quando não podiam, a imaginavam.

Novas informações têm surgido sobre Freud e seu círculo de companheiros. Ao que parece, na época, havia inúmeros casos de incesto e de abuso e pornografia infantil. O próprio mentor de Freud, que o incentivou a abandonar a tese inicial de que a origem da neurose estava no abuso sexual, era na realidade um molestador de crianças! Exatamente da mesma maneira que a maioria dos homens que molestam crianças, se você ler alguns dos livros da bibliografia, ele assegurou a Freud que as crianças na realidade queriam sexo com os adultos, que elas eram sedutoras e "pediam por isso". Quer por ambição (Ascendente em Escorpião) ou por ser facilmente influenciado por figuras de cunho paterno (Lua em quadratura com Netuno), Freud comprou a ideia, e nasceu o Complexo de Édipo. A psicanálise foi e é dominada por homens, de modo que as perspectivas masculinas em relação à sexualidade são as que mais influenciam o nosso pensamento.[19]

Observe o mapa natal de Freud reproduzido no Capítulo 2 (ver Mapa 3 na p. 90). Um mapa astrológico pode revelar o que acontece com o legado de uma pessoa depois que ela morre. Os trânsitos de Freud para 1983-1986 são tensos pois primeiro Saturno e depois Plutão em Escorpião se opuseram ao seu proeminente Plutão angular natal no Descendente. Assim, a tendência é o segredo do posicionamento de Plutão se revelar, mesmo postumamente, e nesse caso o segredo era o tipo de companheiros que ele mantinha. Os trânsitos difíceis pelos quais passou na década de 1980 sugerem que Freud entrou em uma fase difícil e que sua popularidade e influência estavam em baixa.

O problema de Freud ter sido manipulado é que ele influenciou fortemente gerações de psicólogos, psicanalistas, terapeutas e pessoas interessadas em psicologia em geral. Assim, muitos deles podem colocar a culpa na vítima (como a sedutora) ou minimizar relatos de abuso, associando-os à fantasia. Muito frequentemente, quando as crianças dizem que alguém as está tocando onde não deviam, um dos pais ou outro adulto acusa a criança de estar inventando coisas. No entanto, crianças

[19] Se estiver interessado em ler mais sobre essa história, veja Jeffrey M. Masson, *The Assault on Truth: Freud's Suppression of the Seduction Theory*, Farrar, Strauss & Giroux, Nova York, 1984.

de 4 ou 5 anos não têm acesso aos detalhes sobre sexualidade que descrevem como jovens vítimas.

Mesmo quando se acredita nas crianças, a teoria da vítima culpada prevalece, de maneira que tanto os terapeutas como a falsa psicologia muitas vezes abordam a vítima do ponto de vista de que as crianças, inconscientemente, queriam o abuso e seduziram o molestador. Essa tendência é alienante e provoca raiva, aumentando a culpa, o ressentimento e o isolamento que as vítimas já sentem. Outra tendência danosa que alguns terapeutas têm é de culpar a mãe, dizendo que ela era sexualmente frígida, levando o pai a molestar as filhas devido à sua frigidez. Uma das razões pelas quais os plutonianos escondem seus segredos é que geralmente as pessoas a quem eles recorrem acabam fazendo-os se sentir piores: mais envergonhados, mais zangados e mais traídos.

Plutão, poder masculino e o problema do abuso

O mapa astral de algumas vítimas de abuso sexual, como vamos ver, tem em comum um Plutão tenso e forte. O abuso sexual e a violência doméstica têm natureza fundamentalmente plutoniana, envolvendo uma quebra traumática de confiança. É essencialmente um abuso de poder, sobretudo do poder quase total do adulto sobre a criança. Além do espancamento e estupro da esposa, o agressor ainda está usando um poder superior: a força dos punhos. Afinal o abuso sexual não é uma questão simplesmente de luxúria, que poderia ser satisfeita de outras maneiras. A verdadeira questão é o poder distorcido.

De acordo com algumas entrevistas, o complexo de poder distorcido é parte importante da psicologia de homens que cometem abuso físico ou sexual. Esses homens geralmente são bastante oprimidos pela expectativa masculina tradicional de serem dominadores. No entanto, algo em suas vidas, como fraco desempenho profissional ou financeiro, não os deixa alcançar as expectativas culturais, e eles se sentem impotentes. Quando estão totalmente frustrados em relação à sua falta de poder no mundo, eles abusam da esposa e dos filhos para se sentirem poderosos novamente. Em grande parte dos casos, esses homens foram molestados quando crianças, perpetuando o abuso de poder ao longo de gerações. São plutonianos gerando plutonianos.

Assim, a relação de poder entre os sexos estabelece a base para o abuso em nossa cultura, tornando-o proeminente. As crianças são criadas para obedecer aos adultos. As garotinhas, em particular, são criadas para serem dóceis, obedientes, dependentes, cooperativas e submissas aos homens. Esse tipo de socialização das meninas faz com que acabem se tornando vítimas, afinal, o número esmagador de vítimas é de garotas. Mulheres que são ensinadas a depender dos homens e a preservar seus relacionamentos a qualquer custo são mais propensas a permanecer em casamentos com maridos abusivos.

Se considerarmos as estatísticas sobre violência doméstica, abuso infantil, estupro e estupro conjugal fica evidente que este é um grande problema social, com a esmagadora maioria dos agressores sendo homens. Essa questão pode ser mais vista como um problema individual, isolado. Trata-se de um problema coletivo, para o qual as expectativas da sociedade em relação aos homens e às mulheres contribuem de forma significativa. Plutão se relaciona tanto com as massas e com o controle social quanto com o indivíduo.

Além disso, há outro aspecto plutoniano no abuso, pois geralmente ele é motivado por vingança. É possível, por exemplo, que estupradores odeiem todas as mulheres devido a promiscuidade sexual ou outros comportamentos das próprias mães, como crianças molestadas que buscam vingança. Até mesmo no incesto, com frequência, o pai ou irmão está procurando se vingar da esposa ou dos pais, atingindo a criança. Ao agir com violência, os agressores liberam a raiva acumulada contra alguém que é impotente.

A psicologia da vítima

Vítimas são, por definição, submetidas à força avassaladora que as torna incapazes de resistir. Vítimas de assaltos a mão armada, por exemplo, não têm meios seguros de resistir. Vítimas de abuso infantil são impotentes para evitar a violência repetida a que foram submetidas. Vítimas de incesto e de violência doméstica também são lenta e sutilmente enfraquecidas em seu poder de resistir.

Essa impotência afeta profundamente a personalidade das vítimas. A raiva e o medo ficam reprimidos em seus corpos, e, se o abuso continua, elas acabam ficando entorpecidas. Começam a se sentir responsáveis, acreditando que de algum modo provocaram o abuso e, consequentemente, experimentam um terrível sentimento de culpa. (Conforme discutido no Capítulo 4, é importante lembrar que a culpa pode surgir do desejo de sentir algum poder sobre a situação.) A paralisia se instala, em especial quando o abuso é recorrente. Então, as vítimas se sentem impotentes para fazer qualquer coisa a respeito. A autoestima é fortemente diminuída; elas se sentem corrompidas e acreditam que ninguém se importaria com elas se soubessem da situação. Quando não recebem crédito ou ajuda, o abuso se torna um segredo terrível e sujo. Elas começam a pensar que não têm direitos; nem de dizer não, nem de ter controle sobre o próprio corpo. As vítimas de incesto e de abuso sexual, em especial, sentem que não têm o direito de dizer não, pois a violação de seus corpos foi feita por um adulto que tinha autoridade sobre elas.

Ser vítima em uma situação prepara a pessoa para ser vítima em outras. Ao perder o sentimento de controle sobre a vida e o corpo e ao ser privada de resistir ou de dizer não, ela facilmente se torna alvo da primeira pessoa mal-intencionada com quem cruzar. Sua postura é de submissão, uma presa fácil para alguém com um complexo de poder deturpado. Assim, a mulher vítima de violência doméstica pode acabar se casando com outro agressor, o que pode levar psicólogos despreparados a dizer, de forma maliciosa: "Veja, inconscientemente ela adora isso!". Talvez ela tenha sido uma criança maltratada ou abusada, estabelecendo de início esse padrão de vítima.

Álcool e abuso

Algumas estatísticas apontam uma forte correlação entre o abuso do álcool por parte de um dos pais e outras formas de abuso doméstico. Se a mãe é alcoólatra, por exemplo, é provável que não perceba um abuso sexual que possa estar ocorrendo com os filhos. O uso excessivo de álcool causa irritabilidade no sistema nervoso. Assim, pais que bebem têm maior tendência a abusar de crianças, e homens que bebem demais têm maior tendência a abusar das esposas.

Uma razão para que isso ocorra é que há uma região cerebral chamada centro de inibição, que é responsável pelo controle dos impulsos. Essa região fica entorpecida após o consumo excessivo de álcool, levando as pessoas a fazerem coisas que não fariam em circunstâncias normais. O consumo excessivo regular de álcool pode danificar esse centro, de modo que, mesmo quando sóbrias, essas pessoas têm maior tendência à violência e à conduta sexual inapropriada. Elas perdem a capacidade de distinguir o certo do errado e podem ter episódios de amnésia durante os quais fazem coisas de que realmente não se lembram no dia seguinte. Isso pode causar muita raiva e confusão para a vítima. No nível do corpo energético, o fígado é o órgão responsável por metabolizar a raiva, de modo que os alcoólatras são pessoas ressentidas. Os nervos também podem ser atingidos, tornando-as irritáveis.

Por todas essas razões, os alcoólatras têm a tendência de abusar dos outros membros da família. Novamente, ocorre o jogo entre poder e impotência, e o alcoólatra, ao se sentir impotente diante do álcool, pode partir para o abuso como maneira de se sentir poderoso e no controle da situação. Mesmo quando o abuso não ocorre em casa, filhos de alcoólatras podem se tornar vítimas quando adultos. Ao terem sido confrontados com figuras autoritárias, a quem precisavam acalmar para sobreviver e que com frequência agiam de maneira inadequada, esses filhos tendem a se submeter a outros que agem de modo semelhante, mesmo que não abusem do álcool. Além disso, filhos de alcoólatras têm de pelo menos 30% de probabilidade de se casar com um alcoólatra, o que pode aumentar a possibilidade de violência doméstica.

Tenho trabalhado com filhos adultos de alcoólatras e observo que muitos deles têm Plutão forte em seus mapas, em geral mais proeminente do que Netuno, o planeta associado ao alcoolismo. Isso demonstra a importância do controle quando se tem um progenitor frequentemente descontrolado. Mesmo quando não ocorreram abusos, há inúmeras cicatrizes emocionais que resultam desse ambiente, incluindo traumas relacionados a questões plutonianas, como falta de confiança e medo de abandono.

Abuso sexual: o segredo mais profundo e sombrio

Em aproximadamente 41% dos casos de incesto analisados na época em que este livro foi escrito, o abuso sexual se estendeu por sete anos em média. Isso pode levar algumas pessoas a se perguntarem por que essas crianças simplesmente não contaram para alguém, por que não conseguiram fazer parar o abuso. Como na maior parte dos casos de abuso repetido, essa é uma questão complexa. A maioria dos sobreviventes de incesto ou de molestação repetida são gradualmente levados a atos sexuais por um adulto em quem confiam e a quem são ensinados a obedecer. No início, o contato pode ser na forma de beijos e carícias, se transformando aos poucos em toque genital aberto, levando anos talvez até chegar a uma relação sexual genital. Devido às manipulações e racionalizações que os molestadores usam, pode levar um bom tempo até a criança entender que algo errado está acontecendo. Quando compreende que aquilo não é algo que ocorre a todos, se sente culpada, amedrontada e impotente para impedir o abuso.

Geralmente as crianças são obrigadas a jurar segredo, sendo ameaçadas caso revelem o abuso. Elas também podem ser recompensadas com presentes, dinheiro e favores especiais. Muitas vezes, essas crianças já não estavam recebendo muita atenção por parte do progenitor abusador, de modo que a afeição e a atenção especial podem ser vistas como uma espécie de recompensa. Além disso, há sempre o amor normal e natural que as crianças têm pelo pai ou pelo irmão, mesmo quando são bastante maltratadas, o que torna tudo ainda mais confuso.

As crianças passam a se sentir, ao mesmo tempo, terrivelmente culpadas e poderosas. "Sua mãe não faria isso para mim. Você é a única que me ama. Você é tudo o que eu tenho." Essas crianças podem sentir que a família seria destruída se elas contassem; e muitas vezes isso é exatamente o que acontece. Se for o pai, ele poderá ser mandado para a prisão ou para um hospital psiquiátrico, enquanto a família também sofrerá financeiramente devido à perda da sua renda. Às vezes, as crianças são enviadas para longe, para um tutor, outro abandono.

Assim, o terrível segredo do abuso dá a essas crianças um estranho sentimento de poder em meio à sua impotência. Além disso, cria um sentimento de alienação total, fazendo-as se sentirem separadas da família, do mundo e do grupo de colegas. Com 10 ou 11 anos, quando as outras garotas começam a reparar nos meninos, as meninas vítimas de abuso podem estar tendo relações sexuais regulares. Elas se sentem solitárias, diferentes das outras crianças, e podem se tornar deprimidas e introspectivas. Outras liberam o ódio se tornando rebeldes, cometendo pequenos crimes ou adotando uma conduta sexual arriscada. Outras podem fazer uso abusivo de drogas ou álcool com pouca idade, ou desenvolvem problemas de peso para evitar a questão da sexualidade.

Estudo de casos de incesto

Os mapas astrais aqui reproduzidos foram fornecidos por duas sobreviventes de incesto com quem trabalhei. (Algumas mulheres que sofreram assédios incestuosos preferem ser chamadas de sobreviventes e não de vítimas.) Tente imaginar como foi difícil para elas revelar esse segredo que as perseguia por toda a vida e você será capaz de compreender o ato de coragem que foi a permissão de citar seus mapas natais neste livro. Envie a elas um agradecimento mental.

O Mapa 6 (página 156) é de uma cliente que atendi pela primeira vez há muitos anos em Nova York. Na época, perguntei a ela se parte de seus problemas amorosos não se relacionava a um relacionamento difícil com um irmão. Ela me respondeu: "Ah, não, está tudo ótimo". Vários anos se passaram e havíamos nos mudado para São Francisco, quando ela me procurou novamente. Era final de 1983. Apontei seu tenso Saturno natal em Escorpião de Casa 3 como parte de uma quadratura em T com Vênus e Marte, antecipando que logo ela passaria por seu retorno de Saturno. Não me recordava da leitura anterior e novamente disse que um relacionamento muito difícil com um irmão estava por trás das dificuldades que ela tinha nas relações amorosas. Acrescentei que o retorno de Saturno era a época apropriada para tratar disso. Nesse ponto, ela me

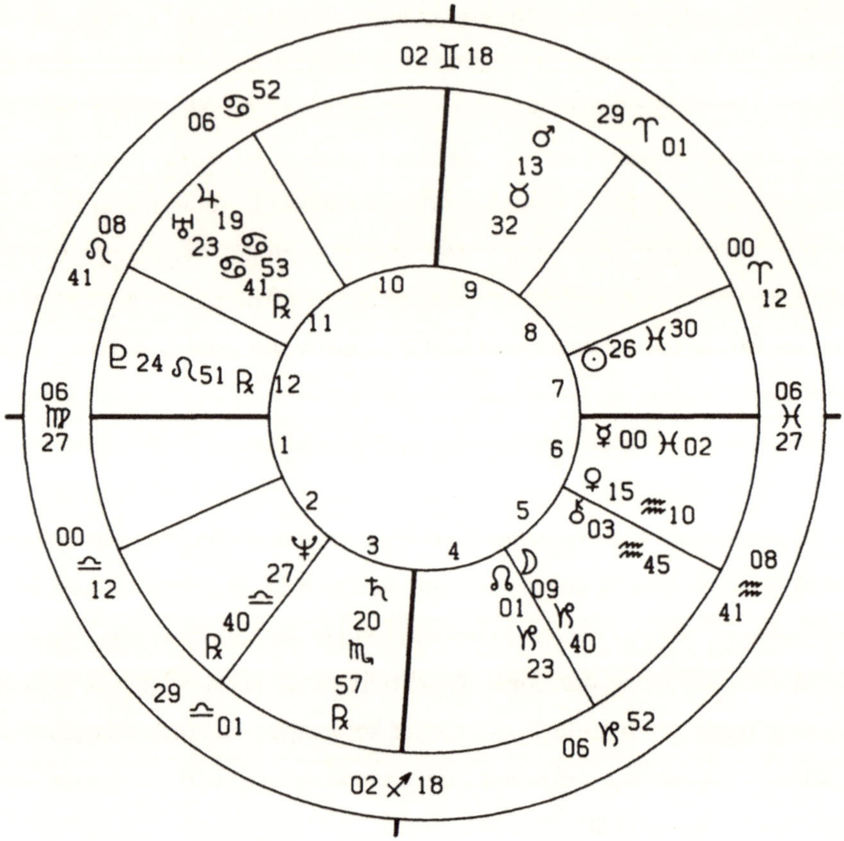

Mapa 6. Mulher. Nascida em Nova York, em 17 de março de 1955, às 16h18 EST. Este é o mapa de uma mulher que foi abusada sexualmente pelo irmão mais velho durante muitos anos.

contou que o irmão mais velho havia abusado dela sexualmente dos 7 aos 15 anos. (O irmão nasceu em 25/11/1944, caso você se interesse por trabalhar com sinastria.)

Um ponto importante a ser observado por nós, astrólogos, é que essa mulher não estava preparada para contar seu segredo quando a atendi pela primeira vez. E dá para identificar isso no mapa se você procurar bem. Saturno em Escorpião na Casa 3 pode sugerir abuso por parte de um irmão ou uma irmã, mas quando você o associa a Vênus, regente da Casa 3, e a Marte, regente da Casa 8, a indicação é de que o abuso foi sexual. (Por natureza, Vênus e Marte têm a ver com relacionamentos e sexualidade.) Além disso, Plutão está forte no mapa, a dez graus do Ascendente, na Casa 12, se opondo a Mercúrio, indicador natural dos irmãos. Ademais, Plutão rege o signo de Escorpião, que está interceptado na Casa 3. Outro indicador possível é Netuno sem aspectos na cúspide da Casa 3 e regendo a 7, o que pode indicar uma tendência para um amor idealizado por um irmão.

É importante não forçar um cliente que ainda não está pronto a discutir seus segredos. No entanto, procure fazer uma abordagem geral sobre segredos e o quão tóxicos eles podem ser, plantando uma semente para o futuro. Quando essa cliente voltou a me procurar, estava pronta para se abrir em decorrência de uma grande angústia em um relacionamento. Talvez isso tenha ocorrido porque eu também estava pronta para ouvi-la. Nesse meio-tempo, eu havia feito muitos trabalhos com sobreviventes de incesto, adquirido experiência em tratamentos e tinha algo a oferecer. O contexto era também mais apropriado. O filme *Paixão Doentia* havia acabado de passar na TV, Plutão tinha entrado em Escorpião e estava em trígono com o Mercúrio da cliente; assim, o proeminente Plutão natal dela sentiu que o coletivo estava mais propenso a ajudá-la.

E ela se curou. Não apenas trabalhamos juntas com os tipos de meditações guiadas e de essências florais apresentadas neste livro, como ela também leu os livros da bibliografia, fez trabalhos corporais e ingressou em um grupo para sobreviventes de incesto. Ela passou por uma profunda catarse, meses de profunda perturbação, típica do processo, e começou a trabalhar com outras sobreviventes de incesto no intuito de ajudá-las a superar o trauma. Ela abandonou um relacionamento emocionalmente abusivo e está em um mais saudável. (Daremos mais adiante outras informações sobre o processo de cura.)

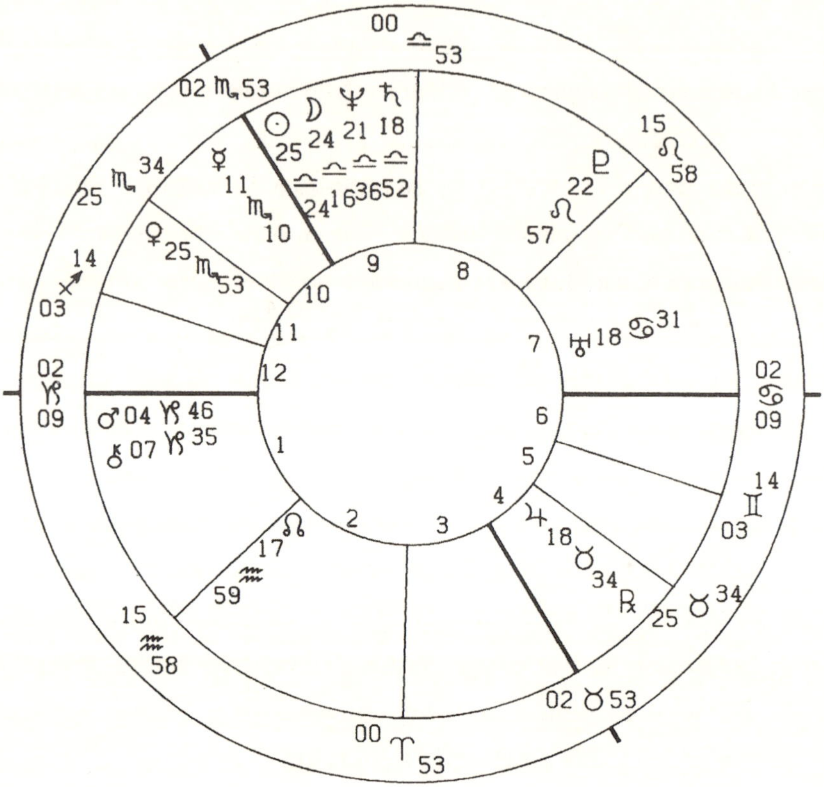

Mapa 7. Sexo feminino. Nascida em Seattle, Washington, em 18 de outubro de 1952, às 0h23 PST. Esta mulher foi sexualmente abusada pelo pai (ver Mapa 8) dos 7 aos 14 anos.

O segundo caso é também de uma mulher atendida em minha prática particular que fez um grande trabalho de cura por meio de meditações, essências florais, trabalho corporal e participando de um grupo de sobreviventes de incesto. Ela foi sexualmente abusada pelo pai dos 7 aos 14 anos, quando então contou à mãe o que estava acontecendo. O pai foi mandado para um hospital psiquiátrico e ela, para um orfanato.

O abuso aparece neste mapa astrológico (ver Mapa 7 na p. 158) de diversas maneiras. Plutão, regente do Meio do Céu, na Casa 8 sugere uma relação entre um dos progenitores e a sexualidade da criança, embora não seja possível indicar o incesto apenas com base nesse posicionamento.

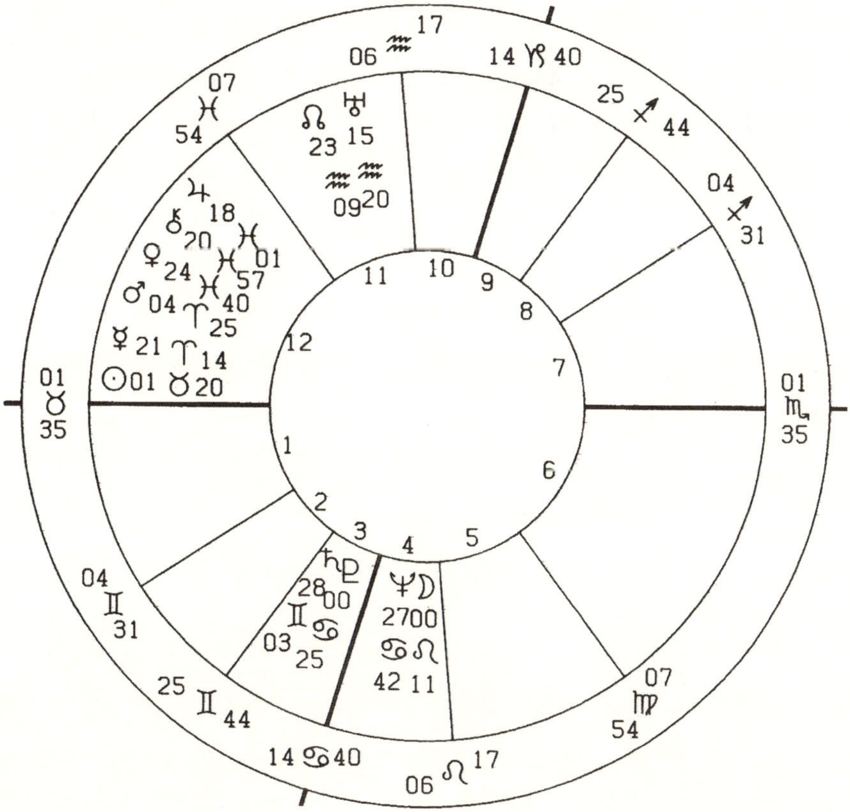

Mapa 8. Mapa solar de pai que molestou sexualmente a filha (ver Mapa 7).
Ele nasceu em 22 de abril de 1915.

Plutão está também em conjunção com o Nodo Sul na Casa 8 e compõe uma quadratura em T com Vênus (regente da Casa 4) e Júpiter na Casa 4. Esses aspectos aproximam a sexualidade de um dos progenitores.

Além disso, é possível inferir alguma decepção dolorosa envolvendo os pais com o Sol, a Lua, Netuno e Saturno em conjunção próxima. Marte no Ascendente é uma indicação de abuso sexual. (Podemos também notar Quíron em conjunção com o Ascendente e Marte.)[20] Não sabemos a hora de nascimento do pai, mas o Mapa 8 indica seu mapa solar.

O abuso começou em 1959, quando Netuno em trânsito estava indo e voltando em seu Meio do Céu em Escorpião. A cliente conseguiu interromper o abuso no outono de 1966, quando Netuno fez uma quadratura em T e ela estava sofrendo demais. Em termos de eventos em sua vida, seu Meio do Céu aparece ligeiramente mais cedo do que é dado aqui, provavelmente a cerca de 1° e 30' de Escorpião. Ela começou a trabalhar ativamente nessa situação comigo em janeiro de 1984, quando Plutão entrou em seu Meio do Céu. (Individual e coletivamente, Plutão em trânsito tem a tendência de voltar e limpar o que Netuno em trânsito provocou durante todos os anos anteriores.)

Instrumentos de cura e recursos para vítimas de incesto

Plutão em Escorpião não apenas revelou segredos, mas também mostrou o desenvolvimento das formas de cura para essas experiências traumáticas. Um grande movimento de apoio a sobreviventes de incesto começou durante a conjunção de Plutão/Saturno, em 1982-1983, e ganhou força à medida que Plutão se deslocou por Escorpião. O incesto talvez seja o mais tóxico entre os profundos e obscuros segredos, o que carrega maior vergonha e estigma, e por isso o que mais precisa de

---

20 Quíron está incluído em todos os mapas astrológicos deste livro. Até este momento, temos um entendimento muito preciso das funções desse asteroide, localizado entre Saturno e Urano. Porém, diversos astrólogos sugerem que o mito do curador ferido tem forte associação com Quíron.

grupos nos quais os sobreviventes possam falar abertamente sobre seu segredo. Devido aos grupos de apoio, essa forma de tratamento é uma das contribuições mais efetivas.

Nesses grupos de terapia e apoio, os sobreviventes têm a oportunidade de contar seu segredo e discutir diversos aspectos de seus sentimentos com outras pessoas que passaram por situações semelhantes. Essa experiência de grupo é poderosamente terapêutica. Muitos desses grupos recomendam e dão apoio para que a sobrevivente se abra com a família, incluindo, em muitos casos, o confronto com o molestador. Um efeito colateral é que isso libera outros membros da família para contarem seus segredos também; com muita frequência, há mais de uma geração de abusos envolvida.

Uma interessante tendência escorpiana dos movimentos de apoio é exigir que o molestador faça uma restauração de alguma maneira. Não há dinheiro que compense os danos, mas muitas vezes a exigência de que o molestador arque com os custos de terapia é feita e aceita, e as sobreviventes acham essa troca positiva. Com frequência, o próprio molestador acaba fazendo terapia por conta de insistente sugestão. As mulheres dos Mapas 6 e 7 tiveram reuniões de família e insistiram em que suas terapias fossem pagas; mas nenhuma delas achou que teriam conseguido sem a ajuda de seus grupos de apoio. (Nos casos em que o dinheiro para a terapia não foi conseguido dessa maneira, os programas de assistência a vítimas de crimes em certas cidades pagaram por ela, mesmo quando o incesto nunca foi denunciado.)

O trabalho corporal é também essencial no tratamento das sobreviventes. A violência repetida a que foram submetidas pode tê-las feito se desligarem de seus corpos, além de tê-las levado a conservar resíduos emocionais (medo, raiva, tristeza) nos músculos e tecidos do corpo. O trabalho corporal libera emoções contidas e deixa que elas recuperem o prazer de seus corpos. Naturalmente, é preferível que o trabalho corporal seja feito por terapeutas mulheres. Também podem ser contraindicados trabalhos corporais mais dolorosas, como *rolfing*. Nesses casos, a dor pode funcionar como um gatilho, sendo traduzida emocionalmente como outro período de abuso.

Livros também podem ser de grande ajuda, particularmente para pessoas que ainda estão isoladas com seu terrível segredo. Com frequência, essas mulheres precisam ler livros como os que estão na bibliografia para entender que esse tipo de segredo não é incomum. Esse entendimento começa a romper o isolamento; então elas podem ficar mais abertas para trabalhar com um grupo e revelar a outras pessoas seu segredo. Os livros também servem a outro propósito, já que induzem uma catarse de sentimentos reprimidos sobre as experiências.

Um período de catarse parece acontecer com a maioria dos sobreviventes de incesto quando elas se dispõem a trabalhar o problema. Ocorre, então, uma intensa versão das crises de cura discutidas no Capítulo 3. Choro, raiva e medo, sentimentos abafados por anos, vêm à tona. (Começa a se parecer com um trânsito de Plutão, não?) As coisas podem ficar bastante instáveis por um tempo. Não há escapatória, mas há alívio em mexer com a questão finalmente e, quando esse terrível segredo é compartilhado, acaba trazendo uma sensação de esperança e de superação. Há um período em que o sobrevivente quer contar seu segredo a qualquer um com quem se sinta confortável. Encontra também outras situações apropriadas para revelar o abuso, como nas palestras sobre incesto. Contar e recontar é parte do tratamento, porque a sensação de estar só diminui a cada vez que o segredo é contado.

Embora falar sobre o abuso ajude, o tratamento deve se desenvolver em níveis diferentes. As essências florais e as meditações guiadas deste livro, por exemplo, podem ter uma participação importante na superação dos problemas. Os florais do dr. Bach parecem ser fundamentais no tratamento das vítimas de incesto. *Star of Bethlehem* para traumas antigos; *Honeysuckle* para se libertar do passado; *Holly* para o ódio; e *Willow* para o ressentimento; são todos muito importantes. *Centaury* para passividade, ajuda com a atitude de vítima. Entre as essências da Califórnia, as indicadas para sexualidade podem ser necessárias quando o tratamento for aprofundado. *Sticky Monkeyflower*, para o medo da intimidade e para integração das energias sexuais, pode ser útil; outras poderiam incluir *Fig*, para confiança entre casais, *Manzanita*, para ambivalência sobre o corpo e para uma maior relação com a terra, e *Fuschia*, para a integração das emoções fortes.

Um caso de abuso infantil

Tive conhecimento do caso de abuso infantil relatado a seguir quando escrevia colunas de aconselhamento astrológico para revistas de Astrologia. Na época, era Diretora de Serviço Social em um hospital e, enquanto coordenava uma série de programas educacionais sobre abuso sexual infantil para minha equipe, fiquei impressionada com o quão plutonianas eram as relações envolvendo conflitos de poder, vingança e segredo profundo e obscuro. Todas essas dinâmicas serão vistas no triste caso aqui apresentado. A história em si remete a Plutão mesmo antes de olhar os mapas envolvidos.

A história e os dados de nascimento foram fornecidos pela avó. Os nomes e as datas de nascimento não serão divulgados por questões de sigilo. É importante ressaltar que todas as informações foram apresentadas do ponto de vista da avó, pois as pessoas envolvidas viviam em outro estado e não as conheci. Entretanto, a avó me pareceu uma pessoa estável e uma fonte confiável de informações quando conversamos por telefone.

A família era formada por quatro pessoas: um pai e uma mãe abusivos, o filho mais velho que sofreu abuso e o adorado filho mais novo, que não foi molestado. Vamos analisar os mapas individuais e compostos. Este caso representa uma oportunidade incomum de ver os mapas de todos os membros da família. O abuso infantil é um problema que envolve a família toda e no qual a criança abusada representa um papel particular. Chamaremos a vítima de Jeremy III. É significativo o fato de o avô ter se chamado Jeremy e o pai Jeremy II. Só os nomes já indicam que algum ódio transferido entre o avô e o pai está em ação nos atos de violência contra o neto.

Jeremy III foi o produto de um casamento forçado quando a mãe, a quem chamaremos de Alice, engravidou. Com base na leitura dos mapas, é possível que ela tenha engravidado com o propósito de forçar o casamento. (Plutão está na Casa 5 do mapa natal do pai, o que sugere um casamento por gravidez. Há também uma forte influência de Plutão e de Escorpião no mapa da mãe, o que veremos mais adiante.) A partir do mapa de Alice, podemos suspeitar que ela agiu por desespero, para escapar do abuso dos próprios pais. Logo após o casamento, ela tentou fazer um aborto. O procedimento não foi bem-sucedido, e suponho que ela tenha começado a odiar a criança desde o momento do nascimento. O pai carregou um profundo ressentimento em relação ao casamento e à paternidade, pois não estava pronto para as responsabilidades e queria ir para a faculdade de medicina. No fim, foi o que ele fez. Na época em que a avó da criança me escreveu, o pai era cirurgião-residente. ("E o Juramento de Hipócrates, meu caro?" – meu Plutão gostaria de perguntar!)

O pai e a mãe agrediram a criança desde que ela ensaiou os primeiros passos. Sérios danos físicos e emocionais foram perpetrados, inclusive um braço quebrado e testículos que precisaram de cirurgia. A criança também teve que reaprender a andar após os sucessivos abusos. (Nos dias de hoje, espera-se que todos os hospitais ajam em favor da vítima ao observar ferimentos como esses.) Os danos emocionais também eram aparentes, pois a criança tremia sem parar, ficava frequentemente abstraída da realidade e pulava de lugares altos. O relacionamento entre os pais era estranho e sadomasoquista. A mãe fazia sexo com frequência com outros homens na presença da criança. Certa vez, Jeremy II flagrou Alice na cama com outro homem. O amante então rendeu o pai e o filho com uma arma de fogo. Depois desse incidente, Alice e Jeremy II se divorciaram, mas continuaram morando juntos.

O casal teve um segundo filho, três anos mais novo do que o primeiro, a quem chamaremos Charles. Em total contraste, Charles era adorado, coberto de atenções e de presentes. O casal parece ter dividido bem na metade seus sentimentos ambivalentes sobre maternidade e paternidade. Não é incomum haver apenas uma criança abusada nessas famílias; esse filho normalmente exige maiores cuidados ou nasce em uma época de crise, quando os pais não são capazes de cuidar de um bebê. Possivelmente, pode também lembrar alguém que um dos pais detesta.

Os avós estavam extremamente preocupados com Jeremy III. Certa vez, quando o menino os estava visitando, eles o levaram a um pediatra, que denunciou o caso às autoridades. O caso não foi adiante porque os pais conseguiram criar uma falsa imagem para os investigadores. A posição de prestígio do pai como estudante de Medicina também o protegeu; os médicos sempre resistem em admitir qualquer problema mental em um colega de profissão, e é notório que protegem uns aos outros. O resultado da denúncia foi que os avós foram proibidos de visitar Jeremy III durante um ano, e o menino foi mais agredido como retaliação. Depois disso, os avós evitaram tomar qualquer outra medida, sentindo que poderiam colocar a criança em risco ainda maior. No entanto, na época em que a avó me escreveu, tanto os mapas natais como os trânsitos eram alarmantes, motivo pelo qual a aconselhei a procurar ajuda legal para a criança. O resultado não é conhecido.

O iniciante em Astrologia poderá achar as interpretações a seguir técnicas demais. Infelizmente, não há nada que possa ser feito sem privar os astrólogos de informações importantes que podem lhes ser úteis algum dia. Assim, sugiro aos iniciantes que aproveitem ao máximo a análise a seguir, focando nos aspectos psicológicos, ou que avancem para capítulos menos técnicos.

JEREMY III: A CRIANÇA ABUSADA

O Mapa de Jeremy III é extremamente plutoniano. Plutão e Urano estão em conjunção na Casa 8, formando uma quadratura em T com uma oposição Marte/Saturno e uma quadratura com Júpiter. Os aspectos

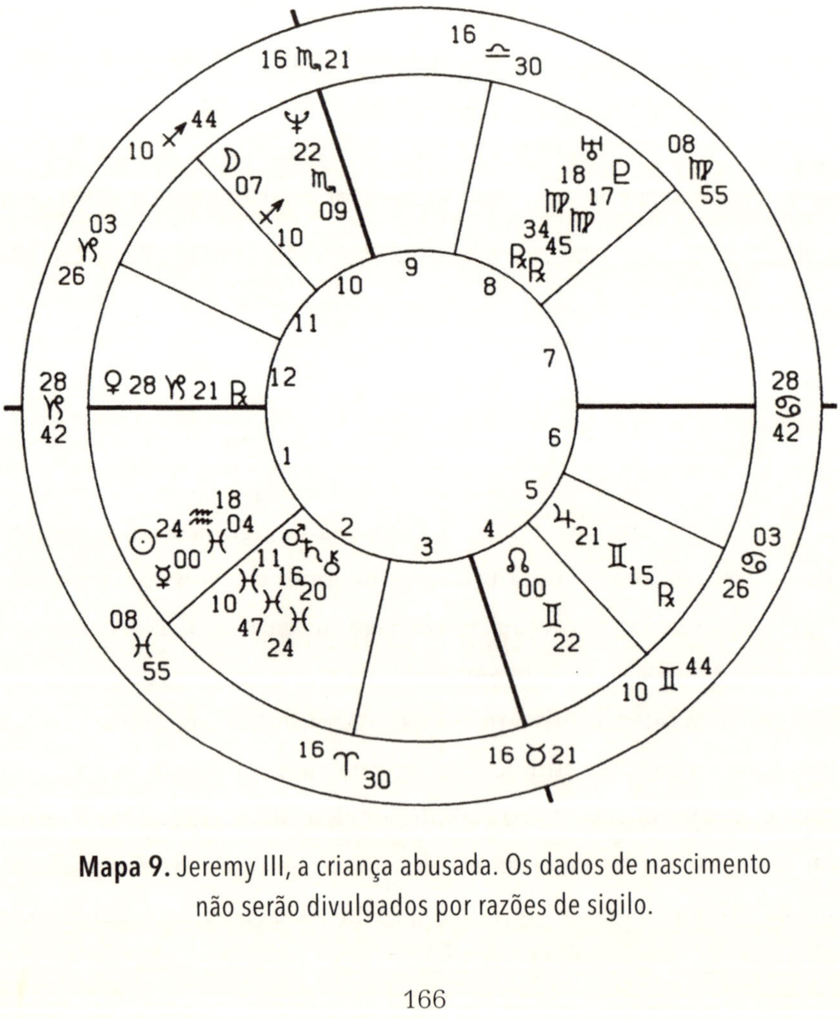

Mapa 9. Jeremy III, a criança abusada. Os dados de nascimento não serão divulgados por razões de sigilo.

entre Marte e Urano, Marte e Saturno e Marte e Plutão podem indicar um progenitor brutal. Ter esses três aspectos é especialmente difícil. O posicionamento na Casa 8 desse tão já tensionado Plutão, que é também regente do Meio do Céu, levanta também a possibilidade de abuso sexual, pois alguns casos de incesto apresentam disposições semelhantes. O Meio do Céu, que mostra os pais como figuras de autoridade, está em Escorpião; Netuno faz uma conjunção com ele e uma quadratura com o Sol. Netuno na Casa 10 pode indicar algum distúrbio emocional de um dos pais, mas também a capacidade desse progenitor de iludir o público por meio de uma falsa fachada social. Álcool ou drogas podem estar presentes na dinâmica familiar.

Os aspectos extremamente difíceis do mapa abafam, de longe, os positivos, mas Júpiter na Casa 5 em trígono com o Sol sugere que a ajuda pode vir por meio da escola ou da assistência legal. Vênus em Capricórnio no Ascendente regendo as Casas 9 e 4 também sugere que uma intervenção legal por parte dos avós poderia salvá-lo. Entretanto, os danos indicados pela quadratura em T e pela quadratura de Sol/Netuno são consideráveis. Como frequentemente acontece, ele próprio pode se tornar agressivo ou violento quando adulto, a menos que receba cuidado e terapia. Plutão tem destaque no mapa, de modo que a cura pode acontecer mediante muito trabalho.

ALICE: A MÃE ABUSIVA

O mapa natal de Alice indica maior probabilidade de comportamento abusivo do que o do marido (ver Mapa 10 na p. 168). Ela nasceu com a bastante complexa conjunção de Plutão/Saturno em Leão, bem próxima ao Meio do Céu. Essa configuração indica que ela tem necessidade de dominar. Sugere também que ela própria pode ter tido um progenitor

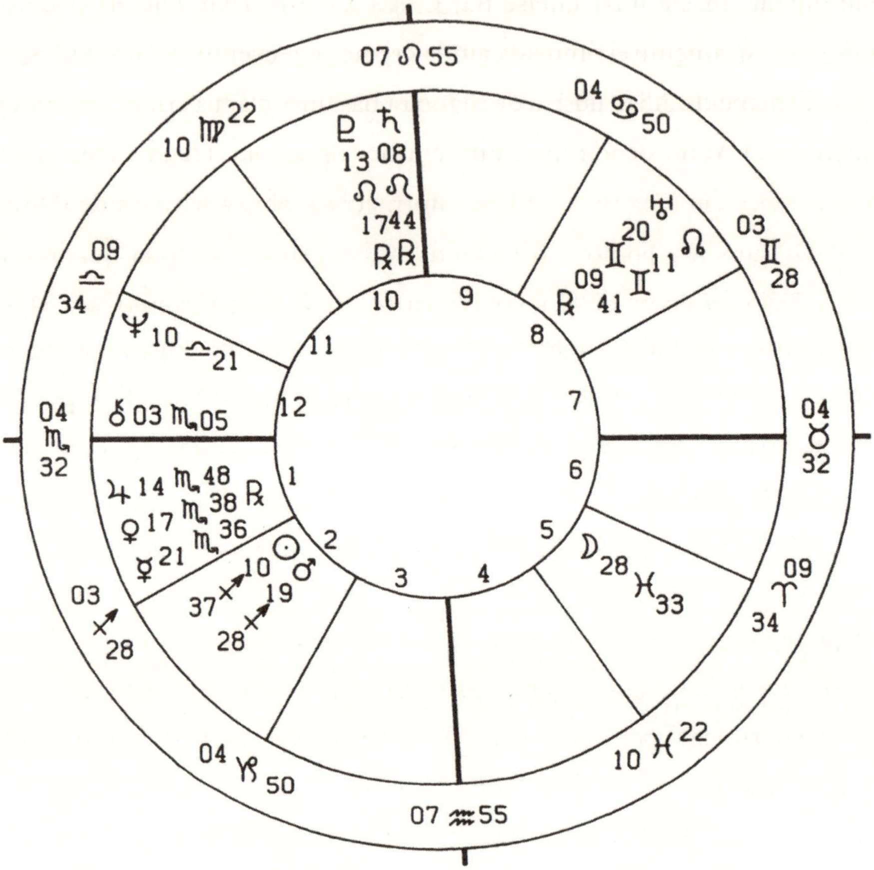

Mapa 10. Alice, a mãe abusiva de Jeremy III. Os leitores devem referir-se ao Mapa 9 para os laços planetários entre mãe e filho.

opressivo e dominante, com sede de poder, e que o abuso do filho mais velho pode ter sido uma maneira de exteriorizar seu ódio e sua vingança em relação a esse progenitor. A quadratura de Plutão na Casa 10 com Júpiter em Escorpião na Casa 1 aumenta ainda mais o desejo de poder, assim como o Ascendente, Vênus e Mercúrio em Escorpião. Sua natureza extremamente sexual pode derivar dessa concentração de energia plutoniana, mas a forte ênfase nas Casas 1 e 10 sugere que ela pode ter sido excessivamente estimulada ainda criança em eventos relacionados aos pais. O mapa de Alice ilustra de maneira bastante clara a criança oprimida que cresceu e se tornou uma progenitora opressora. (A avó com quem falei, que era sua sogra, não tinha informações sobre a infância de Alice.)

Exatamente como o filho mais velho, Alice tem uma quadratura em T envolvendo a oposição de Marte (Casa 2) com Urano (Casa 8) em quadratura com um planeta na Casa 5, a casa dos filhos. Em seu caso, o planeta na Casa 5 é Lua em Peixes, sugerindo que ela tende a se sentir encurralada e enraivecida por ter de cuidar dos outros. Os mesmos graus dos signos mutáveis ocorrem no mapa de Jeremy III, indicando quc o filho poderia facilmente ser o alvo da cólera explosiva da mãe. Urano na Casa 8 recebendo oposição de Marte sugere que, para ela, a violência pode ter se tornado sexualizada, de modo que pode haver um componente sadomasoquista por trás das agressões.

MAPA COMPOSTO: ALICE E JEREMY III

Os princípios matemáticos dos mapas compostos indicam que sempre que ambas as pessoas tenham qualquer aspecto entre dois planetas específicos em seus mapas natais, o mapa composto terá algum tipo de aspecto entre esses mesmos planetas. A oposição de Marte (na Casa 2) com Urano (na Casa 8) aparece tanto no mapa de Jeremy quanto no de Alice, de modo que o composto (Mapa 11) apresenta o mesmo aspecto: a quadratura em T, dessa vez envolvendo uma quadratura de Netuno com a Lua conjunta a Marte. Além disso, no mapa composto, a quadratura em T ocorre em signos fixos, mais inflexíveis e resistentes à mudança. A Lua está em Aquário, o que indica um posicionamento às

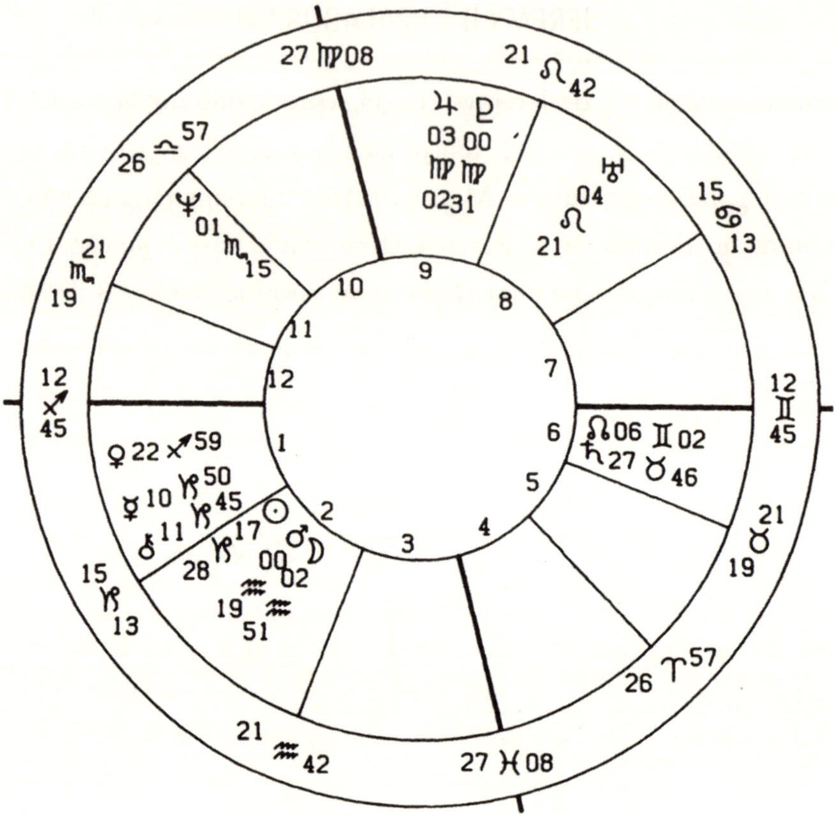

Mapa 11. Mapa composto de Alice (Mapa 10) e o filho Jeremy III (Mapa 9).

vezes bastante explosivo, especialmente por fazer aspectos tão tensos com Marte e Urano.

Plutão também é bastante forte, pois conjunto a Júpiter faz um quincunce com a Lua e Marte em Aquário, sesquiquadraturas com o Sol e uma quadratura com Saturno. A quadratura Plutão/Saturno é um eco da conjunção Plutão/Saturno da mãe e da oposição Plutão/Saturno de Jeremy. Uma vez que Plutão e Júpiter estão na Casa 9, recursos legais são novamente sugeridos.

JEREMY II: O PAI ABUSIVO

O mapa natal do pai de Jeremy III está reproduzido no Mapa 12. Ele também tem posicionamentos tensos envolvendo os signos mutáveis em alguns dos mesmos graus dos Mapas de Alice e Jeremy III, mas não tem nenhuma quadratura em T. Marte e Urano estão em conjunção. O fato de Marte e Urano estarem em Gêmeos, na cúspide da Casa 3 (irmãos e irmãs), e em quadratura com a Lua sugere que em suas explosões de

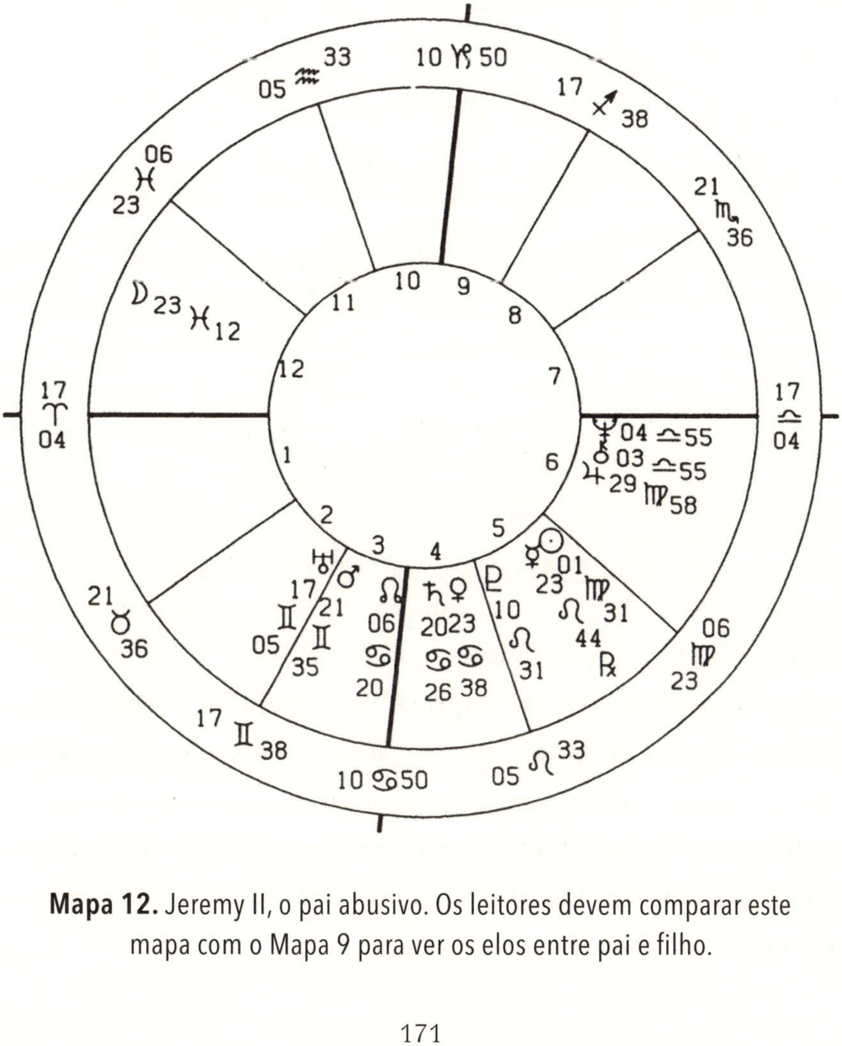

Mapa 12. Jeremy II, o pai abusivo. Os leitores devem comparar este mapa com o Mapa 9 para ver os elos entre pai e filho.

raiva pode haver uma espécie de rivalidade de irmãos com o filho. Isso é ressaltado pelos fortes posicionamentos na Casa 5, incluindo o Sol. Muitas pessoas com ênfase na Casa 5 querem elas mesmas ser crianças indulgentes e não ter de cuidar de outras crianças.

Marte e Urano estão em quadratura com sua Lua de Peixes na Casa 12, que também é oposta a Júpiter e próxima da Lua em Peixes de Alice. Assim, é possível sugerir que ele é fortemente influenciado de maneira negativa por ela e que seu comportamento em relação ao filho é uma maneira de extravasar a raiva em relação à esposa. Inconscientemente, Alice é vista como uma figura materna, e sua raiva está fundada em necessidades de dependência frustradas. Novamente, dado o forte componente netuniano, existe a possibilidade de que drogas ou álcool façam eclodir as agressões.

Plutão é menos dominante neste mapa, mas cai na casa dos filhos, a Casa 5. Não faz quase nenhum aspecto, o que pode indicar dificuldade em integrar essa energia na personalidade. (Paradoxalmente, um planeta sem aspectos pode se tornar dominante.) Há uma ampla sesquiquadratura com a Lua em Peixes, também sugerindo que ele está tentando se vingar da esposa, possivelmente, até mesmo da própria mãe.

MAPA COMPOSTO: JEREMY III E SEU PAI

O Mapa 13 é um mapa composto até mesmo mais tenso do que o de Jeremy e sua mãe. Em vez de uma quadratura em T, há uma grande cruz, que se estende ao longo dos signos fixos e cardinais. Novamente Lua, Marte, Urano e Netuno compõem a tensa figura, com Vênus se juntando a eles aqui. A Casa 8 e Plutão são também mais uma vez destacados. Plutão está em quadratura próxima com o Sol em Escorpião e forma um quincunce com a Lua. Plutão está angular, perto do Descendente.

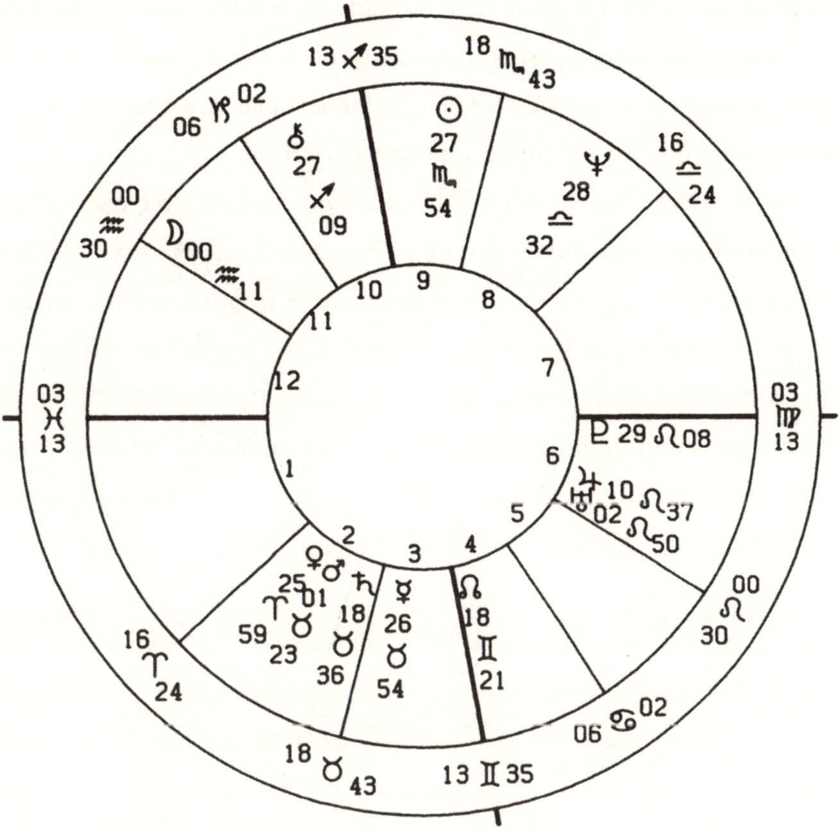

Mapa 13. Mapa composto de Jeremy II (o pai do Mapa 12) com o filho, Jeremy III (Mapa 9).

MAPA COMPOSTO: OS PAIS

Uma vez que Jeremy II e Alice têm a Lua em Peixes fazendo aspectos tensos com Marte e Urano, o mapa composto do casal (ver Mapa 14, p. 174) forma outra quadratura em T mutável, junto com Vênus e os Nodos. A Casa 8 é destacada, contendo uma extremidade da quadratura em T, com Plutão perto da cúspide da Casa 8, em sesquiquadratura com a Lua. Não há dúvida de que para este casal a violência é sexualizada e

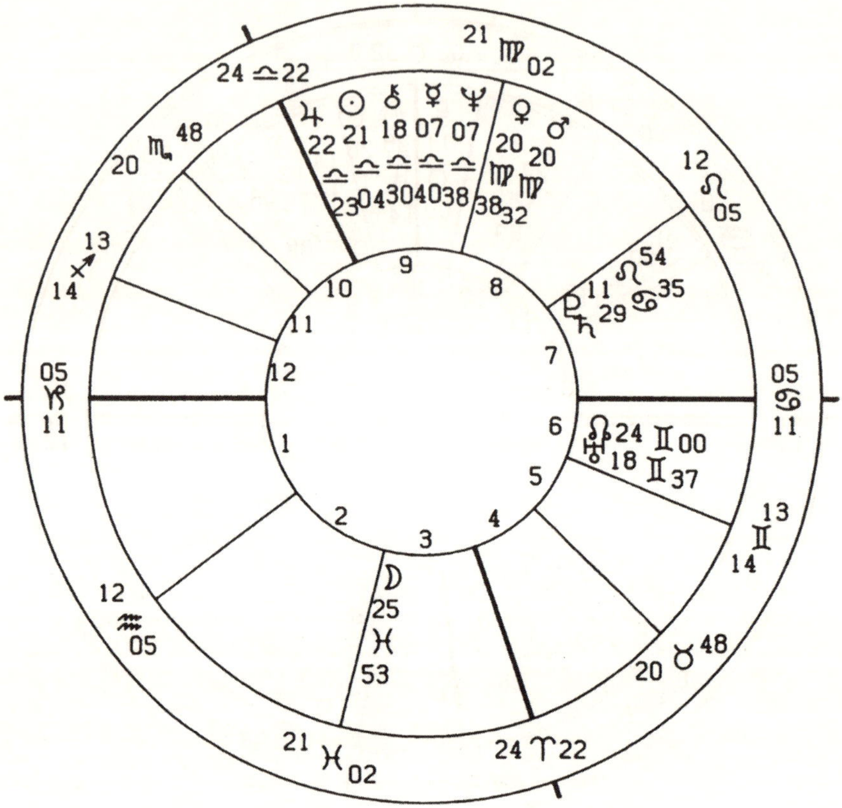

Mapa 14. Mapa composto do casal Alice e Jeremy II, os pais abusivos de Jeremy III. (Ver Mapas 10 e 12.)

de que eles têm um relacionamento sadomasoquista. Com quatro planetas na Casa 9, complicações jurídicas parecem prováveis; porém, a conjunção Sol/Júpiter mostra que eles podem crescer com isso.

CHARLES: O FILHO PREDILETO

O Mapa 15 (ver p. 175) não é de maneira alguma um mapa fácil. Está cheio de quincunces, incluindo uma formação Olho de Deus com o Sol

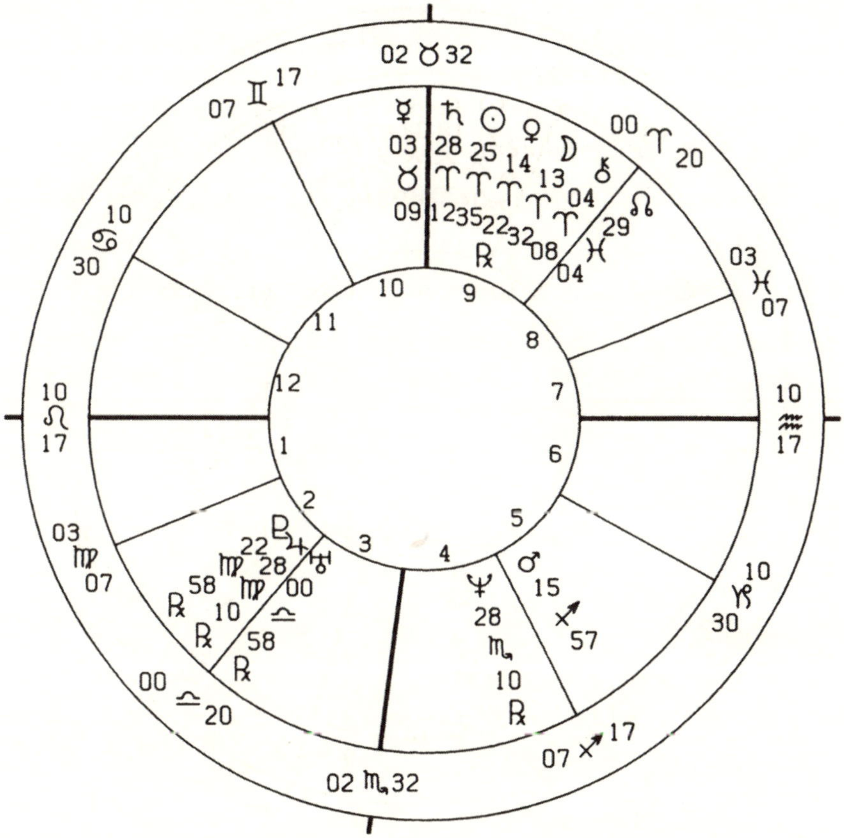

Mapa 15. Charles, o filho predileto.

no ápice. Quincunces indicam incongruências ou dificuldades em harmonizar necessidades distintas. Com o Sol e Saturno em Áries em conjunção com o Meio do Céu e Leão no Ascendente, Charles demanda atenção, mas a coroa que usa é incômoda. Os quincunces com Netuno e Plutão mostram a energia e a decepção que estão acontecendo, o que deve causar a sensação incômoda de que o amor que está recebendo pode não ser real, que é melhor ele ser perfeito ou será o próximo.

Com Leão no Ascendente, o Olho de Deus com o Sol, e muitos de seus planetas elevados na Casa 10, Charles tende a receber uma visão ampliada de si mesmo, como se fosse uma pessoa muito especial. (Ele poderá sentir literalmente que o Olho de Deus está em cima dele). Porém, com nenhuma quadratura ou oposições para animá-lo à ação, é bastante possível que não saiba o que fazer para obter ou merecer essa posição grandiosa para a qual os pais o estão preparando. O Olho de Deus se repete no mapa composto de Charles com o pai, como se vê no Mapa 16.

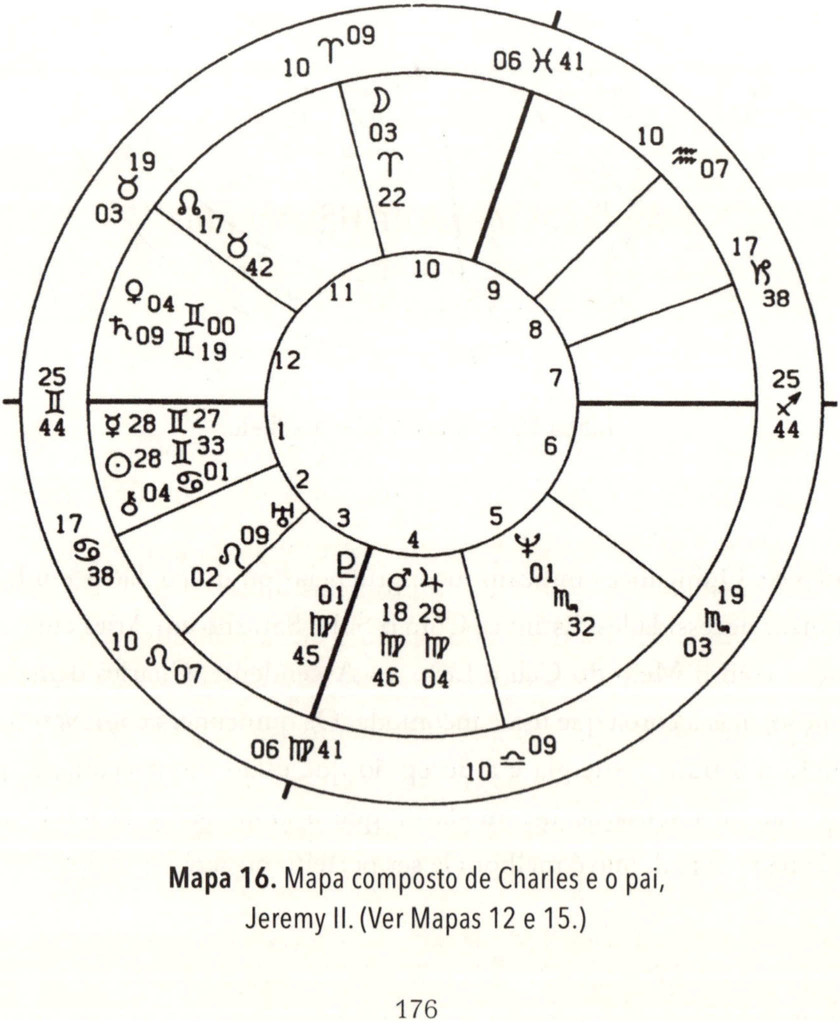

Mapa 16. Mapa composto de Charles e o pai, Jeremy II. (Ver Mapas 12 e 15.)

Analisamos os mapas dos quatro membros da família envolvida em um caso de violentos maus-tratos infantis, bem como os mapas compostos ilustrando as complexas relações entre eles. Certos temas comuns, inclusive graus comuns, foram ressaltados. Especialmente as pessoas envolvidas no abuso tinham aspectos tensos nos signos mutáveis, todas com aspectos difíceis entre Marte/Urano e Marte/Lua. Quadraturas em T com esses planetas apareceram nos mapas natais e compostos. A Casa 8 era proeminente, assim como Plutão, ilustrando a sexualização da violência e as deformações das necessidades de poder e controle. Não devemos concluir que qualquer um desses posicionamentos, por si, resulta em agressões contra crianças, mas a extrema concentração de aspectos tensos, todos emaranhados nos mapas dos membros da família, resultou em violentos maus-tratos.

Algumas ideias de tratamento

Se você sofreu maus-tratos, talvez iniciar um grupo de apoio seja de grande ajuda. Alguns dos instrumentos de cura deste livro podem ser úteis, como as meditações para culpa e ressentimento. Faça exatamente a mesma meditação indicada para o ressentimento, mas usando a cor azul, para ajudar a remover os resíduos do medo. Trabalho corporal suave, como massagem, não os dolorosos como *rolfing*, podem ajudar a liberar as emoções reprimidas e propiciar uma sensação agradável no corpo. As essências florais do dr. Bach mais indicadas são: *Star of Bethlehem* (para choques e traumas antigos), *Honeysuckle* (para libertar-se do passado), *Willow* (para ressentimento e amargura), *Holly* (para ódio, desconfiança e desejo de vingança) e *Centaury* (para não permitir outros abusos). Christina Crawford, autora de *Mommy Dearest*, formou um importante grupo de apoio, o The Survivors Network, para adultos que sofreram abusos físicos na infância.

Algumas palavras finais sobre abuso

Não tenho dúvidas de que você achou este capítulo bastante deprimente; mas, se você pratica Astrologia, poderá encontrar casos violentos como estes e precisará entender tanto a Astrologia como a Psicologia do abuso sexual e dos maus-tratos de crianças. Se é deprimente para você, imagine o pesadelo que deve ser para as pessoas envolvidas, de modo que seu entendimento e sua compaixão, sua capacidade de ouvir o que a pessoa tem a dizer sem entrar em pânico é fundamental. Com o tempo, mais e mais vítimas das diversas formas de abuso revelarão seus segredos a pessoas como você e a outros tipos de terapeutas e assistentes. Os livros da bibliografia abaixo podem prepará-lo para entender e ser útil, e para saber que tratamentos existem para curar as consequências desses abusos.

Livros sobre incesto e abuso sexual

Armstrong, Louise. *Kiss Daddy Goodnight*. Hawthorne, Nova York, 1978. Histórias de casos de uma série de sobreviventes de incesto, reunidas por uma sobrevivente. Forte e doloroso.

Brady, Katharine. *Father's Days: A True Story of Incest*. Seaview Books, Nova York, 1979. A história do incesto de uma mulher, incluindo o que aconteceu quando, adulta, decidiu enfrentar a situação.

Butler, Sandra. *Conspiracy of Silence: The Trauma of Incest*. Volcano Press, São Francisco, 1978. Um excelente livro sobre o assunto, incluindo entrevistas com sobreviventes, suas mães e os molestadores. Falhas das profissões de assistência ao lidar com esse problema.

Morris, Michelle. *If I Should Die Before I Wake*. Dell, Nova York, 1982. Um romance extremamente bem escrito sobre uma adolescente vítima de incesto; surpreendentemente preciso nos detalhes.

Rush, Florence. *The Best Kept Secret: Sexual Abuse of Children*. McGraw Hill, Nova York, 1980. Um livro bem escrito e doloroso sobre as diversas facetas psicológicas, sociológicas e históricas do abuso sexual de crianças.

Livro sobre estupro

Brownmiller, Susan. *Against Our Will: Men, Women, and Rape*. Simon and Schuster, Nova York, 1975. Texto feminista clássico sobre estupro, como uma expressão da hostilidade dos homens contra as mulheres e sobre o desequilíbrio de poder entre os sexos.

Livros sobre violência doméstica

Martin, Dell. *Battered Wives*. Pocket Books, Nova York. Revisto em 1983. O primeiro livro sobre abuso das esposas, que provocou um grande aumento de consciência e um movimento para ajudar essas vítimas.

McNulty, Faith. *The Burning Bed*. Harcourt Brace Jovanovich, Nova York, 1983. A história de Francine Hughes, que matou o marido corrupto e foi absolvida em uma decisão que se transformou em um marco. (Transformado em filme para a TV durante 1984, menos de um ano depois de Plutão entrar em Escorpião.) Francine era Leão de 1947, nascida durante a conjunção Plutão/Saturno em Leão, mas o livro não indica a data exata de nascimento.

Walker, Lenore E. *The Battered Woman*. Harper and Row, Nova York, 1979. Relatos de casos, a psicologia da vítima e informações sobre o tratamento.

CAPÍTULO 6

♇

A Morte e o Poder Transformador do Luto

As reflexões deste capítulo se aplicam não apenas ao luto pela morte de alguém, mas também o luto de um fim de relacionamento, de um revés na carreira, de uma capacidade que se deixou de ter, e, mais particularmente, do fim de um sonho ou uma esperança que era parte fundamental da sua razão de ser. A morte é o caso mais puro e mais fácil de compreender, mas é igualmente importante lamentar outras perdas. Ao abordar esse tema delicado, vamos entender como o processo de luto está fortemente relacionado a Plutão. Com muita frequência, o processo de luto envolve culpa, ressentimento, apego, desejo de controle e o desejo de vingança. Plutão rege a morte e a transformação, e a perda de alguém significativo é geralmente um período transformador, mas apenas quando nos permitimos sentir a dor do luto. Os instrumentos de cura para lidar com o luto serão apresentados no final do capítulo.

Embora vá contra a natural reticência da minha conjunção Plutão/Ascendente torná-lo público, eu sou médium. Não recebo apenas parte do meu material por meio de canalização como também tenho a capacidade de me comunicar com pessoas que já morreram. Essas são as consequências inevitáveis de lidar com a morte. Contudo, não pratico a mediunidade para satisfazer a curiosidade do grande público sobre mensagens do além, mas tenho atuado voluntariamente como médium quando a situação terapêutica exige. Isso acontece principalmente quando atendo plutonianos que estão enfrentando uma dor intensa devido a uma perda que não conseguiam resolver. Nesses casos, a mediunidade é uma forma de tratamento, uma terapia. Apresentarei no decorrer deste capítulo um exemplo.

Minha experiência com a mediunidade é limitada, mas bastante consistente. É importante frisar que minha experiência é pessoal e embasada em estudos e conversas com médiuns profissionais. Não é mera coincidência que, enquanto escrevia este capítulo, o Universo colaborou providenciando uma residência com um famoso médium europeu em Londres, que me levou a reuniões da Igreja Espiritualista e me ensinou muito sobre a mediunidade clássica. O Universo também me colocou diante de diversas mortes durante a redação deste texto, mas foi difícil me sentir grata por essa ajuda providencial.

Como o luto saiu de cena

A Lua em Aquário no mapa astral dos Estados Unidos indica que os estadunidenses não se permitem sofrer. A expectativa é que sejam cada vez mais desapegados e que finjam que a perda não os abala. "Ele está suportando muito bem" é considerado um elogio, em vez de um motivo para preocupação. Se você for piegas a ponto de lamentar uma perda por mais do que alguns meses, entusiastas da transformação irão perguntar, em essência se não de fato, "Onde você quer chegar se apegando a isso?". Agora que estamos um pouco mais conscientes espiritualmente, acrescentamos à nossa lista de razões para que as lamentações sejam superadas informações superficiais sobre a vida após a morte, como: "Se continuar agindo dessa maneira, você está apenas segurando-a aqui. Não vê que para que ela possa fazer a passagem você deve deixá-la ir?". Essas afirmações não são sabedoria, mas sofismas, além de ser uma maneira de não se envolver no que os psicoterapeutas chamam de processo de luto.

Outra forma de escape corrente é minimizar a perda (sobretudo quando não for sua), glorificando a morte como uma libertação instantânea e uma iluminação maravilhosa. "Que maravilhoso ele ter encontrado sua libertação!" Os mortos estão geralmente tão pouco iluminados como estavam quando vivos, mesmo anos depois. A cura deles NÃO é instantânea. Pode levar até dois anos para o corpo astral ficar em forma. Talvez no momento da morte exista, como descrito em algumas pesquisas, luzes e fantásticas presenças espirituais, mas, passado o período de lua de mel, a adaptação à morte leva tempo, particularmente para aqueles mais despreparados, como as pessoas da cultura ocidental.

Antigamente, rituais e costumes ajudavam os sobreviventes em situações de luto e, sem dúvida, auxiliavam o falecido a entender e aceitar o que lhe havia acontecido. Muitos desses costumes, mesmo dentro da estrutura de religiões tradicionais, eram intuitivamente baseados em sólidos princípios ocultistas e no conhecimento do que acontece após a morte. A cor preta, por exemplo, age como uma defesa psíquica e evita que a pessoa enlutada seja dominada pelo contato mediúnico com o falecido. Parece que leva cerca de um ano após a morte para se passar a um nível de desapego maior do nosso plano; o período de luto tradicional durava um ano, e as pessoas enlutadas eram protegidas e aliviadas de suas responsabilidades sociais. Um ano ou dois é a parte mais intensa de um trânsito de Plutão, e muitas vezes um trânsito desse planeta acompanha a morte de alguém ou algo importante. (Nem todo trânsito de Plutão indica morte, mas cada um deles significa o fim de algo grande.)

A morte e Plutão na geração de Leão

Plutão geralmente carrega o tema do abandono, e nós modernos (a turma de Plutão em Leão) abandonamos egoisticamente os moribundos, deixando-os isolados, em vez de lidar com nossos sentimentos sobre a morte. Ainda de forma egoísta, também abandonamos os mortos e os que choram por eles. Logo após a morte, é possível que o falecido sinta tanta falta de nós como nós dele, e pode se sentir isolado se nós não chorarmos amorosamente por ele. E daí se a sua querida mãe e seu tio favorito vão estar lá do outro lado para recebê-lo quando você morrer? Isso não irá compensar inteiramente a perda do contato íntimo com as pessoas amadas que se foram, que não estão falando com você porque não sabem como ou, pior, nem mesmo sabem que você continua a existir. Morrer é mais ou menos como mudar para longe, exceto que não se recebe tantas cartas dos amigos.

A geração de Plutão em Câncer foi mais acolhedora e cuidadosa com as pessoas enlutadas, mas a geração de Plutão em Leão é percebida apenas pelo sacrifício que se faz para ficar perto delas. "Isso é muito cansativo. Tenho de cuidar da minha vida." A geração de Plutão em Virgem e Netuno em Escorpião, à medida que se tornarem adultos responsáveis pela nossa cultura, sem dúvida darão uma assistência devotada e adequada aos moribundos e a seus sobreviventes. Uma vez que Netuno tem a ver com capacidades psíquicas e Escorpião (como Plutão) com mediunidade, essa deverá ser uma época da história em que a comunicação com outras formas de vida se tornará um fato natural e aceito, com sua geração de médiuns naturais.

Em defesa das pessoas com Plutão em Leão, seria bom considerarmos porque elas são tão insensíveis em relação à morte. Sem dúvida é porque a conhecem de perto. Nasceram durante ou na esteira de uma devastadora Segunda Guerra Mundial, seguida da Guerra da Coreia. Além disso, a perpétua ameaça de um holocausto nuclear começou logo depois que essa geração nasceu. Quando eram adolescentes ou adultos jovens, tiveram de enfrentar a Guerra do Vietnã e o grande número de mortes sem sentido em uma guerra em que não podiam acreditar. A televisão mostra em média diversas mortes brutais por hora, transmitindo a mensagem de que a vida não vale nada. Depois de sofrer repetidas perdas ou ameaças, chega uma hora em que não podemos mais suportar e nos fechamos. Como disse La Rochefoucauld, "A morte e o Sol não devem ser olhados fixamente". Essa exposição contínua à possibilidade de aniquilação também pode ser parte da razão do hedonismo da geração de Plutão em Leão, que tem como lema "Coma, beba e divirta-se, pois amanhã você pode estar morto".

Essa geração vai passar pela quadratura de Plutão em Escorpião com seu Plutão natal mais ou menos aos 42 anos. Com os ressentimentos incomuns em relação aos pais, à medida que eles começarem a morrer, deve haver uma importante crise de transformação. O narcisismo pelo qual essa geração é conhecida deve se transformar, pelo contato com a mortalidade, em uma preocupação maior com o todo.

Elisabeth Kübler-Ross e a libertação dos pacientes terminais

A década de 1960 foi marcada pela conjunção de Urano e Plutão no signo de Virgem, uma combinação que trouxe inúmeros movimentos de reforma social e liberação. Um dos mais marcantes foi o liderado por Elisabeth Kübler-Ross, que tinha como objetivo assegurar os direitos dos pacientes terminais a um tratamento mais acolhedor e compassivo. Do mesmo modo que quase todas as áreas plutonianas da vida, a morte geralmente é assunto tabu, e o trabalho dela abriu caminho para a comunicação com as pessoas que estão em estágio terminal. Como muitos plutonianos, Elisabeth sofreu ataques tirânicos e desleais à medida que as instituições tentavam manter seu *status quo*. O universo da medicina permanentemente tentava encontrar um escândalo sobre ela, para provar que era louca. Os médicos, por trabalharem com a cura, são plutonianos e, por isso, têm dificuldade em aceitar sua impotência em relação à morte.

Kübler-Ross passou por conflitos constantes com os poderes estabelecidos. A abertura psíquica e mediúnica constantemente resultou em rumores de insanidade. Por meio das experiências com pacientes terminais e que se comunicaram após a morte, ela passou a acreditar profundamente na vida após a morte e na reencarnação. No epílogo de sua autobiografia, ela diz:

> *Eu tive todas as experiências místicas de que os seres humanos são capazes. Experimentei as maiores alturas sem jamais ter tomado drogas. Vi a luz que meus pacientes veem nas experiências que antecedem à morte, e estive cercada por aquele incrível amor incondicional que todos experimentamos quando fazemos a passagem chamada morte.*[21]

Como podemos ver no Mapa 17 (p. 187), Elisabeth Kübler-Ross se qualifica como plutoniana. Ela tem Plutão em conjunção com o Sol e o Nodo Norte, todos no signo de Câncer, e uma ampla conjunção com sua Lua também canceriana. Há expressão mais elevada dessa configuração astral do que seu cuidado e carinho com os pacientes terminais? Se

[21] Derek Gill. *Quest: The Life of Elisabeth Kübler-Ross*. Harper & Row, Nova York, 1980, p. 378.

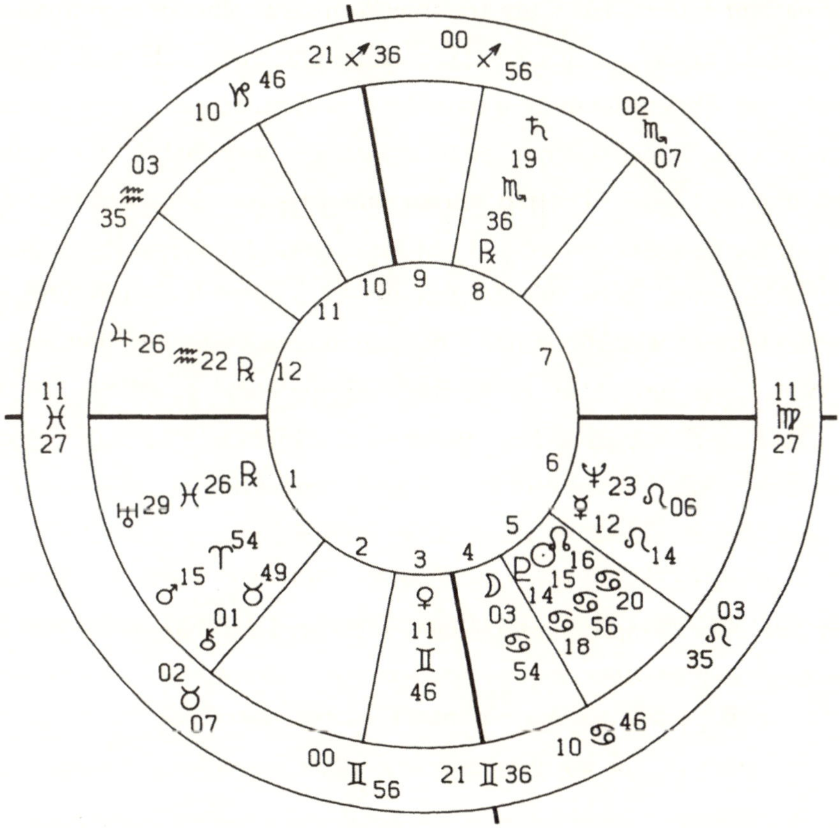

Mapa 17. Elisabeth Kübler-Ross. Nascida em Zurique, Suíça, em 8 de julho de 1926, às 22h45.

tivesse acesso a este mapa sem a identificação do nativo, consideraria a profissão de médium, pois as indicações de habilidades mediúnicas são fortíssimas. A quadratura de Sol e Plutão com Marte em Áries na Casa 1 é extremamente tensa, embora ela a tenha expressado da forma mais elevada: como uma líder que luta pelos direitos dos pacientes terminais. (Porém, muito possivelmente, essa quadratura provoca algumas das batalhas com os poderes estabelecidos.) Sol e Plutão em trígono com

Saturno em Escorpião na Casa 8 indicam que ela iria tomar os assuntos dessa casa com uma responsabilidade profissional e se tornar uma terapeuta nessa área.

O que esperar do luto

Pode ser útil descrever o que é luto a fim de reconhecermos pessoas que estão enlutadas. Trata-se de um estado mental bastante plutoniano, pois pessoas enlutadas evitam expressar os sentimentos, pois temem ser evitadas se os demonstrarem de maneira muito intensa. Geralmente, o isolamento é comum. Por exemplo, viúvas normalmente acham que os antigos amigos do casal não querem uma mulher sozinha por perto. Muitas vezes, há também pensamentos obsessivos sobre o falecido e, como iremos considerar mais adiante, muita culpa e ressentimento. Às vezes a vontade de morrer é forte. A pessoa pode se sentir abandonada e traída pela pessoa que morreu, pelos amigos, por Deus.

No período inicial após a perda, pode haver entorpecimento e choque, levando a pessoa a agir como um zumbi durante os rituais fúnebres e nas semanas seguintes. ("Ela está aceitando tudo tão bem!") Médicos e amigos munidos de medicamentos contribuem para esse entorpecimento, insistindo nos sedativos. Esse tipo de abordagem parece ser menos em favor da pessoa enlutada (que precisa, afinal, experimentar sentimentos dolorosos para viver o processo do luto) do que para eles mesmos não terem que se defrontar com sentimentos desagradáveis. Essa abordagem é bastante imprudente, pois sentimentos de tristeza e dor são facilmente reprimidos para o inconsciente. Além do mais, o luto vivido no momento em que a perda ocorre dá maior aprovação social ao enlutado do que semanas, meses ou até mesmo anos mais tarde, quando os sentimentos eventualmente vêm à superfície. (Para algumas pessoas é mais difícil procurar aprovação social. Isso ocorre quando o relacionamento é plutoniano, secreto ou não aceito socialmente, como um amante homossexual, um longo relacionamento com um homem casado, ou um pai alcoólatra que todo mundo repudiou anos atrás.)

A intensidade da dor do luto é possivelmente a emoção mais forte. Ela varia de acordo com a força do vínculo (seja positivo ou negativo), a natureza plutoniana do relacionamento, a preparação para a morte ou a característica plutoniana da morte (suicídio, câncer e assassinato são tipos de morte mais plutonianos). No auge do sofrimento, pode-se acordar no meio da noite, noite após noite, num constante estado de angústia. E quem podemos chamar numa hora dessa? Frequentemente, trânsitos de Plutão parecem disparar crises de insônia, talvez porque haja sentimentos de tristeza relacionados a uma morte ou a um renascimento.

Além da falta de sono e da tristeza profunda, pode haver sintomas físicos, como a perda de apetite, tontura, dor ou sensação de peso no peito. A sensação de peso no peito, que pode assustar as pessoas, levando-as a pensar que também estão morrendo, é causada pelo ferimento no chakra do coração que acompanha toda grande perda. O chakra do coração (ou centro) é a parte da aura que governa o dar e o receber da energia do amor. Quando o centro do coração está ferido, ele se fecha por um tempo, de modo que, mesmo que outros tentem oferecer amor, as pessoas enlutadas não conseguem receber, aumentando o isolamento. A meditação do Capítulo 3 pode ser praticada para reabrir o chakra do coração. (Se a morte foi causada por doença cardíaca ou pulmonar, o sobrevivente poderá também estar captando esses sintomas mediunicamente.)

Os sentimentos de luto parecem vir e ir. Às vezes nos esquecemos deles e imergimos na vida. Então, pode ser que pequenas coisas e hábitos, como um objeto que pertenceu ao falecido, uma canção que ele adorava, uma vista que ele apreciava, despertem instantaneamente as emoções de volta. Lidar com os objetos pessoais é o mais difícil. Essa experiência, porém, possibilita dar vazão ao sofrimento relacionado a cada pequena realidade compartilhada, o que é, na verdade, um poderoso fator de cura. Feriados e outras ocasiões especiais também podem trazer de volta o luto. Particularmente bem conhecida dos psicoterapeutas é a reação do aniversário de morte, pois crises de desânimo podem ocorrer todos os anos na época da morte da pessoa amada, mesmo que não se esteja consciente de que se está de luto.

O isolamento é o pior de tudo, pois ninguém realmente entende e quer fazer mais que uma visita simbólica para amenizar a própria culpa. Pessoas enlutadas necessitam ser acolhidas física e emocionalmente. Se a pessoa amada foi o companheiro, esse conforto poderá ser negado a menos que outras pessoas sensíveis o forneçam. Pode haver momentos em que sentimos necessidade de sexo, pois a morte aumenta o desejo de nos agarrarmos ao físico. No entanto, tendemos a nos sentir culpados e desleais por querer algum tipo de liberação sexual. (Todos os significados de Plutão parecem surgir no processo de luto, não?)

Quando uma morte ou outro tipo de perda não foi inteiramente sofrida, uma nova perda pode ativar essa dor reprimida. Um trânsito de Plutão geralmente coincide com uma perda, mas nem sempre. Algumas pessoas sob trânsitos de Plutão podem experimentar e sofrer profundamente uma perda antiga, que as circunstâncias de vida atuais as forçaram a enfrentar. Embora esses períodos sejam profundamente dolorosos, eles trazem a possibilidade de resolver uma perda para que a vida recomece de onde foi interrompida. Nesses casos, essas pessoas vão precisar experimentar o abandono, o ressentimento, a culpa, o sentimento de traição ou todos os sentimentos que não conseguiram encarar quando a perda realmente ocorreu.

A Universidade de Harvard fez um extenso estudo sobre a dor do luto, como foi documentado no livro *Recovery from Bereavement*. Esse estudo forneceu mais alguns entendimentos plutonianos, pois mostrou que a dependência extrema, do tipo simbiótica, tornava a perda muito mais difícil de lidar. Além disso, a pesquisa também indicou que algumas pessoas eram incapazes de agir de forma independente e tinham uma sensação de falta de esperança em relação ao futuro. O estudo também revelou que os sobreviventes de casamentos problemáticos enfrentavam grandes dificuldades para superar a morte; às vezes, uma dor avassaladora durava anos. A morte não apenas significava a perda da esperança de que o relacionamento um dia melhorasse, mas também uma imensa carga de culpa e ressentimento pode se misturar ao luto nessas situações.[22]

O ressentimento como parte do luto

Alguns psicoterapeutas afirmam que o luto carrega ressentimentos em relação ao falecido por conta do abandono. Em algum nível, percebemos que a alma do indivíduo escolheu a hora e maneira de partir, o que pode nos deixar furiosos por ele ter preferido nos deixar, embora, na maior parte dos casos, essa escolha não tenha nada a ver conosco. Não devemos sentir essa raiva; não é certo! O ressentimento em relação ao abandono é direcionado não ao falecido, mas aos sobreviventes. Transferimos nossa raiva dos mortos para os vivos. Os leitos de morte são campos férteis para alguns conflitos familiares; às vezes, os sobreviventes ficam tão zangados uns com os outros que nunca mais se falam até o próximo funeral. O conflito é também uma forma de se agarrar ao falecido e não aceitar a morte. Quanto mais central a perda (um pai ou uma mãe), mais prováveis são os conflitos. Sentimos a necessidade de culpar alguém pela perda e podemos odiar aquele que escolhemos ser o responsável por ela. Brigamos por posses e heranças não simplesmente por ganância, mas

---

[22] Como é citado no artigo "Grief: Young Spouse's Death Brings Lasting Sorrow". *USA Today*, 8 de janeiro de 1984, p. 1.

como forma de nos agarrar ao ente querido. "Se não posso ter mamãe, posso pelo menos ficar com a louça do casamento". (É tudo tão Casa 8!)

Queremos ferir alguém, qualquer um, para tirar o ódio do nosso sistema; então, processamos o médico, que deveria ter feito nosso ente querido viver para sempre, e nos voltamos contra Deus por não tornar algumas pessoas imortais. Essas atitudes são resultado do desejo de vingança contra a morte. No entanto, não podemos admitir o verdadeiro objeto da nossa raiva: a pessoa falecida. Nem todas as pessoas sentem esse tipo de raiva, mas os terapeutas precisam reconhecer que ela pode fazer parte do complexo de emoções que compõem o luto. Reconhecer esse tipo de dor e permitir que as pessoas a sintam e a expressem faz parte do processo de luto. Assim como qualquer emoção que é experimentada em sua plenitude, ela se transforma em algo diferente (como em amor). Negá-la e evitar o trabalho com a raiva faz com que ela se enrijeça e se prolongue.

Todos conhecemos pessoas que se tornaram amargas após a morte de alguém que amavam. Elas passam a ter raiva de Deus, da vida e de quem se atreve a viver e ser feliz. A vida se tornou amarga, e elas parecem estar só esperando a morte chegar. Essa é uma reação plutoniana, que pode resultar de duas causas igualmente plutonianas. A primeira e mais recorrente é não viver completamente o luto, resultando em ressentimento. Quanto mais amamos, mais podemos odiar por termos sido abandonados; e quando não temos permissão para sentir raiva, ela se transforma em amargura generalizada. Do mesmo modo, a morte de uma pessoa por quem nutrimos algum rancor também pode desencadear uma explosão de raiva, acompanhada da pressão social para deixar de lado e perdoar, agora que ele ou ela faleceu.

A segunda causa da amargura, mesmo quando as pessoas aceitam sofrer pela perda, ocorre geralmente devido à falta de informações (ou de fé) sobre a vida após a morte. Como a vida muda quando reconhecemos que a morte não é o fim! Essa fé vem de forma mais espontânea quando temos experiências mediúnicas diretas ou entramos em contato com um médium, que nos dá evidências da sobrevivência. Nesse sentido, o médium se torna um terapeuta do luto e, em certas situações, podem realmente ajudar. Mesmo quando sabemos que nosso ente querido sobrevive, mesmo quando temos comunicação direta com ele, ainda podemos sentir tristeza e raiva, do mesmo modo que com qualquer outro relacionamento rompido, mas a morte terá perdido parte do seu poder.

Culpa em relação ao falecido

Sentir culpa é muito mais aceitável do que sentir raiva em relação ao falecido, e, por isso, muito mais comumente sentida. Sentimo-nos culpados por não termos feito mais por alguém que se foi, por não termos telefonado ou escrito, por não estarmos com eles no final, por não termos vivido segundo as expectativas que eles tinham de nós etc. Culpa semelhante pode estar ligada ao fim de um relacionamento ou de outra associação importante. "Se pelo menos eu tivesse...". A culpa e o ressentimento são irmãos siameses. Na medida em que não podemos sentir e lidar com o ressentimento, a culpa permanece.

As reflexões do Capítulo 4 podem ajudar as pessoas tomadas pela culpa em relação à morte de alguém. Esse sentimento está relacionado muitas vezes ao desejo de sentir que controlamos a situação, que temos o poder de influenciar seus resultados, seja com nossas ações ou omissões. Nesses casos, nos agarramos à ilusão de que, se ao menos tivéssemos feito ou dito algo diferente, poderíamos ter evitado a perda.

Um exemplo extremo de culpa aconteceu com uma mulher que atendi durante alguns meses. O pai dela havia se suicidado, e dois anos depois ela ainda estava consumida pela culpa. O suicídio, decisão pela qual alguém escolhe nos abandonar, parece intensificar a relação culpa-ressentimento típica do luto. Essa cliente se torturava todos os dias com recriminações do tipo "se tivesse sido mais carinhosa, se tivesse ficado mais com ele, se tivesse ido vê-lo naquele dia". Segundo suas palavras, a conduta dela era bastante devotada, mas o pai sabia que tinha câncer e havia decidido acabar com a vida para não sofrer. Não tenho mais o contato dessa cliente para pedir permissão, de modo que não posso reproduzir seu mapa natal, mas ela tinha Plutão natal muito forte na Casa 8, a casa da morte, em quadratura próxima com seu Sol e sua Vênus em Touro na Casa 5. Pessoas com o Sol na Casa 5 geralmente desejam continuar sendo a criança mimada para sempre, de modo que a perda do pai teria sido um grande trauma para ela mesmo em circunstâncias normais.

A culpa dessa mulher parecia estar relacionada com duas reações básicas à morte: raiva pelo abandono e necessidade de sentir que tinha o poder de evitar o acontecimento. Havia também evidências de que ela estava em parte lamentando por seu casamento complicado com um plutoniano dominante (Sol em conjunção com Plutão). Seu marido era um homem poderoso e bem-sucedido que a tratava como uma criança, castigando-a em vez de amá-la. Ela tinha um grande ressentimento em relação a isso, mas ficava aterrorizada só de pensar em mudança. Na vida de qualquer um, a morte do pai pode provocar uma crise nos relacionamentos com os homens e figuras de autoridade, tornando-nos adultos de uma nova maneira. Não somos mais garotinhas ou garotinhos, e sentimos que temos o direito de gerenciar a nossa vida, de tomar nossas decisões. Com a precipitação desse crescimento interior ocorrendo devido à morte do pai, o casamento da minha cliente se tornou intolerável. Entretanto, ela queria manter o *status quo* a qualquer custo. Assim, culpa, ressentimento e luto estavam todos misturados e a mantinham ansiosa.

Nosso trabalho consistiu em explorar seus sentimentos em relação ao pai e ao marido por meio do mapa natal dela. Trabalhamos com meditações para culpa e ressentimento (ver Capítulo 4), fazendo gravações que ela poderia usar entre as sessões. Também lhe receitei diversos frascos de essências florais, incluindo os Florais de Bach: *Star of Bethlehem*, para consequências de choque; *Pine* e *Crab Apple*, ambos para culpa; *Willow*, para ressentimento. Nessa época, eu não tinha o remédio da Pegasus, *Eucalyptus*, para o luto, ou a essência da Califórnia *Bleeding Heart*, para apegos emocionais dolorosos, mas ambos teriam sido de grande utilidade. Também fizemos uma sessão mediúnica com seu pai, em que ele pediu a ela para não se sentir responsável e tratar de sua própria vida. O resultado do nosso trabalho conjunto não foi milagroso, mas ela conseguiu se livrar da culpa e se tornou mais consciente de que precisava enfrentar as questões reais de seu casamento e do seu caminho de vida.

Para aqueles que estão carregando culpa por causa da morte de alguém, as descrições do Capítulo 4, sobre culpa e ressentimento, assim como as essências florais citadas acima, são de grande ajuda. A culpa do sobrevivente é comum, particularmente em mortes traumáticas e de pessoas jovens. Nós sentimos que deveríamos ter sido levados no lugar deles. Algumas pessoas decidem se sacrificar, expiando pela morte da outra pessoa e desperdiçando suas vidas, às vezes se viciando em algo. Essa é uma manifestação extremamente destrutiva da culpa, na qual há um forte ressentimento envolvido, que pode ser tratado com os instrumentos terapêuticos que temos abordado nesta obra.

As consequências da repressão do luto

O luto é o combustível para a transformação, e apenas nos rendendo a ele podemos nos transformar. A dor reprimida é como um grande bloco de gelo na nossa alma. Quando não choramos e dissolvemos essa dor, não nos libertamos da pessoa ou situação, de modo que parte de nós fica amarrada ali. A dor reprimida congela outros sentimentos, como a alegria e a capacidade de nos preocuparmos profundamente com outros.

Esse problema não resolvido pode facilmente se transformar em depressão crônica que esgota sua energia psíquica. Como nossa cultura apoia cada vez menos aqueles que sofrem uma perda, as estatísticas sobre depressão sobem cada vez mais.

Não é coincidência que, à medida que os rituais de luto se tornam cada vez mais apressados e menos aceitos, as estatísticas sobre câncer e outras doenças letais aumentam. Nos estudos da psicologia das vítimas de câncer, descobriu-se que muitos tinham sofrido uma grande perda ou decepção de seis meses a dois anos antes do início do câncer. Sem dúvida, essas pessoas não choraram suas perdas, mas traduziram-nas em doença. Plutão rege o luto e as doenças degenerativas, como câncer, e o que sinto é que a taxa ascendente de câncer nos Estado Unidos deve tanto aos aditivos alimentares e aos poluentes químicos quanto ao banimento social do luto.

Transformação da vida em decorrência da morte

O luto é um processo que não pode ser negado, interrompido ou deixado de lado para sempre. Ele dura aproximadamente tanto quanto o trânsito de Plutão que desencadeou o processo. Devemos sentir a perda em sua totalidade de maneira a passar para o estágio seguinte de crescimento. Já observei diversas transformações poderosas e positivas em pessoas em decorrência da morte de alguém muito importante em suas vidas. Esse processo não envolve a negação da dor da perda; no entanto, com muita frequência, as transformações mais intensas vêm após a dor mais profunda. Talvez com Plutão em Escorpião todos nós aprendamos a lição do luto e experimentemos curas poderosas como resultado.

Todos já observamos como a confrontação com uma morte mesmo distante, como de um colega de classe, do filho de um vizinho, de uma personalidade, pode nos fazer encarar a vida com mais seriedade. As duas passagens plutonianas, nascimento e morte, são os portais da vida, e a experiência direta de qualquer uma delas pode nos ensinar mais sobre comprometimento com a vida do que qualquer outra experiência. Somos confrontados com a mortalidade, ficamos determinados a viver ao máximo os anos que temos pela frente e começamos a lidar com aquilo que nos prende ao passado. Se uma morte distante pode nos afetar dessa maneira, imagine quão mais poderosa é a morte de alguém com quem temos intimidade. Um contato bem próximo com a morte também pode ter esse resultado. De fato, a experiência do dr. Kenneth Ring, ex-presidente da International Association for Near-Death Studies, mostra que as experiências de quase morte mudam dramaticamente as pessoas para melhor, dando-lhes um novo sentido de oportunidade e confiança em si mesmas.

A morte de um progenitor é particularmente poderosa na sua capacidade de mudar nossa vida. Alguns alcoólatras com quem trabalhei ficaram sóbrios quando um progenitor alcoólatra ou mesmo um colega de bebedeira morreu. Parte disso é psíquico, na medida em que os pais estão amarrados a nós psiquicamente, não importa o quão distantes estejam ou com que determinação lhes fechamos as portas. Quando um progenitor morre, essa amarra psíquica se rompe e ficamos livres para nos libertarmos de seus medos, neuroses e compulsões. Minha mãe era astróloga amadora, e nunca fiz uma leitura de mapa sem uma crise de ansiedade até depois de sua morte. A morte de um progenitor é um rito de passagem doloroso, porém ele pode nos libertar para vivermos nossa própria vida, se esse tem sido um problema para nós.

Quando o progenitor ou companheiro é amado, a perda é considerável e quando odiado a culpa/raiva pode ser avassaladora. A maioria das pessoas tem muita dificuldade para se permitir sofrer a perda em circunstâncias de "ódio", porque a reação consciente é: "Estou muito feliz por esse miserável ter morrido!" Alguns amigos também não entendem a nossa dor quando um progenitor odiado morre. Nós lamentamos a perda da esperança de conseguir o que precisávamos; lamentamos o fato de que nunca seremos capazes de conciliar nossas diferenças. Afinal, onde existe ódio, na maioria das vezes, houve, pelo menos uma vez, amor. Pessoas que trabalham em assistência a menores observam que, mesmo as crianças violentamente maltratadas amam os pais e querem estar com eles; apenas querem que os maus-tratos cessem. Se nos recusarmos a entender a perda de um progenitor ou parceiro odiado, podemos criar sérios problemas, como depressão crônica ou uma visão amarga e triste da vida.

A morte de um progenitor ou de um companheiro plutoniano pode realmente abrir caminho para uma transformação extremamente positiva. Duas irmãs que haviam sido abusadas sexualmente pelo pai alcoólatra tinham peso bem acima do normal. Ambas perderam muito peso um ano após a morte do pai. Apesar de estarem separadas por um continente, e sem manter nenhum contato, as reações foram idênticas. Isso ocorreu devido ao fim da ameaça representada pela existência do pai e depois que a contaminação psíquica pela personalidade amarga e perturbada dele foi extinta. Uma vez que o progenitor não está mais ali para reagir, muitas pessoas abandonam o comportamento autodestrutivo que tinha como objetivo a vingança do progenitor, os padrões de fracasso por vingança que muita gente desenvolve. Nem todos são afetados dessa maneira, mas é importante ter em mente que, de qualquer modo, esse é outro tipo de transformação possível.

Como apoiar uma pessoa enlutada

Não há um manual de instruções sobre como reagir à perda de um ente querido, e a falta dos rituais e costumes socialmente aceitos torna difícil saber o que fazer. Sentimos um profundo desconforto em relação à morte e ao luto que nos impede de ficarmos perto de pessoas enlutadas. Esse mal-estar interfere na nossa capacidade de acolher essas pessoas. Somos autoconscientes ao invés de conscientes das necessidades das pessoas que sofreram uma perda (Plutão em Leão outra vez). Não queremos ser lembrados de que isso pode acontecer e inevitavelmente acontecerá conosco.

Pessoas que são capazes de oferecer apoio a indivíduos enlutados invariavelmente também sofreram uma perda. Até perdermos um progenitor ou um companheiro, a morte é uma abstração, algo que só acontece com os outros. Depois de perder alguém muito importante para nós, entendemos melhor. Se não nos permitimos chorar e sofrer, uma reação natural, será difícil ficar perto de pessoas enlutadas, mesmo assim somos capazes de entender. Se nos lembrarmos de como foi a nossa dor, poderemos compartilhar partes importantes do processo. (Não compartilhe detalhes sobre sua dor, porque o enlutado não é capaz de acolher suas necessidades enquanto está passando por um período de luto.) É reconfortante quando alguém diz "Sim, para mim esse sentimento também vem e vai. Às vezes, quase esqueço; então, de repente, sou inundado pelas lembranças, tão fortes como no dia em que ele morreu. Isso continuou por mais de um ano". A recompensa é que conseguimos completar mais uma pequena etapa do nosso próprio processo de luto, que parece se prolongar por anos, diminuindo aos poucos.

Como podemos ajudar se não sofremos uma morte significativa desde a infância? Lembre-se da perda mais dolorosa que já sofreu (um relacionamento rompido, um sonho que não se concretizou) para ter um entendimento da dor do luto. Sensibilidade e atenção sinceras são os melhores instrumentos. Livros sobre luto e morte (ver bibliografia) podem nos ajudar a entender melhor o processo. Pergunte como a pessoa enlutada se sente. Ouça. Não fale. Tocar é muito melhor que falar; pessoas que estão sofrendo uma perda precisam do conforto de um abraço.

Se perderam um companheiro, precisam particularmente ser tocadas, porque essa parte natural da vida se foi.

Não sinta a necessidade de dar respostas, porque não há respostas. Frases feitas aborrecem quem está vivendo o luto. Lembre-se de que as pessoas estão cheias de raiva pela perda e que podem direcionar rapidamente essa raiva para os vivos. Elas podem estar ressentidas, então não as provoque; vire a outra face. E, como todos os estados emocionais plutonianos, a lamentação pode ser obsessiva; esteja preparado para ouvir repetidamente os mesmos pensamentos dolorosos. Algumas pessoas precisam fazer isso para conseguir processar e resolver seus conflitos e emoções. Isso também é necessário para tornar a morte real, pois ela é extremamente incompreensível.

Não apresente análises psicológicas, sofismas metafísicos ou conselhos sobre o que elas devem fazer com suas vidas. Elas não querem ouvir que o Charlie estava muito mal, ou que foi bom ele ter morrido porque assim não sofreria mais. Talvez elas digam essas coisas, mas não precisam ouvir outros dizê-las. Continue voltando ao fato de que essas pessoas estão tristes e que você sente muito por elas estarem sofrendo essa perda. Isso é tudo o que você pode oferecer. E não presuma que elas superaram o ocorrido ou que estão aceitando bem só porque não estão mais falando sobre o assunto, porque há hiatos no processo de luto. Pessoas enlutadas podem mergulhar em suas emoções por seis meses ou um ano depois, e realmente precisam de alguém para ouvi-las. Trata-se de um processo que não pode ser interrompido sem causar prejuízos. É um processo delas, individualizado, que depende de quem perderam e de todas as complexidades desse relacionamento, além das outras perdas que tiveram. Elas não precisam de opiniões sobre como esse processo deve se desenvolver ou quando deve terminar.

Por fim, o que você pode fazer pelos seus entes queridos que morreram? Eles também precisam do seu amor e carinho. Você pode tratá-los como um bom amigo que se mudou para longe e está sozinho. Fale com eles mentalmente de vez em quando e diga que sente falta deles. Diga todas as coisas que teria dito se soubesse que a morte iria separá-los. Não fique assustado ou com medo se eles responderem ou se sonhar com eles; essa comunicação é realmente tão amistosa e natural, como qualquer comunicação que vocês tiveram enquanto estavam vivos. Não se sinta frustrado se não tiver uma resposta, porque os mortos podem entrar em um estado de sono terapêutico durante parte do primeiro ou do segundo ano após a morte.

O plano em que os mortos vivem é mental/emocional, possivelmente uma parte do plano astral, de modo que nesse plano os pensamentos são algo material. Por isso, eu sempre envio flores mentalmente para meus entes queridos que estão do outro lado. Cerca de nove meses depois que meu pai morreu, recebi uma mensagem dele dizendo que era *Decoration Day*,* e que ele queria seu túmulo enfeitado. Foi assim que eu soube que a mensagem era autêntica, e não resultado do meu pensamento. Até esse momento, tudo o que o *Memorial Day* significava para mim era piquenique. Não me ocorreria chamar o *Memorial Day* pelo antigo termo, *Decoration Day*, mas certamente estaria dentro da escolha de vocabulário e de desejos de uma pessoa tão antiquada como meu pai. Como eu vivia a 2.500 quilômetros de onde ele estava enterrado e não tinha família lá, não havia maneira de honrar seu desejo, de modo que, com muito carinho, criei em minha mente um grande ramalhete de peônias e coloquei em seu túmulo. (Era assim que fazíamos no *Decoration Day* em Iowa; colocávamos peônias nos túmulos e depois assistíamos os legionários e as escoteiras desfilarem em homenagem aos mortos.) Essa ação pareceu satisfazer meu pai e agradou a mim também.

---

* "Decoration Day" é um termo antigo para "Memorial Day". Data que homenageia os soldados e marinheiros norte-americanos que morreram em combate. (N. da T.)

Quanto aos seus entes queridos, eles poderão gostar de algum dos antigos rituais e achá-los confortantes. Não sou católica, mas tenho acendido velas em igrejas para os que partiram. Eles não são realmente tão diferentes dos vivos ou do que eram antes de morrer. Tudo o que eles realmente necessitam é serem lembrados, como qualquer outra pessoa. Você pode fazer algo especial que eles gostavam em sua memória. Lembre-se de que eles estão no astral, de modo que literalmente é o pensamento que importa. Não é tão difícil, realmente; tudo se resume em ser amigo.

Estudo de caso: morrer com dignidade, apesar de tudo

Muitos dos princípios psicológicos e astrológicos que temos discutido neste livro estão ilustrados no Mapa 18 (ver p. 203), pertencente a um jovem chamado Philip que morreu em decorrência da síndrome da imunodeficiência adquirida (aids). A síndrome foi diagnosticada em abril de 1984, cinco meses antes de sua morte, quando uma infecção pulmonar persistia há mais de um mês e continuava piorando. A síndrome, sem dúvida, já estava se desenvolvendo há algum tempo, pois apareceram certas manchas na pele, além de outros sintomas. Philip e seu namorado haviam se mudado para a cidade natal do jovem uns dois anos antes, e os médicos não esperavam por um caso de aids, do mesmo modo que a população local não esperava por um caso de homossexualidade.

Quando a infecção pulmonar começou (9 de abril de 1984), Saturno em Escorpião estava em movimento estacionário em cima de seu Saturno natal (o retorno de Saturno). Netuno estava transitando pelo seu Ascendente há vários anos, o que sugere um enfraquecimento progressivo da resistência física, e estava em movimento estacionário quase

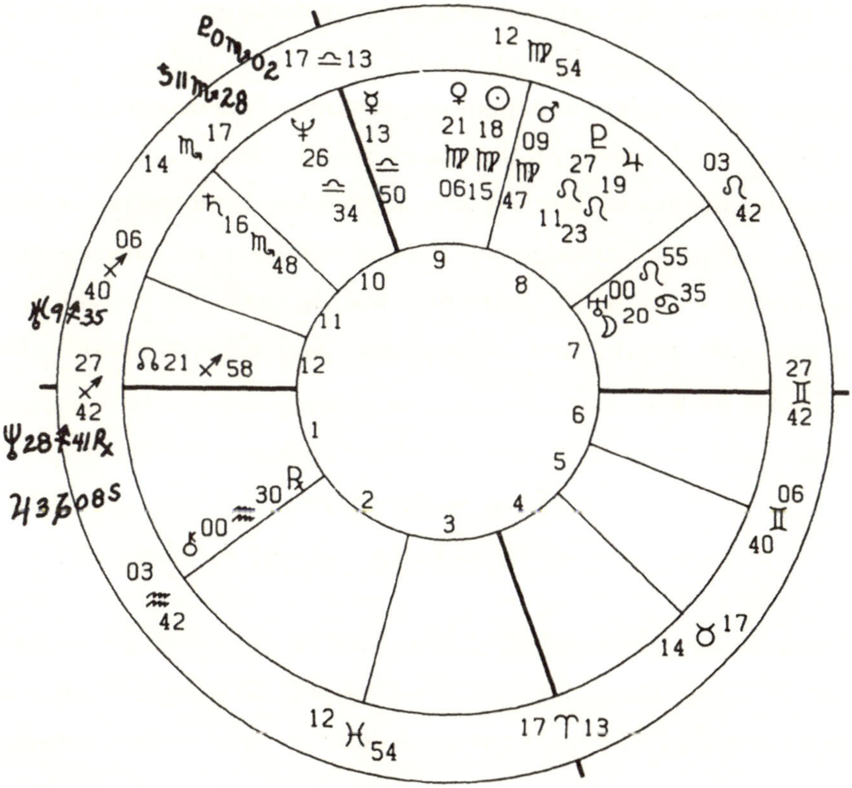

Mapa 18. Philip. Morreu em decorrência de aids em 29 de agosto de 1984. Os trânsitos para o dia da sua morte foram escritos em volta do círculo externo.

no Ascendente no momento de sua morte. Em seu mapa natal, Urano estava na cúspide da casa do sexo e da morte, e Plutão em trânsito fez quadraturas com Urano diversas vezes, estando bastante próximo no momento de sua morte. (Plutão está na Casa 8, de modo que tanto em seu significado intrínseco como em seu significado no mapa de Philip significava uma morte.) Urano ficou estacionário por uma semana mais ou menos antes da morte, fazendo uma quadratura bem próxima com Marte na Casa 8, e estava ascendendo no momento da morte. Embora as pessoas possam ter e realmente tenham muitos desses trânsitos sem sucumbirem à aids, a combinação desses trânsitos, somada à forte ênfase natal na Casa 8, mostra a possibilidade de sua morte.

Participei dos últimos cinco meses de vida de Philip por meio de frequentes chamadas telefônicas. Nunca houve nenhuma melhora, apenas uma constante deterioração. Ele e o namorado sofreram bastante rejeição e isolamento por parte de pessoas de seu círculo de amizades e familiares, que não aceitavam as implicações da doença. O carinho e a assistência prática vieram de pessoas novas em suas vidas, como membros de grupos de apoio a pessoas vivendo com aids. A família de Philip começou negando a seriedade da síndrome e escondendo-a dos outros. Seu irmão e sua irmã mais velhos não o visitaram sequer uma vez no hospital, e ninguém da família deu qualquer apoio emocional ou financeiro para os cuidados médicos. Até o estágio terminal, atos vingativos atingiram o namorado de Philip, que se tornou alvo do ressentimento dos pais pelo fato de Philip ser homossexual e estar morrendo de uma maneira que eles consideravam escandalosa. No funeral, os pais se recusaram a falar com o namorado de Philip e ordenaram que os outros fizessem o mesmo. Também fizeram com que a eletricidade da casa em que o casal morava fosse cortada um ou dois dias após o funeral, pois a conta estava em nome de Philip.

Foi uma experiência profundamente tocante ver esse casal trabalhar por meio das fases da morte com um alto grau de consciência. O namorado de Philip tinha trabalhado como médium profissional na Inglaterra e os dois haviam estudado a Cabala anteriormente, incluindo as partes mais relacionadas à morte. Assim, o companheiro pôde ensinar a Philip o que esperar, além de apoiá-lo carinhosamente nos diversos estágios. Ambos também foram capazes de conversar e resolver as várias dificuldades que existiram no relacionamento, de modo que a atmosfera era de amor.

Quando Philip morreu, seu namorado viu o Anjo da Morte, um enorme ser de luz, uma presença benigna. Um de seus alunos da turma de consciência psíquica também viu esse anjo em sonho e recebeu mensagens claras e específicas de Philip, envolvendo coisas que somente os dois sabiam. Na semana seguinte à da morte, em 29 de agosto de 1984, diversas pessoas, incluindo eu mesma, tivemos a experiência da sua presença em espírito. Apesar das circunstâncias trágicas, Philip, seu namorado e todos os que estiveram próximos deles cresceram com a experiência. Morrer com essa consciência é raro; no entanto, o trânsito de Plutão pelo signo de Escorpião deve ser um período notável quanto à ampliação da consciência do morrer, com maiores informações e tratamentos disponíveis aos pacientes terminais e às pessoas que perderam seus entes queridos.

Algumas indicações de capacidades mediúnicas

As capacidades mediúnicas tomam diversas formas. Alguns têm a capacidade de sentir ou de se comunicar com pessoas que já morreram. Muitas pessoas sonham em conversar com seus entes queridos que já se foram. Algumas, experimentam as sensações físicas da doença que a pessoa que morreu tinha. Geralmente, este é sinal de que a pessoa está por perto e quer se comunicar. Outras, em vez de se comunicarem com pessoas que morreram, mandam mensagens a guias espirituais. Isso é bastante comum, apesar de inconsciente, como na escrita psicografada. Essa forma de mediunidade é também frequente, embora não seja reconhecida pela maioria das pessoas que são ajudadas por seus guias.

Na cultura ocidental, muitas pessoas são médiuns sem saber, pois a igreja não reconhece a vida após a morte e a reencarnação, como o fazia nos primeiros dias da Cristandade. Muitas religiões mundiais reconhecem a vida após a morte e dispõem de estruturas e rituais que estimulam a comunicação com os mortos. A Igreja Espiritualista, por exemplo, surgiu nos Estados Unidos em 1848, durante a conjunção de Plutão/Urano em Áries, marcando uma fase de exploração poderosa e excitante. Teve início um período em que sessões espíritas, trombetas flutuantes, por meio das quais os espíritos falavam, e materialização de espíritos eram comuns. Na época, embora algumas dessas manifestações fossem genuínas, elas eram exaustivas para o médium, o que acabou prejudicando o movimento devido a práticas fraudulentas. Em sua grande maioria, ele sucumbiu nos Estados Unidos, mas sobrevive na Inglaterra.

Os médiuns ingleses, influenciados pelas investigações científicas da Sociedade Britânica de Pesquisas Psíquicas, são bem treinados e rigorosos em sua busca de evidências da vida após a morte. Eles não aceitam declarações vagas que podem ser facilmente distorcidas para se ter o efeito, mas, ao contrário, exigem evidências concretas e verificáveis. Por outro lado, o espiritismo é forte nos países latino-americanos, apresentando uma abordagem muito mais emocional e combinada com práticas e rituais dos antigos povos originários e das religiões de matrizes africanas.

As indicações astrológicas de capacidades mediúnicas estão ligadas a um Plutão proeminente, à Escorpião ou à Casa 8. Isso se contrasta com um Netuno proeminente, que está mais relacionado com a clarividência. Como exemplo, apresento os mapas natais de dois dos mais famosos médiuns ingleses: Andreas Vasilou e sra. Jesse Mason. Como podemos ver, Andreas Vasilou (Mapa 19) tem um forte Plutão na Casa 6. A sra. Mason (Mapa 20) tem Plutão no Meio do Céu, o ponto mais poderoso do mapa segundo a pesquisa de Michael Gauquelin. Ele está em conjunção tanto com o Meio do Céu como com seu Sol. A pessoa

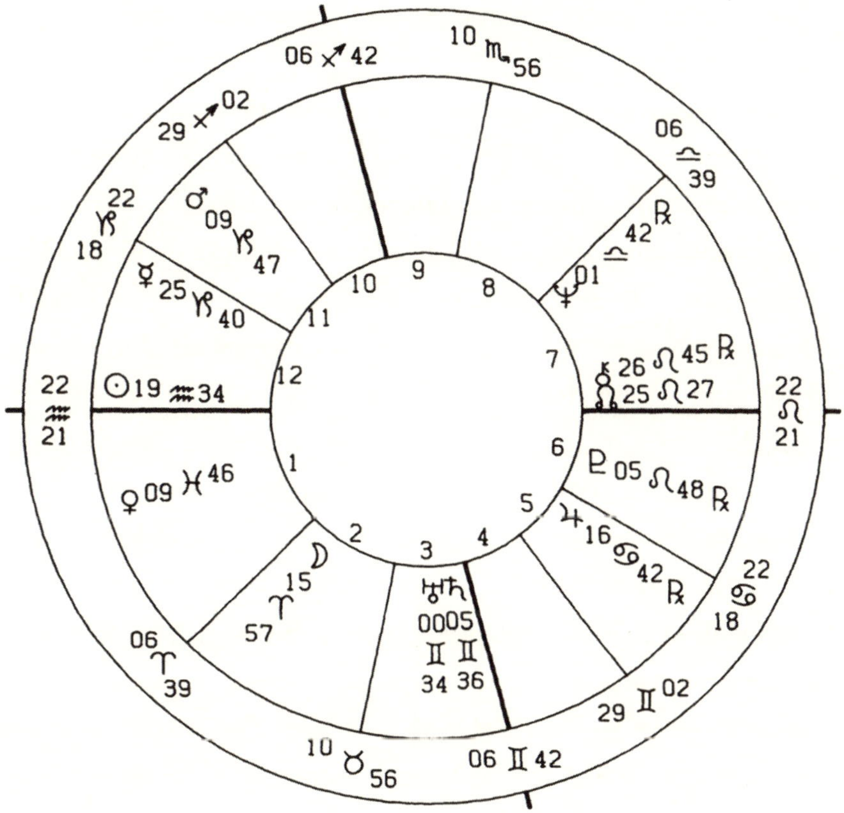

Mapa 19. Andreas Vasilou, um dos mais famosos médiuns da Europa. Nascido em Famagusta, Chipre, em 9 de fevereiro de 1943, aproximadamente às 6h50.

que se torna médium profissionalmente terá, ao que tudo indica, Plutão ou Escorpião nas Casas 6 ou 10, provavelmente perto de um ângulo.

Todas as pessoas com Plutão proeminente, no entanto, tendem a ter capacidades mediúnicas, quer estejam conscientes disso ou não. De fato, essas tendências mediúnicas podem ser o motivo de esses plutonianos se retirarem da sociedade. Quer você desenvolva seu talento ou não, é útil se informar sobre o que esperar e como se proteger psiquicamente, pois sempre que estiver perto de uma morte poderá experimentar as

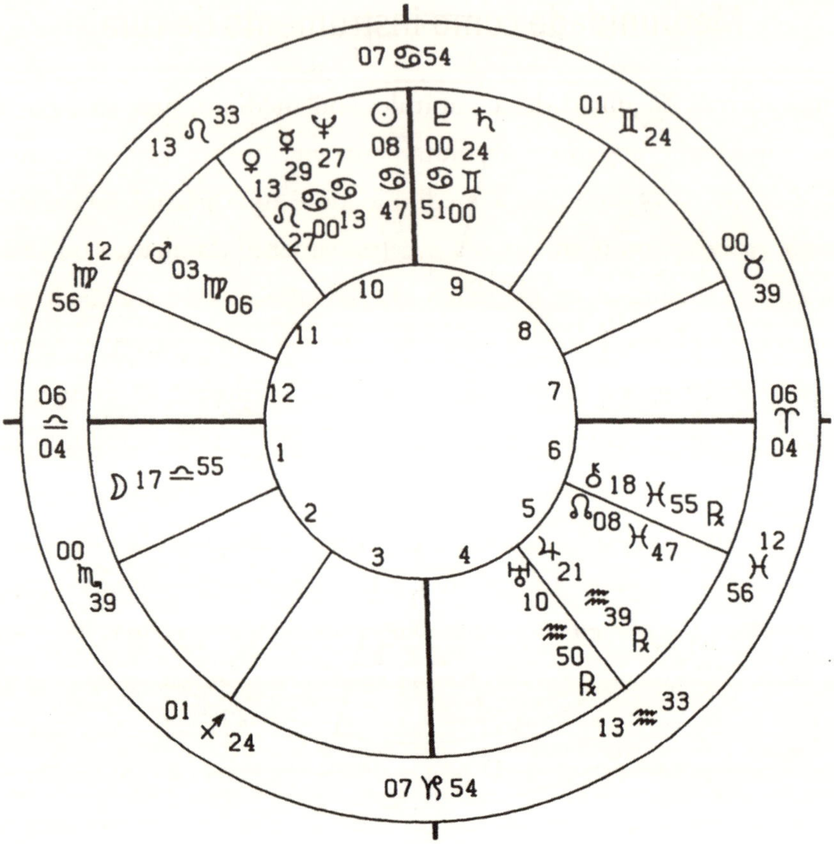

Mapa 20. Sra. Jesse Mason, por muitos anos uma conhecida médium inglesa.
Nascida em Londres, Inglaterra, (51N3l, 0W06),
em 1º de julho de 1914, ao meio-dia.

emoções ou os sintomas do falecido ou dos enlutados sem estar realmente consciente do que está acontecendo com você.

É importante reconhecer quando as pessoas mortas podem estar tentando se comunicar ou quando o estado emocional delas pode estar influenciando você psiquicamente, para que possa se proteger e saber o que fazer por elas. Um excelente livro sobre o assunto é *The Medium Touch*, de Joey Crinita, citado na bibliografia.

Mediunidade como instrumento de cura

Como afirmei no início deste capítulo, sou médium, mas só faço uso dessa capacidade quando é absolutamente necessário. Tem-se tornado cada vez mais evidente que a mediunidade é uma prática terapêutica. Muitas vezes, quando uma perda é extremamente traumática ou difícil de aceitar, a mediunidade é o único instrumento de cura adequado para abordar o problema. Isso se deve ao fato de que saber que um ente querido sobreviveu após a morte pode ser profundamente reconfortante, pois muitas pessoas se sentem ainda mais desoladas quando acreditam que não há nada além do vazio para a pessoa de quem sentem tanto a falta.

Para compreender melhor as propriedades terapêuticas da mediunidade e suas muitas relações com Plutão, vamos analisar um exemplo. Linda, uma moça de 25 anos, era alcoólatra e dependente química em recuperação e participava do meu grupo de tratamento. Em uma sessão individual, ela compartilhou sua identificação com uma tia muito querida que cometera suicídio quatro anos antes, ainda bastante jovem. Linda não foi amada pelos pais alcoólatras nem por seus colegas, de modo que essa tia era uma das poucas pessoas com quem ela compartilhava alguma intimidade. Linda tentou suicídio aos 19 anos, o que a levou a programas de tratamento de drogas e álcool. Desde então, ela tem estado livre dessas substâncias. Ela trabalha firme na sua recuperação por meio do programa dos Alcoólicos Anônimos (AA), da psicoterapia individual e do serviço de apoio a outros dependentes em recuperação. No entanto, ela continuava a ter pensamentos suicidas e uma profunda convicção de que iria morrer como a tia.

Como podemos ver no Mapa 21 (ver p. 210), Linda é extremamente plutoniana, um padrão bastante comum aos filhos de alcoólatras. Plutão está cravado no Descendente, fazendo uma conjunção com sua Lua e uma oposição com seu Sol e com seu Ascendente em Aquário. Pessoas com planetas em Aquário em oposição a Plutão são mais obstinadamente

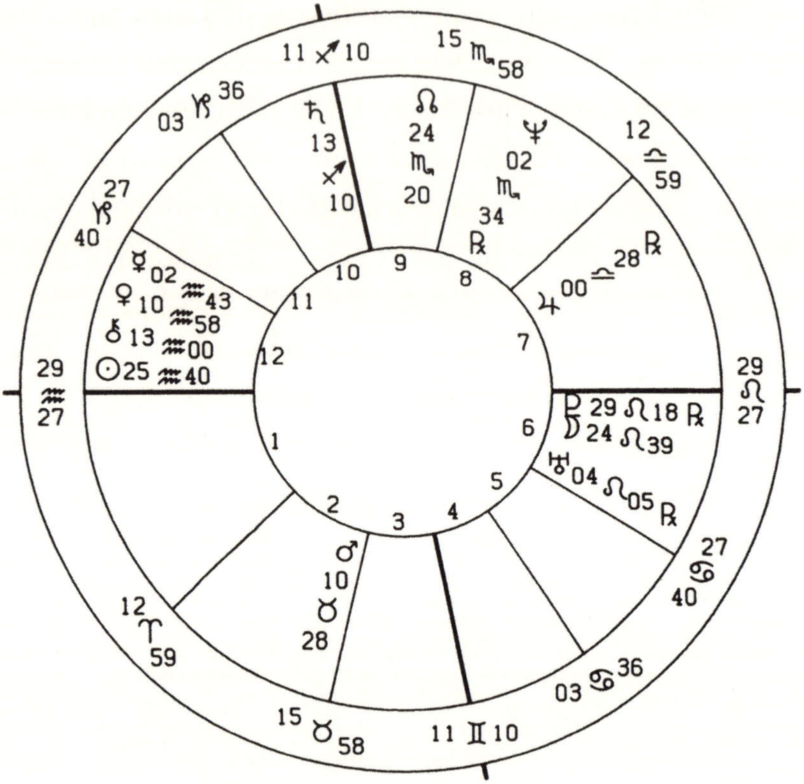

Mapa 21. Linda. Nascida em Encino, Califórnia, em 14 de fevereiro de 1957, às 6h55 PST.

rebeldes e autodestrutivas do que o aquariano comum, na medida em que estão determinadas a não serem controladas da forma que os pais tentaram. Netuno em Escorpião está na Casa 8, o que sugere uma propensão ao suicídio. Essa combinação sugere que Linda fez uso de drogas como uma forma de desafiar a própria morte e que ela via a morte como uma fuga. Urano em quadratura a Netuno é semelhante ao tema Aquário/Plutão de se rebelar à custa do próprio eu. Ao estudar o mapa de Linda, senti que suas fantasias suicidas eram preocupantes, pois indicavam um desolado isolamento plutoniano.

Decidimos trabalhar com a identificação de Linda com a tia que cometera suicídio. Neste caso, não hesitei em atuar como médium, pois a necessidade era bastante justificada. Eu também suspeitava que expor Linda aos resultados reais do suicídio poderia dissuadi-la de agir conforme suas próprias fantasias sobre a morte. Tracei um círculo imaginário de proteção em volta de nós e entrei em transe. No círculo, a presença da tia, assim como sua profunda tristeza e culpa, era bastante palpável. A própria Linda foi perfeitamente capaz de perceber os sentimentos da tia. (O forte Plutão de Linda indica que ela ainda não desenvolvera suas capacidades mediúnicas.)

Ficamos sabendo que o suicídio da tia ocorreu por um motivo totalmente diferente da tentativa de Linda; foram questões inteiramente diversas. Linda era homossexual e optou por não cumprir o papel feminino tradicional. Por outro lado, a tia se casou apenas para cumprir as convenções sociais; ela nunca desejou ser mãe, mas não tinha ideia de outras opções. Quando teve um bebê, sua raiva em relação às responsabilidades maternas somada à sensação de ter caído em uma armadilha se tornaram avassaladoras. Ela acabou tirando a própria vida num impulso para evitar fazer mal ao bebê.

Embora a morte da tia tivesse ocorrido quatro anos antes, estava claro que ela continuava a sofrer profundamente com remorso. Ela ainda estava presa no plano terrestre, e parte do sofrimento e da ideação suicida de Linda podia muito bem ser devido a sentir mediunicamente a situação da tia. Sendo católica fervorosa e, por isso, mais propensa à culpa devido à proibição do suicídio por parte da igreja, a tia pediu a Linda que fosse a uma igreja e acendesse uma vela para ela. Linda, mesmo sendo católica não praticante, obedeceu e se sentiu reconfortada. (No entanto, o leitor não deveria concluir que esse tipo de sofrimento prolongado é comum a todos os suicidas, pois pode variar de indivíduo para indivíduo.)

Embora essa sessão tenha sido bastante “pesada”, Linda ficou menos abalada do que uma pessoa normal ficaria, pois os plutonianos não se esquivam quando têm de enfrentar situações difíceis, o que produziu fortes resultados terapêuticos. Com base no que compreendemos após a sessão, Linda conseguiu se desidentificar da tia. E mais importante ainda para seu processo terapêutico: ela testemunhou que o suicídio não possibilita a fuga de uma fase infeliz da vida, pois aprendeu que ele o prende nela por um período mais longo. O suicídio deixou de ser uma opção para ela. A vida de Linda foi transformada pela sua coragem, pois ela não só encarou sua dor como também ganhou conhecimento de suas capacidades mediúnicas inatas.

Embora não possamos estar certos quanto aos efeitos da nossa sessão para a tia de Linda, muitos médiuns chamam esse tipo de contato de “serviço de resgate”, pois deixá-la contar sua história a libertou e possibilitou que ela se livrasse da culpa e começasse a se adaptar mais inteiramente à sua nova condição. O ritual de confessar um segredo de culpa é um tratamento plutoniano válido, não importa em qual plano você esteja habitando no momento. Os espíritos podem ter muita dificuldade em se desligar do plano terrestre quando sua morte teve um caráter particularmente plutoniano, como suicídio, assassinato, traição ou ter um segredo de culpa. Nesses casos, a perturbação deles pode ser angustiante para os sobreviventes com habilidades mediúnicas, mesmo que não treinadas. A intervenção de um médium experiente pode ajudar a libertá-los.

Instrumentos de cura para o trabalho com o luto

O melhor tratamento para o luto é vivê-lo; não há substituto para o confronto direto com os sentimentos de perda. Procurar lembranças, objetos pessoais ou músicas favoritas vai fazer a dor brotar, e é importante se permitir sentir essa dor. Alguns vão dizer que você deve tentar esquecer, que não deve se deixar levar ou que está sendo mórbido, mas eles não estão sofrendo uma perda ou talvez não sejam capazes de encarar os próprios sentimentos. O luto leva tempo; não há como acelerá-lo; por isso, tenha paciência consigo mesmo.

A bibliografia no final deste capítulo sugere uma série de livros. Eles podem ser de grande ajuda, mas tenha em mente que você não deve lê-los de uma vez. Como as pessoas em nossa cultura tendem a isolar os que estão de luto, é um grande conforto ler livros escritos por pessoas que sabem exatamente como você se sente e perceber que não está sozinho em suas reações intensas e às vezes inexplicáveis. Os livros sobre vida após morte e reencarnação também podem ser bastante reconfortantes, mesmo que você já acredite em reencarnação, porque este é o momento em que o seu eu interior mais jovem precisa do conforto dessa lembrança.

Os remédios florais que podem ser úteis ao processo foram mencionados anteriormente. *Eucalyptus* é específico para a dor da separação, do mesmo modo que *Helleborus* e *Hyssop* (ambos da Pegasus). Você poderá verificar quais seriam as essências indicadas para você com um pêndulo ou teste de reflexo muscular. *Bleeding Heart* (das Essências Florais da Califórnia) é para se livrar de dolorosos apegos emocionais. As crises de cura provocadas pelo *Bleeding Heart* podem ser bastante dolorosas; por isso, interrompa-o se a dor for intensa demais. Se culpa e ressentimento forem parte do quadro, os conhecidos florais do dr. Bach *Pine* e *Willow* são indispensáveis. Se a pessoa que morreu foi alguém por quem você nutria sentimentos negativos, como um progenitor plutoniano, então veja se *Holly* é indicado. *Honeysuckle*, para nostalgia e libertação do passado, pode ser indicado em certos momentos; porém, parte do processo de cura envolve liberar as questões do passado que você compartilhou com essa pessoa.

Se culpa, ressentimento, ou dificuldade de se libertar forem parte da dor de separação que você precisa trabalhar, pratique as meditações do Capítulo 4. A prática do Capítulo 3, para abrir o chakra do coração, ajuda a curar o coração ferido pela perda. Curar o chakra do coração é um processo delicado e amoroso, pois ajuda a liberar a dor e prepara você para amar as pessoas ao seu redor e receber amor em troca. Essa é uma maneira de sair do isolamento que resulta do luto.

AFIRMAÇÕES PARA O LUTO

Eu tenho força para chorar o quanto necessitar.

Estou rodeado de pessoas carinhosas que entendem a minha perda.

O amor que__________________ e eu compartilhamos continua além da morte.

Tanto _________ como eu estamos rodeados por amor e orientação divina, enquanto trabalhamos para aceitar a nossa separação.

Eu abençoo e liberto _____________ para a sua elevação.

Do mesmo modo que a vida de ____________ contribuiu para o meu crescimento, sua morte também contribui.

Minha dor me transforma e dá à minha vida um novo sentido.

Um cântico para o luto

Se você está tendo dificuldade de permitir que sua dor se manifeste, há um cântico que pode ajudá-lo. É o cântico para Plutão, parte de um sistema de cânticos dirigidos aos planetas. O cântico para Plutão é único, na medida em que é usado somente para o luto e não para os outros significados do planeta.

A melhor maneira de usá-lo seria começar entoando o cântico para o Sol, para se concentrar; o cântico para a Terra, para estabelecer um círculo de proteção em torno de si; e depois o cântico para Plutão. Esses cânticos são expressos foneticamente e, ao cantá-los com o coração, não existe erro. Primeiro, use alguma das técnicas de meditação já descritas para entrar em um estado profundo de consciência. Isso pode ser feito diante de uma vela, pedindo a seu Eu Superior que o ajude a trabalhar sua dor.

O CÂNTICO DO SOL:

OH HAY YAH
OH HAY YAH
OH HAY YAH
OH HAY YAH
OH.

A TERRA/LUA:

SI IDRIAH
SI IDRIAH
SI IDRIAH
SI IDRIAH
NEH HEH MAH SET.

PLUTÃO:

TI YAH
TI YAH
TI YAH
TI YAH
OH.

Se você se sente estranho entoando cânticos, não pense que está sozinho. Também relutei no início, porém os sons parecem reverberar em importantes lugares do cérebro e do corpo energético. O cântico de Plutão parece precipitar a dor guardada, mesmo uma que esteja oculta há muito tempo. Eles não precisam ser entoados alto para fazer efeito.

Podemos – e devemos – prever a morte por meio da Astrologia?

Uma questão que é debatida incessantemente entre os astrólogos é se deveríamos predizer a morte. O consenso moderno parece ser o de que não deveríamos; é uma espécie de tabu entre os astrólogos fazê-lo. Quando os clientes pedem, geralmente nos esquivamos dizendo que não somos adivinhos e que esse não é o tipo de evento que um astrólogo pode prever com exatidão. Falamos também que Plutão significa tanto morte como cura, de modo que um trânsito de Plutão pode igualmente significar ambos. Existe também o medo da profecia que se cumpre, ou seja, se realmente previrmos a morte, podemos afetar de forma negativa a vontade de viver da pessoa.

O astrólogo ocidental comum não tem, de fato, a tecnologia para prever a morte com precisão. Porém, os astrólogos de outras tradições têm e realmente preveem a morte com alto grau de precisão. Michael Lutin conta a história de um homem da Índia que foi até ele para uma leitura. O cliente começou a sessão dizendo: "Na Índia, nós vamos até os astrólogos atrás de três tipos de informações: queremos saber a data de nascimento do filho, a data do casamento e a data da morte. Eu já sei a data do meu nascimento. Eu já sei a data do meu casamento. Dá para imaginar por que estou aqui?".

Os astrólogos hindus são conhecidos pela grande exatidão de suas previsões e, embora nós norte-americanos adotemos ansiosamente qualquer coisa que funcione, não usamos essas técnicas de previsão, e, na realidade, não vemos com bons olhos a Astrologia preditiva. Suspeito que isso tenha a ver com nossa cultura e nossos valores. Desejo profundamente acreditar no livre-arbítrio, ainda mais em face das evidências de que os seres humanos funcionam como autômatos na maioria das vezes. Mais particularmente, as pessoas da nossa cultura não querem encarar a morte; nós negamos que ela irá acontecer conosco ou com quem amamos e enterramos nossas cabeças na areia. Temos dificuldade em discuti-la com pessoas em estado terminal e, de modo geral, a consideramos um assunto tabu. Não é surpresa, portanto, que os astrólogos norte-americanos se recusem a prever a morte. Queremos proteger nossos clientes de más notícias, e nós mesmos não gostamos de contemplar a morte, mesmo a essa distância.

No entanto, o trabalho de Elisabeth Kübler-Ross mostrou que dizer a verdade a um paciente terminal que está em busca ativamente dessa informação pode ajudá-lo a começar a trabalhar importantes questões não resolvidas e a pôr em ordem assuntos pendentes. Se um astrólogo é capaz de prever a morte com certo grau de precisão, não poderia oferecer também esse serviço para o cliente que está perguntando se alguém que ele ama está morrendo? Para mim, foi de grande valia ter a confirmação astrológica de que minha mãe estava morrendo (Plutão estava oposto à minha Lua). Esse conhecimento da proximidade da hora me ajudou a trabalhar em questões plutonianas, como culpa e ressentimento, do nosso relacionamento. Assim, quando minha mãe morreu, não foi tão devastador como poderia ter sido se eu não tivesse resolvido deliberadamente essas questões. A questão de predizer ou não a morte é complexa; mesmo assim, creio que essas previsões podem muitas vezes ser de grande ajuda. Nós astrólogos precisamos estar conscientes de que nossa negação de prever a morte pode derivar mais das nossas próprias dificuldades em encarar e aceitar a morte, e do desconforto de dar a um cliente informações potencialmente perturbadoras, do que de uma genuína compreensão das necessidades de alguns clientes de conhecer e encarar a morte.

Por exemplo, suponha que você tenha uma cliente com o Sol e a Lua em Câncer na Casa 7, sugerindo que os pais seriam a relação principal de amor dessa nativa. Depois, imagine que essa cliente (que tem 35 anos) ainda more com os pais, que estão com seus 70 anos, e com a saúde não muito boa. Você observa que Plutão e Saturno em trânsito irão estar em conjunção com o Meio do Céu e em quadratura com o Sol e a Lua em Câncer no próximo ano. A probabilidade de que um ou ambos os progenitores morram é bastante forte, e você supõe que essa perda seria emocionalmente devastadora para a cliente.

Não seria aconselhável interrogá-la com cuidado, a fim de perceber o quão preparada ela estaria para esse possível evento? Embora eu não possa fazer uma declaração precisa e enfática (afinal, posso estar errada), poderia dizer à cliente que havia a possibilidade da perda de um dos progenitores dentro do próximo ano ou do seguinte e que talvez fosse o momento de pensar como seria viver sozinha. Uma discussão dessa natureza, com muita probabilidade, será extremamente perturbadora para a cliente, portanto você precisa usar de muita delicadeza e tato. Por outro lado, se a cliente não vislumbrar essa possibilidade, imagine como será chocante se a morte de um dos pais se tornar uma realidade. Às vezes, eu digo que posso não estar inteiramente certa, mas a hora em que os pais vão morrer chegará, então é melhor começar a pensar nisso. Ao tocar no assunto, plantei a semente, e a cliente pode ficar um pouco mais preparada para o inevitável. Não seria covardia por parte do astrólogo ver esses acontecimentos e não levantar a questão de algum modo?

Seguindo em frente...

Talvez seja isso o que queiram dizer com morte prolongada. A morte é um assunto sem fim e, neste longo capítulo, apenas arranhamos a superfície. Não temos dado espaço para mortes plutonianas, como suicídio, assassinato ou câncer, mas a energia plutoniana negativa liberada nessas circunstâncias pode ser considerável. Para os que ficaram interessados nessa discussão ou para aqueles com uma triste necessidade pessoal de saber mais sobre o assunto, os livros na bibliografia sobre morte, luto e vida após morte serão uma fonte rica de informação. Se não conseguir encontrá-los, procure na internet ou livrarias outros livros disponíveis.

Quando estiver enfrentando a morte de um ente querido, é melhor não fazer isso sozinho. Leia o que outros que conhecem o processo têm a dizer. Isso seria de grande ajuda para equilibrar toda a pressão da sociedade para negar seus sentimentos. O melhor de tudo seria procurar um grupo de apoio para lhe dar ajuda e entendimento. De modo semelhante, a dor decorrente de outros tipos de perda, como o fim de um casamento ou uma mastectomia, pode ser extremamente angustiante, e alguns livros podem fornecer uma compreensão do processo de superação desses outros tipos de luto.

Livros sobre luto

Brothers, dr. Joyce. "How We Face Sorrow and Grief." *Good Housekeeping*. Janeiro de 1971, p. 33. Às vezes a psicologia popular tem seus acertos. Se você fosse ler apenas um livro sobre o luto, este seria o suficiente.

Caine, Lynn. *Widow*. Bantam, Nova York, 1975. A história do primeiro ano de viuvez de uma jovem mãe. A obra aborda com clareza os estágios e as dificuldades pelos quais a jovem passou. Muito bem escrito, há uma continuação mostrando seu processo de adaptação à nova vida.

Kreis, Bernadise, e Alice Pattie. *Up From Grief: Patterns of Recovery*. Seabury Press, Nova York, 1969. Um guia amoroso para a recuperação da dor pela perda de um ente querido. Escrito por duas viúvas que têm trabalhado com diversas pessoas que passaram por uma perda dolorosa.

Shepherd, Martin, MD. *Someone You Love Is Dying*. Charter Communications, Nova York, 1969. Um manual para os membros da família de pacientes terminais ou que perderam recentemente um ente querido. Considerações psicológicas e práticas sobre o período de luto.

Livros sobre a morte e a vida após a morte

Crinita, Joey. *The Medium Touch: A New Approach to Mediumship*. The Donning Company, Norfolk, VA, 1982. Um dos poucos livros modernos sobre o desenvolvimento da mediunidade, interessante e bem escrito por um médium bastante fundamentado.

Ebon, Martin. *Death and Life After Death*. Signet Books, Nova York, 1977. Também escreveu *The Evidence for Life After Death* (da mesma editora). Dois livretos acessíveis revisando diversos casos e estudos sobre a vida após a morte. Contém um capítulo sobre as experiências de Elisabeth Kübler-Ross com mediunidade e sobrevivência.

Kübler-Ross, Elisabeth. *On Death and Dying*. Macmillan, Nova York, 1969. Trabalho pioneiro sobre os estágios que os moribundos e seus entes queridos atravessam na preparação para a morte e no luto. A autora aceita a vida após a morte como um fato. Responsável também por diversos livros sobre o processo da morte e fundadora da Shanti Nilaya, um projeto para pacientes terminais e suas famílias.

Moody, Raymond. *Life After Life*. Bantam Books, Nova York, 1976. Um cuidadoso trabalho de pesquisa entrevistando 150 pessoas que morreram e foram trazidas de volta à vida, mostrando uma extraordinária consistência em suas experiências. Outras investigações e outros tópicos complementares, como suicídio, são desenvolvidos na sua continuação, *Reflections on Life After Life*, Bantam Books, Nova York, 1977.

Ossis, Karlis e Haraldsson Erlender. *At the Hour of Death*. Avon Books, Nova York, 1972. Pesquisa sobre as experiências junto ao leito de morte de mais de 15 mil médicos e enfermeiras, com 35 mil pacientes moribundos. Entrevistas com 120 pessoas que voltaram de experiências de quase morte.

Livros sobre reencarnação

Cerimara, Gina. *Many Mansions*. NAL, Nova York, 1972, e *The World Within*. Morrow, Nova York, 1957. Dois livros excelentes baseados no trabalho de Edgar Cayce. Define os princípios da reencarnação e fornece numerosos exemplos de como as vidas passadas afetam a vida atual.

Montgomery, Ruth. *A World Beyond*. Fawcett Books, Nova York, 1971. Autora de diversos livros sobre vida após a morte e os planos espirituais. Neste, o guia espiritual é Arthur Ford, um médium alcoólatra quando vivo, cujo trabalho é discutido no próximo capítulo. A história de como ele se tornou dependente químico e seus efeitos em sua vida após a morte são contados no livro de Montgomery.

Steiger, Brad e Loring Williams. *Other Lives*. Hawthorn Books, Inc., Nova York, 1969. Realmente excelente para pessoas que acabaram de perder alguém.

CAPÍTULO 7

♇

Trânsitos: Se Isso é Transformação, Por Que Dói Tanto?

Este capítulo poderia muito bem ser considerado como um manual de sobrevivência para os trânsitos de Plutão, porque iremos discutir não apenas as dificuldades e de onde elas surgem, mas algumas sugestões de tratamento. Você poderá descobrir que praticamente todas as questões, características e emoções plutonianas irão se revelar no decorrer de um trânsito de Plutão em determinada área da sua vida. Quando Plutão em trânsito faz aspecto com um planeta ou ângulo do seu mapa natal, você temporariamente se comporta como se tivesse esse aspecto em seu mapa natal. Você pode se pegar obcecado pelo passado, ressentido, meditativo, profundamente triste ou interiorizado. Podem aflorar eventos envolvendo questões naturais da Casa 8, como dinheiro, morte, sexo e nascimento. Você pode observar lutas de poder ocorrendo nessa área da vida, na qual você se vê subitamente cercado pelo Escorpião. Ah, sim, poderá muito bem haver uma transformação; que escolha você tem? O propósito deste capítulo é ajudá-lo a entender o que está acontecendo e a encontrar maneiras de trabalhar com a energia do trânsito, em vez de lutar contra ela.

Trata-se de um processo, e Plutão seguirá em movimento direto até estacionar e ficar retrógrado; depois, entrará em movimento estacionário e direto novamente nesta área, à medida se movimenta aparentemente para a frente e para trás. Não é possível julgar qual será o resultado final do trânsito em sua primeira passagem, frequentemente a mais intensa. Podemos julgar seus resultados finais dois ou três anos depois. Pessoas sensíveis e autoconscientes podem sentir o trânsito três a cinco graus adiantados, em nível mais sutil. Muitas vezes, ao fazer uma leitura para um cliente, você observa que Plutão está dois graus à frente e diz: "Neste verão, você poderá sentir x, y e z". Os clientes o deixam confuso, dizendo: "Eu já estou trabalhando nisso há dois anos". Plutonianos que estão progredindo em direção ao crescimento muitas vezes dizem isso, pois são introspectivos e autoconscientes, parecendo sentir com antecedência a direção para onde estão indo.

Deve haver um pônei em algum lugar

Embora a abordagem metafísica tenha grande valor, a metafísica em si pareceu ter se tornado exagerada, alienada e sem fundamento no período de Netuno em Sagitário. Assim, me tornei particularmente impaciente com o que chamo de *Wonderbread Metaphysicians* [os metafísicos da felicidade], representados por aqueles que mergulharam no "Poder do Pensamento Positivo" e saíram espalhando que não existem trânsitos ruins, apenas desafios e oportunidades para o crescimento. Eles dizem coisas do tipo: "Parabéns, você está tendo um trânsito de Plutão e isso significa que parte da sua vida será totalmente transformada". Essa abordagem me lembra a história do otimista que vai para o inferno e é enterrado com esterco até o pescoço. Maravilhado, ele mergulha e sai nadando. O pessimista o interrompe e pergunta porque ele está tão feliz, e o otimista responde: "Com todo esse esterco, deve haver um pônei em algum lugar!".

O cliente que recebe apenas informações animadoras e de transformação de um trânsito de Plutão de um astrólogo pode achar que está fazendo algo totalmente errado. Isso acontece porque sua experiência real de um trânsito de Plutão não corresponde às descrições positivas e orientadas para o crescimento que o astrólogo diz que ele ia ter. Esses metafísicos da felicidade não abordam os dolorosos desafios do trânsito, que podem ser semelhantes a um transplante de medula sem anestesia. Eles não mencionam que você, provavelmente, vai ficar obcecado com pessoas e acontecimentos do passado que gostaria de ter esquecido para sempre. Dessa maneira, você pode se surpreender chorando por alguém que o abandonou há dez anos ou com raiva de seu primeiro chefe, de décadas atrás. Eles também não dizem que você pode afastar aqueles que mais ama, porque essas pessoas não vão entender o motivo das suas obsessões e qual é a relevância daquele assunto ou daquela pessoa no presente.

É *possível* haver um pônei em algum lugar, mas você terá de remover camadas e mais camadas de esterco para chegar até ele durante um trânsito de Plutão. Parte do problema é o esterco; a maioria de nós produz muitas camadas de esterco para esconder as emoções. Um trânsito de Plutão indica que você não é mais capaz de se esconder dos seus sentimentos. Chegou a hora de dar um jeito em todas as camadas acumuladas de esterco. Então, você explora o passado doloroso na área indicada pela casa em que Plutão está transitando, enfrentando sentimentos que sempre lhe assustaram. A escavação, a reiteração obsessiva do que aconteceu e a catarse de emoções sobre acontecimentos antigos são realmente necessários para a cura, mas este não é um processo divertido de se fazer e nem de se estar por perto.

Durante um trânsito de Plutão, frequentemente, eventos ou condições do presente refletem algo do passado, fazendo aflorar os sentimentos que não foram trabalhados na época. Ao se defrontar com eventos do presente, você também tem de lidar com os sentimentos do passado de modo a interromper a repetição de padrões. Às vezes, a única maneira de superar o padrão é mergulhar nele, como se tivesse uma *overdose* dele. Por exemplo, você pode encontrar um namorado tirânico, entrar em uma disputa de poder quase catastrófica no trabalho ou cometer o mesmo erro de forma definitiva na área da vida na qual Plutão está transitando. Você faz *aquilo* mais uma vez, de uma maneira e com tal intensidade que finalmente se conscientiza de que isso não pode mais continuar. Como resultado da dor, você começa a fazer algo para mudar.

Não, nem todo mundo tem de ir tão longe nesse comportamento de autossabotagem durante um trânsito de Plutão. Se o aspecto que Plutão fizer for um trígono, por exemplo, será mais fácil de integrar. Mesmo nas quadraturas e oposições, pessoas autoconscientes começam a lidar com os assuntos indicados antes de chegar a extremos. Você ficará mais em paz se aceitar um conselho: aprenda com um pequeno problema em vez de persistir e criar um obstáculo maior. Uma leitura de mapa feita por um astrólogo sensível poderá preveni-lo de que é necessário trabalhar em tal área da vida se quiser evitar dificuldades. Uma abordagem metafísica bem fundamentada poderá ajudar a reconhecer como você mesmo está criando seus problemas e como é possível usar essa oportunidade para transformar velhos padrões indesejáveis. Os instrumentos terapêuticos e as sugestões para os diversos trânsitos ao final deste capítulo podem acelerar a liberação de antigas emoções que têm mantido você preso. Tratamentos e trabalhos terapêuticos podem ter um poderoso impacto durante um trânsito de Plutão. Seu mapa aponta em quais áreas esse trabalho terá o maior efeito possível.

Afinal, o que é transformação?

Muito se fala sobre transformação, mas esse termo permanece de certo modo indefinido. Ao ser questionado se a mudança e a transformação são iguais, um personagem da série *Jornada nas Estrelas* responde: "Não, mudança é uma alteração unidimensional, apenas uma alteração da forma; digamos, bater numa rocha com um martelo e quebrá-la. Transformação é uma alteração bidimensional, em que há alteração da substância: transformar uma rocha sem vida numa flor viva"[23]. Ao contemplar a transformação, estamos prontos para transformar rochas em flores? Ou estamos apenas nos tornando rochas implacáveis, moídas golpe após golpe? A saúde vem da disposição de deixar de ser uma rocha, sólida, porém inalcançável.

Plutão personifica um ciclo de renascimento, uma renovação completa que operamos quando atingimos um profundo desafio pessoal em alguma área da nossa vida. Ele marca esses períodos de vida ou morte, quando rejeitamos para sempre padrões de comportamento profundamente destrutivos. Enfrentamos muita dor, mas mesmo com a dor não desistimos de lutar, por isso nos agarramos fortemente mesmo quando lutamos para nos libertar. Continuamos a bater a cabeça na parede, dizendo o tempo todo: "Chega, não aguento mais!". Finalmente, no período de dois anos em que ocorre esse trânsito, paramos de bater a cabeça e nos entendemos com a vida. Não seremos mais os mesmos, porque nos livramos de padrões de comportamento e emoções que nos prejudicaram durante toda a nossa vida.

Alguns de nós aprendemos de maneiras bastante desafiadoras em certas áreas. Pode ser necessário passar por repetidos trânsitos nessa área do mapa, por acontecimentos que se repetem, para nos impulsionar a

---

[23] Diane Duane. *The Wounded Sky*, Pocket Books, Nova York, 1983, p. 123.

abandonar um doloroso padrão de comportamento. Quando vejo alguém que passou trânsito após trânsito de Plutão com Vênus, por exemplo, uma espécie de cerco durante um período, tenho a sensação de que alguma parte superior do eu daquela pessoa está tentando quebrar defesas contra o relacionamento. O trânsito de Plutão é o ponto no qual a mudança deve ocorrer; Plutão diz: "Chegou a hora".

Por que dói tanto?

Alan Watts disse: "Resistir à mudança, tentar se agarrar à vida, é como prender a respiração; se persistir, você morre"[24]. A questão de por que a transformação dói tanto remonta à velha distinção entre o nível da personalidade e o nível espiritual. No nível da personalidade, atravessar um trânsito de Plutão pode ser infernal. No nível da alma, pode ser a melhor coisa que já lhe aconteceu. Precisamos aprender a ver com os nossos olhos interiores, não com os exteriores. Há um propósito para a dor, mas nosso campo de visão é muito limitado, particularmente quando estamos mergulhados no problema. O mundo exterior das aparências julga esses trânsitos e os considera maus porque doem. Sofremos de miopia espiritual e emocional, pois não somos capazes de ver longe o suficiente para apreender o sentido da dor ou compreender o que essa transição está nos trazendo. Estamos nos dirigindo para a cura, mas não reconhecemos o ponto da virada. É como fazer uma cirurgia; estamos extirpando uma parte doente do corpo que vinha sugando a nossa vitalidade. Imediatamente após a operação a dor é intensa, mas o corpo já está começando a se curar. O efeito de Plutão é semelhante a isso.

Tenho notado que uma cura geralmente vem quando cantamos "A Canção do Nunca". Com isso refiro-me a alcançar um ponto de

[24] Alan W. Watts. *The Wisdom of Insecurity*, Vintage Books, Nova York, 1951, p. 41.

desespero completo em relação a algum padrão profundamente enraizado e dizer: "NUNCA vou melhorar em relação a esta área da vida. Desisto". Quando sentimos finalmente que as coisas NUNCA vão mudar, de alguma forma, algo ocorre e muda; de algum modo, estamos melhorando. Isso ocorre provavelmente como resultado do fato de renunciar aos nossos esforços para controlar a situação e admitir que fomos derrotados. Por fim, aceitamos que não temos controle e que seria necessário um milagre para resolver a situação. Existe alguma coisa no estado de completa rendição que estimula o pensamento que nos ajuda a passar por ele.

Quando finalmente nos rendemos, atingimos o fundo do poço em relação ao padrão indesejável de maneira tão dolorosa quanto o alcoólatra antes de abandonar o álcool. E, assim como ele, temos de aceitar que somos impotentes em relação àquela situação de nossa vida e entregá-la a um poder maior que nós mesmos. Assim, tanto o trânsito de Plutão como o de Netuno nos coloca em contato com níveis de ser acima da personalidade humana. Como disse certa vez Edward Gloeggler: "Quando o homem atinge o fim da sua corda, ele chega ao início de Deus".

Grande parte do sofrimento desencadeado por um trânsito de Plutão é um reflexo, e não uma causa; não é um castigo, mas sim a correção. É uma consequência; e consequência significa seguir junto. Ou seja, o sofrimento segue junto com algum comportamento em que estamos envolvidos e que nos provoca dor. Estamos presos, e o trânsito de Plutão está trabalhando para nos libertar, mas não queremos abandonar esse comportamento. Queremos continuar com aquele velho padrão que está nos matando; talvez não literalmente, mas às vezes com Plutão chega a ser igualmente desesperador. Quando estamos paralisados e nos recusamos a sair do lugar, um trânsito de Plutão é como ter um dente arrancado sem anestesia, com direito a um turbilhão interior além das confrontações externas.

Grande parte do que é doloroso do lado de fora é um reflexo do que está do lado de dentro, e detestamos encarar nosso mundo interior, que está criando nossos problemas. Como disse um de meus alunos alcoólatras em recuperação: "Ninguém quer ler o que está escrito na parede a menos que se sinta encurralado". Sob Plutão, quando estamos definitivamente encurralados, somos forçados a ler o que está escrito nela; e não se trata de uma carta de amor! Os trânsitos de Plutão representam uma época de confronto caracterizado por uma clareza intensa e precisa, semelhante à de um raio laser. Em um dos livros de Seth, de Jane Roberts, Seth diz: "Toda doença é uma tentativa de escapar da verdade". Plutão força você a ver a verdade, e ela dói, em parte, por isso. A verdade o libertará; mas, primeiro, o deixará péssimo. Porém, encarar a verdade e deixar que suas ações sejam guiadas por ela é parte da cura.

Grande parte da dor que sentimos é causada pela nossa raiva por não termos o controle. Somos teimosos e queremos o que queremos quando queremos. Acreditamos que sabemos o que é bom para nós. Muitas vezes, sofremos por não conseguirmos algo que seria devastador se tivesse ocorrido da maneira como queríamos. Algumas pessoas ficam amarguradas por não conseguirem o que querem à sua maneira ou por não terem o controle da situação. Desenvolvi um cântico para ajudar a evitar forçar as coisas a acontecerem da maneira que eu quero em vez da maneira que é boa para mim. "Não deixe que minha vontade seja feita, ó Senhor." Isso ajuda com a minha teimosia e frustração por não ter conseguido algo à minha maneira. A Oração da Serenidade também é útil para os trânsitos de Plutão: "Senhor, concedei-me a serenidade necessária para aceitar as coisas que não posso modificar, coragem para modificar aquelas que posso e sabedoria para distinguir umas das outras".

O conceito de isolamento terapêutico

Os trânsitos de Plutão podem trazer períodos que chamo de "isolamento terapêutico". Em nossa cultura gregária, as pessoas que se afastam são vistas como esquisitas e antissociais, entretanto, durante um trânsito de Plutão, o isolamento é a porta de entrada para a cura, já que temos a oportunidade de não agir motivados por antigos padrões, agora intoleráveis. Decidimos que não desejamos mais seguir esses padrões; então, nós nos retiramos. O isolamento nos concede a oportunidade de nos prepararmos para agir de modo diferente, planejando nossos próximos passos até o final do trânsito. Como disse o dr. Theodore Isaac Rubin: "Se estamos doentes e precisamos nos afastar, então o distanciamento não é patológico, mas sim saudável. Afastar-se pode ser um sinal de que nos sentimos muito mal, mas é apenas uma tentativa de nos entendermos com os sentimentos ruins e ganharmos forças para conseguir emergir".[25]

Um período de solidão é especialmente indicado nos relacionamentos simbióticos. O isolamento terapêutico, particularmente para aqueles que se entregam a todo tipo de interações desequilibradas, envolvendo controle e conflitos de poder é importante, somente pelo fato de não conseguirem ficar sozinhos. Essas pessoas passam a sentir que ficam bem sozinhas e que não irão morrer se não tiverem alguém por perto o tempo todo. É dolorosamente solitário atravessar um trânsito de Plutão sem um relacionamento, mas o resultado é uma nova experiência da sua capacidade de sobreviver, o que transforma seus relacionamentos profundamente. Os relacionamentos deixam de ser questão de "vida ou morte" e podem se basear em uma parceria carinhosa. A lição aprendida durante essa

---

[25] Theodore Isaac Rubin, MD. *Through My Own Eyes*, Macmillan, Nova York, 1982, p. 22.

época é: "Se eu me viro muito bem sem você, tenho uma chance muito maior de me virar muito bem com você".

Considerando o isolamento terapêutico de outro ângulo, a infelicidade nem sempre gosta de companhia; às vezes detesta. Há épocas em que é tão doloroso estar com outros e lidar com sua falta de empatia (ou, pior ainda, com sua profunda indiferença), que você precisa ficar sozinho e lamber suas feridas. Você vai afastar as pessoas deliberadamente, usando sua raiva e intensidade nesse processo, porque estar sozinho é a única maneira de se focar na própria cura sem precisar lidar com as necessidades dos outros.

Antigamente, durante os períodos plutonianos (as fases mais intensas da vida), o isolamento social era considerado normal e desejado. Por exemplo, pessoas em luto eram liberadas de suas obrigações, pois esperava-se que se afastassem da sociedade durante um ano após a morte do ente querido. Outro exemplo: as mulheres entravam em um período de reclusão após o parto, que durava quarenta dias, e evitavam sair e ver muitas pessoas. O benefício não era apenas em relação ao restabelecimento físico, mas para dedicar um tempo para o desenvolvimento do elo necessário entre a mãe e o recém-nascido. Em muitas culturas, as mulheres se isolavam quando estavam no período menstrual não tanto por motivos de pretensa "impureza", mas pela necessidade de descanso e para resguardar sua abertura psíquica, intensificada nesse período.

Hoje consideramos esses períodos de isolamento terapêutico arcaicos e impositivos; no entanto, cada um deles tinha um importante objetivo terapêutico. Quando não nos damos tempo para regenerar e processar novos estágios de vida, o ressentimento e a culpa podem se acumular até atingir níveis tóxicos. Plutão está no mapa de todos nós, de modo que precisamos nos isolar de vez em quando a fim de refletir e transformar nossas dificuldades. Quando passamos um tempo sozinhos, somos capazes de nos conectar com nosso Eu Superior. E nem sempre nos dedicamos a parar e buscar essa conexão no decorrer de nossa vida atarefada. Nos tempos antigos, havia os retiros e os mosteiros. Atualmente, as pessoas em geral não têm acesso a nada parecido com isso e muito pouca consciência dessa necessidade. Em vez disso, temos o câncer.

Se seus clientes expressarem o desejo de se isolar por um período, diga a eles que isso não é um problema: é uma solução. Se você abordar padrões passados durante a leitura, pode ajudar seu cliente a perceber o sentido dessa necessidade de isolamento, tão pouco incentivada em nossa cultura. Por outro lado, os plutonianos tendem a ter a necessidade de ficar sozinhos a maior parte do tempo. Contudo, um trânsito de Plutão pode mudar esse padrão e deixá-los mais à vontade na companhia dos outros.

Trânsitos de Plutão, poder e empoderamento

Uma questão que aflora com frequência durante os trânsitos de Plutão é o poder e como o usamos. A maioria de nós tem medo do poder, e com razão, pois poucos sabemos usá-lo de forma construtiva. Se temos usado mal o poder – entregando-o, por exemplo, em um relacionamento simbiótico ou exigindo demais dos outros –, o trânsito de Plutão pode ser uma época em que o equilíbrio do poder deve ser transformado. Podem ocorrer lutas pelo poder, com manipulações plutonianas e contragolpes: é o jogo virando. Às vezes queremos nos vingar devido à maneira como a pessoa a quem concedemos nosso poder está nos tratando. Não estamos assumindo a responsabilidade pelo fato de que elas poderiam não ter feito essas coisas se fôssemos donos do nosso próprio poder.

No entanto, quando passamos por um importante trânsito de Plutão experimentamos, geralmente, um aumento de poder, de modo que parte da dificuldade é aprender como manejá-lo. Quando Plutão está transitando pelo Meio do Céu, por exemplo, o poder está ligado com a carreira. Às vezes, ocorre a morte transformadora de uma pessoa significativa para nós. Certa vez, fiz o mapa de uma psicanalista freudiana e, ao observar um aspecto recente de Plutão com seu Meio do Céu, perguntei se alguém próximo a ela havia morrido. Ela respondeu que Anna Freud, que era tanto sua mentora como um importante nome da psicanálise, havia morrido recentemente. Embora triste, ela passou a se sentir mais livre para desenvolver seu próprio trabalho por caminhos que não teria explorado se a mentora ainda estivesse viva.

Às vezes, o trânsito de Plutão leva a uma experiência de transformação pessoal e, ao participar de um seminário ou fazer algum tipo de terapia, por exemplo, a pessoa experimenta seu próprio poder de maneira inédita e maravilhosa. Pessoas envolvidas em "ismos", por exemplo, geralmente falam sobre o empoderamento, que significa libertar a si (ou aos outros) das barreiras da autoexpressão para se tornar tão poderoso quanto possível. "Como se faz isso?" – tenho certeza de que você está perguntando. Embora todas as abordagens discutidas aqui possam ajudar, se eu tivesse os instrumentos de cura para essa necessidade específica, provavelmente estaria organizando seminários sobre o poder e não escrevendo sobre ele! Suspeito que seja necessária a força de um grupo para nos ajudar a conseguir esse empoderamento. Existem tantas forças contrárias a isso na nossa sociedade, tantos condicionamentos, particularmente para mulheres, que talvez precisemos de um encorajamento permanente para enfrentá-los. Toda essa questão do poder é tão difícil que na realidade precisamos de permissão para explorá-la e desenvolvê-la na sociedade atual.

Plutão e a estratégia da gravidez

De acordo com os aspectos de Plutão – na época em que este livro foi escrito –, na Astrologia não existe essa história de gravidez acidental.

Essa foi a conclusão a que cheguei depois de cinco anos prestando serviço social em clínicas de maternidades. Solteiras ou casadas, a maioria das mulheres "engravidaram acidentalmente" de propósito. Elas podiam não estar conscientes disso, mas para a maioria delas a gravidez serviu a um propósito bastante útil. Astrologicamente, a gravidez e a reprodução são regidos por Plutão, e grande parte das concepções ocorre durante trânsitos de Plutão relacionados com os ângulos, com a Lua ou com planetas nas Casas 5 ou 8. Plutão também rege motivações ocultas, manipulação, vingança, disputas de poder, esforços sutis para controlar os outros e possessividade. Em muitos casos de "gravidez indesejada", um ou mais desses temas plutonianos parecem se aplicar. Como a consciência dessa motivação poderia ameaçar o real propósito da gravidez, as mulheres geralmente a reprimem e, conscientemente, se sentem desconcertadas por estarem grávidas.

A vingança contra a mãe, contra o marido ou contra alguma outra pessoa é uma motivação frequente. Conheço o caso de uma jovem com deficiência intelectual que vivia com a irmã mais velha que constantemente a humilhava e não deixava que ela agisse como adulta ou como mulher. A irmã, uma católica devota com vários filhos, teve de fazer uma histerectomia. Vários meses depois, minha paciente ficou grávida. Essa foi uma vingança bem arquitetada, expressando, na realidade: "Você nunca me deixou abraçar plenamente minha feminilidade; bem, agora você não detém mais esse poder, e eu estou afirmando o meu!". (Nem todos esses sentimentos eram conscientes.)

Ela escondeu a gravidez durante quatro meses, mas a irmã descobriu e, depois de muitos conflitos religiosos, a forçou a fazer um aborto. Minha paciente decidiu dar ao feto o nome da irmã. Não é surpreendentemente plutoniano esse caso? Depois disso, ela se tornou uma plutoniana na via positiva também porque, por meio do nosso trabalho juntas, foi aceita em um programa de reabilitação profissional; depois, conseguiu um emprego e seu próprio apartamento. A última notícia que tive dela é que tinha se casado. Embora sua gravidez tenha sido drástica, serviu ao propósito de encerrar um período de domínio sufocante da irmã e de começar uma vida própria.

Outro elemento a ser considerado nessa situação é o aspecto plutoniano da superioridade feminina na gravidez, o que se torna evidente dentro das famílias. Um exemplo notável é o de três irmãs solteiras que ficaram grávidas com meses de diferença uma da outra. Parece que a segunda irmã ficou enciumada com a atenção dispensada à primeira, quando esta ficou grávida, e decidiu seguir o mesmo caminho. A terceira não conseguiu suportar a atenção que as outras duas estavam recebendo e juntou-se a elas. Por fim, para não se sentir inferiorizada em relação às filhas, a mãe (que também não era casada) também engravidou. Naturalmente, nenhuma delas estava consciente da natureza competitiva da situação, mas isso ficou bastante claro para os que trabalhavam na clínica.

A gravidez pode ser usada como uma maneira de obter o controle de uma situação. Observei muitas mulheres casadas que ficaram grávidas exatamente quando estavam sendo pressionadas para irem trabalhar ou para se desenvolverem de alguma nova maneira. "Não posso, há um bebê chegando." Às vezes, é o marido que busca o controle. Uma mulher, que se ressentia por ser deixada sozinha por longos períodos quando o marido começou a fazer faculdade à noite, se deparou com uma falha no método de controle de natalidade que vinha funcionando há anos.

O tema plutoniano do abandono também tem ressonância com este tópico. Muitos bebês são concebidos a fim de evitar uma separação matrimonial. Um homem casado pode dizer à amante, por exemplo: "Não posso deixar minha esposa agora, querida; ela está grávida". Antigamente, muitos bebês foram concebidos para forçar um casamento. E mesmo hoje algumas mulheres fazem tentativas como essas, mas os tempos mudaram e elas parecem não funcionar mais. Ainda assim, essa é uma maneira de se agarrar a alguém que está indo embora, porque você pode forçá-lo a pagar pensão alimentícia. Mesmo que a estratégia não funcione e você não consiga nem um centavo, você terá uma parte dele sob o seu controle para sempre, e ele sabe disso.

Há anos, quando eu era uma jovem e idealista assistente social, tinha a tendência a ver a mulher como "a enganada", "a seduzida", "a abandonada". Quaisquer resquícios de ideais que eu ainda tivesse nessa área desapareceram quando um cliente particular meu caiu na armadilha de uma antiga namorada que implorou que ele passasse um fim de semana com ela em homenagem aos velhos tempos. Ela assegurou ao meu cliente que era estéril e um mês depois escreveu para dizer: "Adivinha só?!".

Mesmo que esse método funcione, o homem levado ao casamento por uma gravidez indesejada geralmente fica ressentido e faz a mulher (e infelizmente o filho) pagar por isso. Quer funcione ou não, a mãe provavelmente também terá ressentimentos quanto à criança, principalmente se ela se parecer com o pai. A criança tende a ser objeto de disputa entre duas pessoas envolvidas em conflitos plutonianos de poder. E o que acontece à criança? Bem, ela cresce e se torna plutoniana.

Michael Lutin me contou certa vez que muitas de suas clientes ficaram grávidas quando Plutão estava saindo de Libra como uma maneira de se agarrar a um relacionamento que já havia acabado. A conjunção Plutão/Saturno ocorreu no final de Libra, e ao pesquisar descobri que tanto a conjunção Plutão/Saturno de 1982 como a de 1947-1948 foram acompanhadas de marcante aumento na taxa de natalidade, talvez por razões plutonianas. A conjunção de 1947 conduziu ao grande "Baby Boom" [explosão da natalidade] norte-americano, mas foi seguida, um ano depois, pelo maior pico de divórcios da história norte-americana. Embora os nascimentos possam ter sido uma tentativa de evitar o abandono, não tiveram sucesso efetivo. Não coincidentemente, as mulheres saíram para trabalhar fora pela primeira vez durante a Primeira e a

Segunda Guerras Mundiais. Quando os homens voltaram ao lar, elas foram forçadas a abandonar uma parte do poder que haviam conseguido. O "Baby Boom" foi, sem dúvida, uma reação a esse desequilíbrio de poder das mulheres; a gravidez, em si, é geralmente a arma derradeira na luta pelo poder entre os sexos. Mantenha-as grávidas e descalças é uma velha piada sem graça masculina, mas que contém uma grande verdade sobre o relacionamento entre os sexos.

Também tenho observado o entrelaçamento entre poder e gravidez surgir quando mulheres (solteiras ou casadas) engravidam bem na época em que tinham a oportunidade de progredir em suas carreiras. Houve um caso de uma adorável jovem que não apenas foi a primeira de sua enorme e complicada família a concluir o ensino médio como ganhou uma bolsa de estudos para a universidade. Foi triste vê-la abandonar suas brilhantes esperanças e se tornar mais uma mãe dependente da assistência social. Talvez um dia ela volte a desenvolver seu potencial, mas será muito difícil dadas as condições e pressões do seu ambiente social. Para mulheres como ela, apenas uma entre muitas, progredir significa abandono emocional, ressentimento e inveja por parte da família e de colegas; e deixá-los para trás e em busca de uma vida assustadoramente solitária é um enorme desafio.

Em casos como esses, os riscos do progresso estão bastante claros; no entanto, todas as mulheres enfrentam desafios quando se atrevem a vivenciar o poder. As mulheres, em geral, são ensinadas a serem dependentes, e o movimento para o sucesso é ameaçador para outros, sobretudo para os homens. É importante ressaltar que não são exclusivamente as mulheres que usam a estratégia da gravidez; sabe-se que muitos homens manipulam as mulheres para a gravidez a fim de evitar que avancem em outras áreas da vida, pois muitos deles não aceitam muito bem o sucesso feminino.

Clientes mulheres que estão passando pelo trânsito de Plutão no Meio do Céu com frequência me dizem que estão à beira de uma promoção ou que o negócio delas está decolando, mas subitamente sentem que PRECISAM ter um filho porque seu tempo biológico está se esgotando (tive mulheres com 30 anos me dizendo isso). À medida que nos aprofundamos, noto que essas mulheres estão tendo que encarar a assustadora realidade de se tornarem poderosas e bem-sucedidas. A feminina e maravilhosamente aceitável gravidez torna-se, então, uma saída para não terem de enfrentar o fato de se tornarem poderosas. Minha sensação é a de que a criança concebida por esse motivo inconsciente, exatamente quando a mãe está começando a progredir em uma carreira que adora, ou será objeto de ressentimento ou será o substituto da mãe para o poder que ela perdeu. Afinal, o Plutão dessa criança vai formar para sempre um aspecto com o Meio do Céu da mãe.

Neste ponto, você deve estar se perguntando se existe alguma boa razão para ter um filho. Sim, duas pessoas podem decidir que se amam e que querem um filho. Abordei apenas decisões inconscientes feitas pelos motivos equivocados. Quando realizada pelas razões corretas (e às vezes mesmo quando não for), a parentalidade, assim como muitos outros objetivos plutonianos, pode ser uma fonte de transformação. Não consigo me lembrar do nome do autor desta citação, mas as palavras ficaram na minha cabeça: "O milagre não é os adultos produzirem crianças, mas as crianças produzirem adultos". A crise de ajustamento à parentalidade leva cerca de um ano de trabalho intenso, de modo que a gravidez e o primeiro ano de vida de uma criança correspondem à parte mais intensa de um trânsito de Plutão (de aproximadamente dois anos).

Encontrei outra citação que ilustra esse princípio em uma coluna de jornal escrita por John Carroll, do *San Francisco Chronicle*: "Celebro a natureza transformadora da paternidade. As ramificações de ser pai foram surpreendentes e realizadoras; percebi, pela primeira vez, minha própria mortalidade (esses seres irão viver mais que eu) e minha própria imortalidade: esses seres carregam, entre outras coisas, a memória da minha existência dentro deles. E a existência deles, a minha relação com a existência deles, me ajudou a entender meus próprios pais. Ah, sim, disse a mim mesmo, agora eu entendo. Entendi, mãe. Não é tão simples. Sim".[26]

Trânsitos de Plutão no mapa natal

O Apêndice deste livro contém uma lista dos movimentos de Plutão no período de 1975 a 2035. Essas listam podem ajudar os interessados em relação aos trânsitos passados e futuros de Plutão em seus próprios mapas. Um trânsito de Plutão fazendo aspecto com os planetas do mapa natal pode despertar diversos temas e questões discutidos até aqui. É possível que você se veja lidando com pensamentos obsessivos sobre o passado, disputas de poder na área da sua vida em que o trânsito está operando, relacionamentos compulsivos com pessoas plutonianas, um nascimento ou uma morte. Esses acontecimentos externos não funcionam como manifestações e catalisadores dos processos pelos quais você está passando internamente. O resultado, se você trabalhar para se curar, é a transformação da maneira como você lida com essa área da vida. Vamos agora analisar os trânsitos de Plutão em aspecto com planetas natais.

PLUTÃO EM TRÂNSITO EM ASPECTO COM O SOL NATAL

O processo que se desenvolve aqui é a purificação do eu. Tornando-se intensamente obcecado por si mesmo, você poderá inicialmente exagerar até um grau doloroso (e depois ser curado) os traços negativos do seu

[26] John Carroll. *San Francisco Chronicle*, 2 de agosto de 1983, p. 31.

signo solar à medida que você avança em direção aos traços positivos. Autoconceitos falsos são desfeitos e sentidos dolorosamente, revelando no final o verdadeiro eu. Velhas considerações acerca do próprio valor, injustamente negativas e egoístas, são eliminadas, levando-o finalmente a uma autoaceitação mais realista. Às vezes, a morte de uma figura masculina importante pode iniciar essa grande transformação da identidade. Provocar impacto pelo poder também pode se tornar uma obsessão, acompanhada de ressentimento em relação às pessoas que não validam seus talentos.

A Essência Floral da Califórnia *Sunflower* é extremamente útil para equilibrar o ego e produzir uma autoaceitação real. Outra essência, *Sagebrush*, é para encontrar o seu verdadeiro eu e abandonar falsas identificações. Um trabalho para limpar o chakra do plexo solar é bastante útil. Isso poderá ser feito imaginando uma esfera de fogo branco no plexo solar, queimando dúvidas sobre si mesmo e problemas do ego. Fogo cor de lavanda para a culpa também pode ser útil para os que estiverem sofrendo com autoaversão, talvez usando a limpeza do Redemoinho da página 107. A prática para abrir a Flor do Coração (ver p. 109) pode ser adaptada imaginando a flor no plexo solar. Construa afirmações sobre autovalor e amor-próprio.

PLUTÃO EM TRÂNSITO EM ASPECTO COM A LUA NATAL

Questões relacionadas à dependência e ao cuidado vêm à tona nessa época. O relacionamento com a mãe é examinado de perto, com velhos conflitos e ressentimentos aflorando com a mesma intensidade que na infância. Analisando-os obsessivamente e aliviando-os, você se prepara para abandoná-los. Padrões de simbiose ou dependência derivados dos cuidados maternos que você recebeu podem ser dramatizados com figuras femininas importantes em sua vida e transformados, pois uma mudança nos padrões de dependência está ocorrendo internamente. A imagem do que as mulheres deveriam ser também é geralmente desafiada, com alguns ressentimentos e conflitos em relação a estereótipos femininos. Há a possibilidade de essas mudanças serem ativadas pela morte da mãe ou de uma figura feminina importante. Frequentemente, a própria mãe também passa por grandes transformações, dando aos filhos permissão para redefinirem a maneira como se relacionam com a feminilidade. Outro acontecimento transformador pode ser a parentalidade, porém a gravidez pode ocorrer como estratégia de manipulação, como para permanecer dependente ou manter o controle em um relacionamento, ou para evitar se empoderar no mundo exterior.

My Mother, *My Self*, de Nancy Friday, é uma leitura extremamente interessante durante esse trânsito. (Também escrevi um livro sobre a Lua chamado *Being a Lunar Type in a Solar World*, que pode ajudá-lo a explorar questões relacionadas com a Lua.) O renascimento durante esse período tende a ser extremamente importante. A Essência Floral da Califórnia *Pomegranate* pode ser apropriada para tratar extremos emocionais decorrentes de cuidados inadequados na infância. O floral de Bach *Red Clover* é indicado para mães superansiosas ou protetoras.

Outro processo provável durante esse trânsito ocorre quando emoções que você evitou trabalhar vêm à tona e demandam atenção. Elas são revividas repetidamente, causando grande desconforto tanto para você como aqueles de seu convívio. Pode haver uma catarse de sentimentos não resolvidos sobre o passado ou de questões não enfrentadas no presente. Não dá mais para esconder: as emoções estão bem ali na superfície, e você aprende novas formas de lidar e de trabalhar com elas. Esse é um período de autoanálise que pode ser estimulado ao estudar psicologia, de modo a entender a origem desses sentimentos. O resultado é uma saúde e uma consciência emocional melhores, em vez de repressão. No entanto, vale lembrar que seus sentimentos não teriam sido reprimidos se você soubesse o que fazer com eles, então esse processo pode ser bastante incômodo no começo. As Essências Florais da Califórnia *Fuschia* e *Scarlet Monkeyflower* são para a integração de emoções reprimidas. Uma abordagem semelhante à terapia primal é capaz de produzir a intensa catarse que esse trânsito exige. Essa poderia também ser uma época eficaz para experimentar o *rolfing* ou outro tipo de trabalho corporal, para que emoções há muito contidas no corpo sejam liberadas.

PLUTÃO EM TRÂNSITO EM ASPECTO COM MERCÚRIO NATAL

Durante esse trânsito, a capacidade de pensar e analisar é aprofundada. É provável que você seja conduzido a estudar psicologia, ocultismo, reencarnação ou processos de cura. Velhos sistemas de crença são desafiados, e você tem de incorporar novas ideias. Você pode perseguir esses novos interesses com obsessão, possivelmente achando difícil se comunicar com amigos íntimos antigos que não compartilham desses interesses. A comunicação, de maneira geral, se torna uma saída; você pode sentir-se compelido a falar abertamente de assuntos que antes eram intocáveis, ou pode ter a sensação de simplesmente não ser capaz de se comunicar sobre algumas questões importantes. Fale primeiro através do seu Eu Superior com o Eu Superior da outra pessoa, dizendo o que está no seu coração. Os relacionamentos com irmãos e irmãs pode atingir um ponto sem volta, pois velhos padrões de relacionamento ou questões do passado devem ser resolvidos ou a relação corre o risco de se desfazer de fato.

O ato de escrever em diários pode ser usado como uma forma de catarse emocional e uma prática terapêutica. Por exemplo, o método desenvolvido por Ira Progoff, conhecido como Oficina Intensiva de Diário, usa diálogos escritos por diversos aspectos da sua personalidade para integrar e reconciliar dissonâncias interiores. Essa pode ser uma época em que você desenvolve sua capacidade de escrever e tem a capacidade de se concentrar em importantes projetos de escrita, de pesquisa ou de estudo.

PLUTÃO EM TRÂNSITO EM ASPECTO COM VÊNUS NATAL

É possível que durante esse trânsito alguém de Escorpião ou outro tipo de plutoniano entre na sua vida e você tenha um intenso relacionamento amoroso com ele. Paralelamente (ou como complemento), relacionamentos amorosos de longa duração passam por uma crise, trazendo à tona ressentimentos e questões encobertas há tempos que demandam solução. Os relacionamentos se tornam um foro em que a questão do poder é examinada. Há também a necessidade de examinar a dimensão sexual dos seus relacionamentos. Alguns podem sentir necessidade de ficar sozinhos ou celibatários por um ano ou mais a fim de romper padrões destrutivos de relacionamento, de modo que você pode ficar um tanto solitário. No final desse período, porém, você entende que não vai morrer se não estiver em um relacionamento, o que tornará seus relacionamentos muito mais saudáveis e menos compulsivos.

Uma maneira pela qual a cura pode se manifestar é reviver os dolorosos relacionamentos rompidos, passando pelo processo de luto de forma completa por meio da eliminação de ressentimentos e da análise sobre o que realmente aconteceu na situação. Praticar meditação regularmente para a abertura da flor do coração produz um efeito muito poderoso. As Essências Florais da Califórnia que podem ser úteis são *Bleeding Heart* (para liberar antigos apegos dolorosos) e *Mariposa Lily*, *Shooting Star* e *Dogwood* (todas para receptividade ao amor). Os florais do dr. Bach *Honeysuckle* (para libertar-se do passado) e *Star of Bethlehem* (para libertar-se de antigos choques e traumas) podem ser importantes se você teve algum rompimento traumático.

PLUTÃO EM TRÂNSITO EM ASPECTO COM MARTE NATAL

Os problemas relacionados à raiva e à autoafirmação agora vêm à tona e exigem um confronto direto. No final, você transforma a maneira de se relacionar com essas questões; porém, nesse processo, elas podem se tornar obsessivas e incômodas. Você pode se encontrar meditando sobre situações recentes nas quais renunciou ao seu poder. Também é possível que reviva obsessivamente situações passadas nas quais a raiva ficou contida, passando por um processo catártico de cura. Por fim, você pode não conseguir mais ficar quieto quando precisar se afirmar; então, você aprende a expressar suas opiniões, não importa o quão difícil isso sempre tenha sido para você.

Para você que se relaciona com a raiva de uma maneira excessivamente agressiva, o cenário pode se inverter, e as pessoas que foram intimidadas por você no passado podem começar a exigir seus direitos. Isso pode demandar que você aprenda a ser menos compulsivamente dominador. Se a raiva tem sido tratada de forma destrutiva, antigos padrões podem se esgotar de uma maneira perigosa, sendo aconselhável procurar ajuda externa. A questão do estereótipo masculino também é enfatizada, possivelmente por meio do confronto com um homem que o motive a recuperar seu próprio poder.

A cura pode advir do trabalho com ressentimentos, abordado no Capítulo 4, incluindo a prática com a bolha de cor lavanda (ver p. 133). *The Angry Book*, de Theodore Isaac Rubin, ajuda muito a entender os resultados de não trabalhar a sua raiva. Livros e grupos de autoafirmação podem ser extremamente benéficos. Há uma série de essências florais de Bach para a raiva, incluindo *Impatiens* (para impaciência e irritabilidade), *Willow* (para ressentimento), *Holly* (para ódio), *Vervain* (para pessoas que odeiam a injustiça) e *Cherry Plum* (para os que têm medo de perder o controle do seu temperamento e machucar alguém).

PLUTÃO EM TRÂNSITO EM ASPECTO COM JÚPITER NATAL

Esse trânsito leva a uma crise de fé. As velhas respostas e crenças já não são mais suficientemente profundas para explicar as complexas questões da vida. Por exemplo, você pode começar a se perguntar por que ser um bom rapaz ou uma boa moça não resulta nas recompensas esperadas. A generosidade sem sabedoria pode dar errado, e você tem de aprender a doar sem causar danos a si mesmo ou aos outros. Há também a possibilidade de desenvolver certo ceticismo ou até mesmo cinismo, vendo o otimismo anterior como ingenuidade.

Você pode concluir que suas crenças estão obsoletas e passar o restante desse período tentando conceber um novo sistema de crenças. Gradualmente, é possível que comece a captar o sentido oculto das questões maiores da vida e a perceber que o Deus que parece "morto" é aquele que você conheceu na Escola Dominical, e não a verdadeira divindade. Nesse processo, sua mente se aprofunda e você começa a buscar suas próprias respostas em vez de aceitar passivamente as que lhe foram ensinadas pela ortodoxia. Porém, quanto mais apegado você estiver ao conhecimento e ao ser correto, mais dolorosa será essa procura da alma. A Essência Floral da Califórnia *St. John's Wort* é para a confiança em Deus. Outro remédio, *Shasta Daisy*, é para sintetizar informações obtidas na busca espiritual.

PLUTÃO EM TRÂNSITO EM ASPECTO COM SATURNO NATAL

A posição de Saturno em nosso mapa natal aponta a área em que tendemos a nos tornar rígidos e cristalizados em uma estrutura ou padrão inflexível de comportamento em decorrência do medo e da insegurança. Assim como a rígida carapaça externa de um marisco se torna pequena demais e precisa ser trocada, também devemos abdicar periodicamente das nossas estruturas se quisermos continuar a crescer. Porém, como essa casca representa segurança, geralmente ficamos aterrorizados em deixá-la de lado e, às vezes, temos que a extrair com dificuldade. Um trânsito de Plutão com Saturno marca o momento em que isso acontece, quer cooperemos ou não. Outra questão que pode vir à tona com um trânsito Plutão/Saturno é a da autoridade. Algumas lutas de poder extremas e até mesmo destrutivas podem ocorrer com o chefe ou com outras pessoas investidas de autoridade, a menos que o indivíduo aprenda a se relacionar com eles e com a realidade de uma maneira responsável e disciplinada. O trânsito é também uma época para reavaliar objetivos e ideias sobre o sucesso, e a mudança é necessária para remover algumas barreiras.

Algumas das mesmas purificações do chakra do plexo solar aconselhadas para os trânsitos Plutão/Sol podem ser úteis, pois você necessita tanto de confiança em si mesmo como de lucidez em relação às suas capacidades reais. A bolha de cor lavanda (para ressentimento) e a azul (para o medo) podem ser cores interessantes para adaptar na Limpeza do Redemoinho. Duas Essências Florais da Califórnia para dificuldades com o pai, *Sunflower* e *Saguaro*, podem ser úteis aqui. *Goldenrod Bud* (para assumir seu próprio poder) é outra essência da Califórnia que pode ser relevante. Se a necessidade de dominar ou de controlar for parte do problema, *Vine*, um floral do dr. Bach, pode ser importante. Como sempre, *Honeysuckle* (para libertar-se do passado), *Willow* (para ressentimento) e *Holly* (para ódio ou desejo de vingança) podem ser necessários em conflitos extremos com o poder e a autoridade.

PLUTÃO EM TRÂNSITO EM ASPECTO COM URANO NATAL

O rebelde obstinado pode se envolver com frequência em conflitos com autoridades. O restante de nós, espero, encontrará maneiras de se tornar um indivíduo sem ter de se chocar contra a autoridade. Aqueles que sempre fizeram tudo à sua maneira, sendo sua própria lei, podem se sentir, de repente, insuportavelmente sozinhos e, então, começam a aprender como controlar o individualismo para conseguir maior proximidade com os outros. O que é transformada aqui é a necessidade de provar a diferença e a superioridade que temos em relação ao resto do mundo. Inversamente, eternos conformistas poderão subitamente se rebelar e se lançar à busca pela individualidade.

Poderá ser necessário um trabalho no plexo solar para aprender a amar e a confiar na sua individualidade sem ter de iniciar uma revolução. *Vervain* (para pessoas que ficam enraivecidas com a injustiça), do dr. Bach, pode ser muito útil, assim como *Willow* (para ressentimento) e as essências da Califórnia *Saguaro* e *Sunflower*, que ajudam no conflito com os pais. Também apropriados são *Sagebrush* (para ser sincero com o próprio eu) e *Mullein* (para encontrar o seu verdadeiro caminho).

PLUTÃO EM TRÂNSITO EM ASPECTO COM NETUNO NATAL

Pelo menos durante esta era da história, a conjunção de Plutão em trânsito com Netuno natal acontece aproximadamente na mesma época do retorno de Saturno. Em outras eras, devido à excentricidade da órbita de Plutão, a conjunção ocorria em outras idades. Geralmente, essa conjunção sinaliza a morte do idealismo juvenil, destruindo certas ilusões e rompendo certos padrões masoquistas nas áreas tocadas por Netuno. Os aspectos netunianos negativos da personalidade podem ser temporariamente intensificados, como uma extrema autoilusão, uma resposta final ou uma suprema ação masoquista. Por meio dessa intensificação você aprende que dói demais, que você não quer continuar se machucando, e começa a mudar, talvez procurando respostas em estudos espiritualistas.

Embora todos tenham esse trânsito mais ou menos na mesma idade, ele é mais crucial quando Netuno é um planeta importante no mapa. Nesses casos, esse trânsito parece ser enfrentado de uma destas duas maneiras: ou você entra nas expressões positivas de Netuno, como devoção e desenvolvimento espiritual, ou nas expressões negativas de Netuno, como abuso de drogas ou de álcool.

Meditação e estudos de cunho espiritualista são o uso mais elevado desse trânsito, o que pode trazer uma grande cura de alma para o indivíduo. Você pode usar os florais de Bach relacionados com Netuno, como *Centaury* (para não ser vitimizado) e *Clematis* (para devaneio). De modo geral, as Essências Florais da Califórnia são mais direcionadas espiritualmente. *California Poppy*, por exemplo, pode ajudá-lo a harmonizar-se com as habilidades da vida passada. Como esse trânsito geralmente é acompanhado por um despertar psíquico, *Yarrow* é muito útil para proteção contra influências psíquicas prejudiciais. *Star Tulip* é para o despertar psíquico, mas sempre deveria ser tomado com *Yarrow*, para proteção. Pode ser importante usar a meditação para abrir os chakras da testa e da coroa, mas não é bom concentrar-se neles exclusivamente, pois precisará estar solidamente concentrado nos chakras inferiores para poder usá-los bem.

PLUTÃO EM TRÂNSITO EM ASPECTO COM PLUTÃO NATAL

Essa é uma excelente oportunidade para trabalhar na cura de problemas relacionados a Plutão, quaisquer que sejam eles. Durante esse trânsito, você estará se confrontando e superando obstáculos. Questões relativas a poder, controle, confiança e isolamento estão em foco agora; o trânsito o força a resolvê-las, talvez por meio da intensificação dos problemas de que falamos anteriormente. A geração de Plutão em Leão está passando pela quadratura de Plutão em trânsito com Plutão natal por volta dos 42 anos, mas a órbita desse planeta é bastante irregular e ocorre em idades diferentes para outras gerações.

Para as mulheres, esse período pode coincidir com a menopausa ou a chamada "síndrome do ninho vazio", que é transformadora, pois exige uma reavaliação das razões de ser além do papel feminino tradicional. (Mesmo que você não tenha vivenciado completamente esse papel, o término da menstruação cria uma crise na qual terá de examinar a própria feminilidade.) Os homens também podem passar pela crise do ninho vazio e enfrentar outras envolvendo os limites do seu poder. Todos os instrumentos de cura mencionados neste livro para os diversos problemas plutonianos podem ser usados com muito sucesso durante essa época.

Trânsitos com os Ângulos

Estou cada vez mais vendo os ângulos no mapa natal como um todo. O eixo Meio do Céu/Fundo do Céu (MC/IC), por exemplo, não é composto por duas linhas, mas por apenas uma. Vale o mesmo para o eixo Ascendente/Descendente (AC/DC). Como veremos nas interpretações a seguir, eles operam como uma unidade, em que eventos ou transformações em um precipita o efeito correspondente no outro, à medida que o *status quo* é ameaçado. Use quaisquer instrumentos de cura que se relacionem com as questões que surgirem, pois esses são os períodos dos grandes realinhamentos da vida.

PLUTÃO COM MEIO DO CÉU/FUNDO DO CÉU

Durante um trânsito de Plutão com o MC/IC, uma mudança de carreira geralmente demanda uma significativa mudança de residência e na estrutura de poder na vida doméstica. A morte de um progenitor, que pode ocorrer durante esse trânsito, produz uma profunda mudança na dependência e no relacionamento com o passado (ambos aspectos relacionados ao IC) e pode iniciar uma mudança na carreira ou na trajetória da vida. A questão do poder desempenha um papel fundamental nesse trânsito, como também as raízes ou a relação com o passado. Para as mulheres, a gravidez pode ocorrer nesse período, mas, na maioria das vezes, infelizmente, está relacionada com o desejo de fugir do sucesso.

PLUTÃO COM O ASCENDENTE/DESCENDENTE

O Ascendente marca nossa relação com o mundo, mostrando as características que projetamos. Assim, uma mudança nessa projeção produz uma alteração correspondente nos nossos relacionamentos mais íntimos, representados pelo Descendente. O trânsito de Plutão tende a desintegrar as barreiras que dificultam a intimidade, possivelmente em decorrência do isolamento terapêutico discutido anteriormente, afinal, a dor da solidão nos força a sermos mais abertos em relação à verdadeira intimidade. Esse também pode ser um período no qual um tratamento ou trabalho terapêutico produz uma significativa mudança nos relacionamentos.

O Ascendente também reflete o nosso corpo físico, o que sugere que um problema de saúde pode surgir de ressentimentos acumulados ou de outras emoções reprimidas. O confronto com a mortalidade, seja em decorrência de um problema de saúde seu ou de alguém que você ama (o Descendente), poderá torná-lo mais aberto à intimidade; a própria doença pode ter uma dimensão espiritual ao romper o isolamento por meio da necessidade de ser cuidado. Além disso, superar a doença pode exigir a catarse de emoções encobertas e uma maior expressividade emocional o tornará mais receptivo à intimidade.

Instrumentos de cura: simplificando os trânsitos de Plutão

Há recursos que podemos usar (como lamparinas que podemos acender para iluminar nossa passagem por esse profundo túnel interior), basta que os procuremos. Dois deles, a psicologia e o ocultismo, são buscas plutonianas e, se corretamente usados, podem nos ajudar a ter um melhor entendimento de nós mesmos, dos nossos sentimentos e das nossas interações com o mundo ao redor. Se em qualquer momento de nossa vida a psicoterapia vier a ser eficiente, o período de um forte trânsito de Plutão indica o momento em que estamos mais receptivos à intervenção e mais inclinados à introspecção. Naturalmente, os livros e os instrumentos terapêuticos sugeridos neste livro podem ser usados de maneira eficaz também sob um trânsito de Plutão.

Aproveite ao máximo seu trânsito de Plutão e sua vida será muito melhor, mesmo que o processo, na prática, seja com frequência doloroso. Se você puder aprender com uma pequena cutucada, em vez de ter que ser sacudido, o processo não será tão difícil. Trabalhe duro no primeiro trânsito de Plutão com um planeta; trabalhe duro no intervalo. Se você entender inteiramente o seu mapa, pode se tornar consciente das questões e começar a tentar resolvê-las. Cuide dessas áreas, faça uso dos recursos sugeridos para os diversos aspectos e leia os livros indicados nas bibliografias desta obra.

Chamo de homeopática minha abordagem particular da Astrologia. O princípio da homeopatia revela que semelhante cura semelhante. Se você estiver tendo trânsitos de Plutão, faça coisas de Plutão. Faça uma profunda análise do que o seu Plutão significa, ou do funcionamento do planeta no seu mapa natal que está sendo ativado por um trânsito de Plutão. Tente outras formas plutonianas de tratamento, como renascimento (isto seria particularmente indicado para o plutoniano que tem sentimentos de ambivalência quanto à vida). A própria terapia é naturalmente plutoniana. Talvez igualmente eficiente seja fazer um retiro, reservando um tempo para reavaliar sua vida. Joan Negus recomenda a limpeza de armários, da garagem ou do quarto dos fundos durante os trânsitos de Plutão, porque os objetos estão carregados de significados que ligam você ao passado, e se desfazer deles o ajuda a se libertar dos sentimentos e significados ligados a esses objetos.

Em algumas ocasiões, o passado retornará para confrontá-lo de frente. Observo com frequência muitos clientes com trânsitos de Plutão que voltam fisicamente à situação que causou tanta dor; por exemplo, muitos deles simplesmente voltaram a viver com suas famílias de origem. Amigos que seguem a psicologia convencional podem considerar isso uma recaída neurótica; no entanto, essa pode ser a única maneira que lhe possibilita enxergar o passado com suficiente clareza para se libertar dele. Veja, por exemplo, que as pessoas que eram tão poderosas e dominadoras quando você era mais jovem estão agora ficando velhas e, até mesmo, frágeis.

AFIRMAÇÕES PARA OS TRÂNSITOS DE PLUTÃO

Encaro o inevitável com aceitação.

Acredito que, à medida que uma porta se fecha, outra se abre.

Renuncio ao passado em favor de um futuro melhor.

Encaro o futuro confiante na sua equidade.

Acredito na minha evolução ascendente.

Estou curado do meu padrão de___________.

Acredito em milagres.

Superando a melancolia pós-transformação

As palavras de Sri Chinmoy podem nos ajudar a entender os trânsitos de Plutão: "A cada momento, estamos morrendo e nos renovando. A cada momento, vemos que uma nova consciência, um novo pensamento, uma nova esperança, uma nova luz está nascendo em nós. Quando algo novo se manifesta, nesse momento vemos que o velho foi transformado em algo mais elevado, mais íntimo, e mais profundo"[27]. No melhor dos casos, os trânsitos de Plutão podem representar o que Richard Idemon chama de *experiência máxima*, um período que proporciona um poder tão intenso que rompemos padrões que nos amarraram, dolorosamente, por toda a vida. Assim, os trânsitos de Plutão também podem ser fases de grande alegria. No entanto, o rompimento em uma área específica é apenas o começo do trabalho, assim como ter um bebê é apenas o começo. Quem não entende isso pode ter depois uma desilusão semelhante à depressão pós-parto. Quando morei na Califórnia, as pessoas se referiam a si mesmas como "viciadas" em cursos e *workshops*, tendo de voltar periodicamente para receber sua dose.

Uma psicoterapeuta de São Francisco, Sara Strand, escreve sobre a depressão pós-transformação, uma condição que parece ser o equivalente cósmico do sexo casual:

> *Devido a essas experiências serem tão intensas, coativas ou até mesmo sobrenaturais, muitas vezes resultam na criação de ideais sobre-humanos ou de um conjunto de padrões que ninguém poderia realisticamente manter. Somente quando abandonamos o ideal é que a pessoa realmente transformada emerge: inspirada e sem inspiração; segura e*

[27] Sri Chinmoy. *Death and Reincarnation: Eternity's Voyage*. Agni Press, Jamaica, Nova York, 1974, p. 39.

insegura; alegre e solene; sábia e obtusa; independente e dependente; ainda imperfeita, mas continuamente transformada.[28]

É bom saber que teremos trânsitos de Plutão durante toda a nossa vida e que, mesmo em outras vidas, continuaremos tendo oportunidades de nos transformar. Parece que precisamos passar pelo mesmo ponto repetidas vezes, na medida em que temos trânsitos de um tipo ou outro nas mesmas áreas dos nossos mapas. Não há pressa; temos a eternidade.

É possível prever acontecimentos nos trânsitos de Plutão?

Não estou certa de que saibamos o suficiente para fazer previsões com precisão. Enquanto uma pessoa conquista o poder sob um trânsito Plutão/MC, outra o perde. Enquanto uma encontra o amor sob um trânsito Plutão/Vênus, outra irá perdê-lo. Para cada pessoa que renasce sob um trânsito de Plutão, outra irá morrer. Para cada pessoa que sai do isolamento, perdoa e se abre sob um trânsito de Plutão, outra vai se tornar reclusa, amargurada e retraída como consequência de uma traição ou um abandono.

A diferença pode estar no nível de introspecção e consciência espiritual, mas essa é uma resposta tentadoramente simples. Onde você está? Você procura ou evita confrontos e lutas? Se Netuno estiver forte em seu mapa natal, você tende a negar muitos aspectos, o que torna a claridade de raio laser de um trânsito de Plutão dolorosa. Se Plutão está forte em seu mapa natal, você provavelmente não está se escondendo DA dor, mas NA dor. Talvez o desenvolvimento espiritual não seja o único fator que faça a diferença. Alguém tão autoconsciente quanto você pode adotar um comportamento plutoniano negativo como resultado de alguma

[28] *Open Exchange*, janeiro de 1984, p. 39.

perda realmente trágica. E quem sabe uma pessoa espiritualmente fechada possa ser enobrecida pelo peso da tragédia. O desempenho passado não é garantia de nada.

Mas a consciência é uma das coisas que faz a diferença, e a Astrologia é um instrumento magnífico e poderoso para a consciência. Uma leitura de mapa pode levar você a ver uma situação de uma nova perspectiva, possibilitando o trabalho com os trânsitos em vez de lutar contra eles. Se você for um astrólogo, pode fazer a diferença servindo como professor. Mas, para ensinar, você tem de saber mais do que apenas Astrologia. É preciso estudar psicologia e todos os tipos de situações plutonianas que discutimos neste livro: luto, incesto, violência doméstica, entre outras. O próximo capítulo traz algumas considerações especiais de orientação para trabalhar com pessoas plutonianas.

CAPÍTULO 8

Como Orientar Pessoas com Problemas de Plutão

Este capítulo pretende ser um guia para o trabalho com plutonianos. Com o objetivo de minimizar a dor que sentem, os plutonianos procuram a transformação; então, é provável que você os encontre entre seus clientes. Este capítulo não é dirigido apenas a astrólogos, mas também a terapeutas que fazem uso da Astrologia como instrumento de diagnóstico, de modo que algumas observações são mais relevantes para um trabalho de longo prazo do que para consultas únicas. No entanto, devido à intensidade das interações com os plutonianos, uma única consulta ou leitura anual pode refletir algumas das mesmas características que um trabalho em longo prazo, requerendo, desse modo, os mesmos cuidados. Tenha em mente a dinâmica dos plutonianos para ter uma visão clara de suas dificuldades e suas origens. Neste capítulo, vamos explorar como essas características atuam nas situações de aconselhamento.

Uma observação ao leitor plutoniano

Sei que você está lendo este livro porque quer saber o que tenho a dizer sobre você. Certamente, há coisas neste capítulo que podem causar indignação, já que você nunca agiu desse modo. Mesmo que tenha agido uma ou duas vezes assim com seu astrólogo ou terapeuta, seus motivos foram melhores e mais elevados, e você só o fez porque estava sofrendo. Relaxe, porque isso não é realmente sobre você. Estou falando sobre os plutonianos que não estão trabalhando para se transformar e que não têm consciência dos motivos por trás de seus comportamentos, envolvendo padrões compulsivos, rígidos e dolorosos. Se você está lendo este livro, é evidente que está comprometido com sua transformação, já que o comprou (ou pediu emprestado) e chegou aqui na leitura.

No entanto, alguns desses outros plutonianos realmente precisam de ajuda, e este capítulo tem como objetivo ensinar o astrólogo ou terapeuta a ajudá-los a começar o trabalho de transformação dos dolorosos padrões plutonianos. Tudo bem? Você não preferiria que eles soubessem o que estão fazendo? Lembre-se de que eu mesma sou plutoniana e provavelmente fiz tudo o que é citado neste capítulo. Também atraí um grande número de plutonianos para o meu trabalho terapêutico.

As defesas plutonianas funcionando na consulta

Como astrólogo, você reconhece um cliente plutoniano. Os braços estão sobre o peito e o queixo está esticado para a frente em uma postura de desafio. Os plutonianos (explícita ou implicitamente) dizem que não vão lhe dizer nada, pois estão pagando *você* para dizer *a eles*. Você provavelmente não vai conseguir mais que uma confirmação com a cabeça quando fizer uma observação e, quando perguntar se o que está dizendo é verdade, eles dirão: "Às vezes". Pessoas com Ascendente em Escorpião sentem um desgosto profundo em dizer que você está invadindo o espaço delas. Se você conseguir permanecer calmo e não defensivo, sem impor um ponto de vista a todo momento, eles serão muito mais capazes de ouvir, quer admitam ou não.

Quando percebo que a sessão está fluindo desse modo, adoto uma postura descontraída e passo cerca de dez minutos falando sobre o mapa, tempo suficiente para mostrar aos plutonianos que sei o que estou fazendo. (Quando foram indicados por um amigo, você está enrascado mesmo, porque estarão convencidos de que o amigo lhe contou tudo sobre eles.) Evito abordar temas densos e, à medida que eles começam a relaxar os braços e o queixo volta para uma posição normal, vou avançando. Nesse momento, falo sobre Plutão e o que ele significa em termos de discrição e de falta de confiança, além de abordar algumas características da personalidade e da natureza do plutoniano. É quando eles reconhecem que eu compreendendo a natureza deles de maneira única e se sentem acolhidos. Para alguns deles, essa pode ser uma experiência decisiva e única. "Você quer dizer que está tudo bem discutir sentimentos aqui?" Sugiro, então, que um diálogo seria muito mais produtivo, e geralmente nesse momento eles se mostram mais receptivos a uma conversa franca.

Mas não inteiramente. Evite pressioná-los a reconhecer que acertou no alvo ou que há alguma consistência em relação ao que está dizendo sobre mudar padrões de comportamento. A gravação da sessão pode ser fundamental para os plutonianos. Quando a ouvem sozinhos, eles podem baixar a guarda (você não está lá para ameaçá-los) e estar mais disponíveis para ouvir o que você tem a dizer. Não espere nem insista na aceitação de suas interpretações ou em compromissos de mudança. Isso seria mais uma reação do ego e da necessidade de poder e estabeleceria imediatamente uma disputa de poder com a qual os plutonianos estão muito familiarizados. Você se tornaria aquele progenitor intruso e dominador que bisbilhota o diário deles.

Plutonianos também têm necessidade de controlar a situação, sugerindo onde devemos nos sentar, se a janela deve ficar aberta ou fechada, operando o gravador ou definindo o conjunto e a ordem de perguntas da sessão. Se você fizer o que eles pedem sem grande incômodo, por que não deixar que eles o controlem? Isso os deixará mais à vontade e receptivos. Embora tendam a ver tudo como uma disputa pelo controle, você pode optar por ceder temporariamente, deixando que estejam no comando para que fiquem mais à vontade. No entanto, se eles forem extremamente obstinados e exigentes, você pode explicar como essas ações expressas nas sessões interferem no relacionamento com as outras pessoas.

Reconheça e aceite que eles não confiam em você. E por que deveriam? Você é um estranho que ainda não provou nada, e eles têm inúmeras histórias de quebra de confiança. Você sem dúvida tem suas fraquezas, todos nós temos, e os plutonianos são mestres em identificá-las. Manter conversas confidenciais com eles – e depois honrar esse compromisso – é muito importante, considerando a probabilidade de segredos e de sentimentos de culpa que podem estar envenenando a vida deles. Não considere óbvio que eles sabem que a consulta é confidencial; reafirme o compromisso e isso os deixará mais à vontade para trazer assuntos delicados que não abordariam em nenhum outro lugar. Pode também ser útil explicar o mecanismo de alienação dos segredos. Isso será especialmente útil quando você adentrar as áreas realmente espinhosas da alma com seu cliente.

Vantagens e desvantagens do trabalho com plutonianos

Se você estiver lidando com plutonianos fortemente negativos, perceberá rapidamente as desvantagens de atendê-los. Eles são fechados, desconfiados e lentos ao se abrir. A raiva excessiva que carregam em decorrência da infância marcada por pais excessivamente dominadores podem tê-los atraído para eternas disputas de poder, seja sobre o preço, a frequência e o local das consultas ou, na maioria das vezes, sobre como progredir. Durante o atendimento, eles desejam manter o mesmo tipo de relacionamento intenso e simbiótico que descrevi nos traços de personalidade; se isso não acontecer, ficam convencidos de que você não se importa.

Plutonianos tendem a ser extremamente melancólicos e amargos, cheios de ódio por si mesmos e de ressentimento pelos outros. Durante a sessão, algumas interpretações fornecidas podem contribuir para essa autoaversão. "Por que não consigo mudar, agora que entendo minhas motivações?" Suas emoções e as situações em que estão envolvidos são invariavelmente intensas, portanto, esteja lúcido e bem descansado quando for atendê-los. Como iremos discutir em maiores detalhes a seguir, alguns plutonianos têm forte desejo de morte e ideações suicidas. Eles não desapegam facilmente de seus padrões de comportamento e são pessimistas. Em geral, são manipuladores, sabendo exatamente que cordinhas puxar, e perdem o respeito por quem cai em suas manipulações. Também são ótimos para identificar seu calcanhar-de-aquiles e pegar no seu pé. Você terá de escolher as palavras com cuidado, pois os plutonianos vão se lembrar de cada observação infeliz que fizer e usá-las contra você em algum momento mais vulnerável.

Os plutonianos querem e exigem intensidade. Quando finalmente se abrem, podem querer continuar durante horas, discutindo todas as áreas problemáticas, do passado até hoje. Você não precisa cair nessa. Encerre a sessão no momento que for conveniente e peça que retomem o assunto nas próximas consultas. Quando as casas de finanças do mapa estiverem enfatizadas, alguns plutonianos podem querer mais do que dinheiro, mas não se deixe manipular. ("O outro astrólogo que consultei fez uma sessão muito mais longa. Por esse preço, acho que eu teria direito a mais.") Também não é uma boa ideia barganhar com eles ou deixar que fiquem lhe devendo dinheiro, pois a analogia com os assuntos da Casa 8 significa que eles podem fazer jogos com dinheiro.

As defesas plutonianas também podem interferir, na medida em que o processo terapêutico pode ser visto como algo que está na mão de outra pessoa, resultando em uma teimosia obstinada. Isso pode ser interpretado quase como se a sobrevivência deles dependesse de não serem controlados por ninguém. (Lembre-se de que, em algum ponto da história, a sobrevivência deles dependeu disso!) Você se lembra do que discutimos sobre o padrão de fracasso por vingança? Plutonianos também podem planejar fracassar na terapia. Isso não apenas provoca frustração em você, mas, paradoxalmente, eles temem que, se realmente melhorarem, você irá abandoná-los. Além disso, o ressentimento e o ódio por si mesmos são tão tóxicos que, até serem resolvidos (com ajuda dos Florais do dr. Bach *Willow* e *Holly*, por exemplo), os plutonianos podem não se permitir qualquer felicidade.

Apesar de todas essas desvantagens, há muitas recompensas ao trabalhar com plutonianos. Eles são sobreviventes corajosos de situações que teriam acabado com pessoas mais fracas, por isso, levam essa mesma coragem com eles ao tratamento terapêutico. São pessoas automotivadas, que PODEM fazer as coisas sozinhas. São pessoas profundas, interiorizadas, introspectivas, que não fogem do confronto consigo mesmas. Quanto mais profunda e concentrada a investigação, mais eles gostam. Embora possam protestar veementemente dizendo que você está acabando com eles, na realidade, adoram quando você mexe e agita as coisas. Essa própria intensidade é uma vantagem; quanto mais "pesada" a sessão, mais eles acham que valeu a pena.

Os plutonianos têm um grande potencial de cura e de regeneração de si mesmos. Assim, são capazes de profundas transformações se você lhes mostrar um caminho para o crescimento. São provavelmente aqueles em que você pensa não ter provocado nenhum impacto (afinal, não disseram uma palavra), mas que voltam um ano depois dizendo: "Detestei o que você disse, mas quando ouvi a gravação tive de admitir que estava certa. Desde então, transformei minha vida conforme suas sugestões". Eles trabalham duro para mudar, consideram seriamente o que você diz e nunca abandonam um objetivo que estabelecem para si mesmos. (Nesse contexto, a mesma tendência plutoniana para se agarrar é usada positivamente.) Até mesmo os aspectos obsessivos-compulsivos têm usos positivos, pois, se o trabalho de vocês envolver meditações, relatórios escritos ou outras práticas terapêuticas, eles irão fazê-los repetidamente até obterem o resultado desejado. A dra. Maria Fagnan, uma psicóloga da Califórnia que incorpora a astrologia em sua abordagem, sugere que a profunda tristeza dos plutonianos pode ser resultado do constante processo de morte/renascimento de suas vidas, à medida que trabalham eternamente para transformar a si mesmos.

Uma consideração final: se estiver fazendo algum tipo de trabalho psicológico ou terapêutico é provável que você mesmo seja significativamente plutoniano. Por isso, é extremamente importante que você tenha uma consciência profunda de suas características plutonianas. Se esses aspectos estiverem causando dificuldades para você, cuidar de sua própria transformação será benéfico. Caso contrário, você poderá implícita ou explicitamente transmitir mensagens de desesperança em relação às dificuldades plutonianas do cliente, ou reforçar seus pontos de vista plutonianos mais negativos.

Do mesmo modo, a menos que você tenha uma atitude equilibrada em relação ao controle, pode cair em padrões controladores do tipo plutoniano, insistindo com o cliente: *Você VAI transformar*. Isso também pode levar a interações plutonianas negativas com o cliente, envolvendo disputas de poder ou laços simbióticos. É bom lembrar o que disse J. Krishnamurti:

Pode outra pessoa, não importa o quão grandiosa ela seja, ajudar você a se transformar? Se ela o fizer, você não será transformado; será meramente dominado, influenciado. Essa influência pode durar um tempo considerável, mas você não terá se transformado. Você foi dominado; e quer tenha sido dominado pela inveja ou por uma assim chamada influência nobre, você ainda é um escravo, não é livre.[29]

Por outro lado, o plutoniano que trabalhou um problema particular está em uma posição poderosa para ajudar outros plutonianos que ainda não tenham feito esse trabalho. Isso se deve ao entendimento compassivo da origem dos problemas, da experiência interna da dor decorrente e do que é necessário para superar esses desafios. Portanto, se você for um plutoniano que atua como terapeuta ou astrólogo, os esforços que fizer para se libertar dos problemas plutonianos discutidos neste livro podem beneficiar também seus clientes.

O poder do astrólogo

Em primeiro lugar e acima de tudo, plutonianos são fascinados pelo poder. Os astrólogos têm um poder especial, pois o conhecimento que têm das pessoas parece misterioso, quase sobrenatural. Assim, você tem a capacidade única de influenciar esse tipo de cliente, seja de maneira positiva ou negativa. Por isso, suas interpretações e análises devem se focar nos aspectos metafísicos e de transformação, em vez de se concentrar em julgamentos ou em aspectos negativos. Conflitos de poder têm uma especial tendência a surgir, já que os plutonianos precisam se defender contra o poder sobrenatural que sentem emanar de você. Devido

---

[29] J. Krishnamurti. *Commentaries on Living*, Quest, Wheaton, IL, 1967, p. 117. [*Comentários sobre o Viver*. São Paulo: Cultrix, 1961 (fora de catálogo).]

aos massacrantes relacionamentos de poder a que foram submetidos quando crianças, eles têm uma profunda crença em poderes mágicos. Ainda que você consiga convencer a mente consciente deles de que sua prática não é sobrenatural, o inconsciente deles ainda continua convencido de que se trata de algo sobrenatural.

Ao trabalhar com plutonianos, a atitude e a postura do astrólogo ou do terapeuta é extremamente importante. Por raramente deixarem alguém entrar em seu espaço privado – lembre-se de que o isolamento e a falta de confiança deles é muito grande –, plutonianos acreditam piamente que ninguém realmente os aceitará porque são muito estranhos. Sua presença nesse contexto se justifica pelo conhecimento secreto que o mapa astrológico lhe dá a respeito deles. Assim, o que você faz e diz é muito importante. Quando os plutonianos sentem que alguém compreende seu mundo interior e seus segredos e ESTÁ TUDO BEM, esta pode ser uma experiência de grande impacto, que pode prepará-los para outros trabalhos terapêuticos. Acreditar que eles estão bem, e que não são tão esquisitos ou confusos, é crucial. O reconhecimento compassivo de que eles têm motivos legítimos e suficientes para os padrões de comportamento plutoniano os auxilia a desenvolver uma compaixão interna também.

Reconhecer que o comportamento que atualmente traz tanto sofrimento ajudou os plutonianos a sobreviverem em um ambiente perigoso e hostil em outras épocas é também bastante benéfico. É valioso perceber que esse comportamento ainda pode ser útil em certas situações e que nem todo mundo merece confiança. Especificar as habilidades positivas que resultaram de seus desafios atenua o peso do passado. Por exemplo, eles têm uma capacidade excepcional para entender as motivações humanas, sendo capazes de identificar porque as pessoas agem de certa maneira e percebendo o que não é explicitamente comunicado em uma situação. (Outros aspectos construtivos ligados a Plutão foram analisados no Capítulo 2.) É importante mostrar a eles que esses aspectos positivos e necessários podem ser empregados quando for preciso, mas não de maneira fixa e compulsiva.

A confiança em saber que as coisas podem melhorar e que pode haver outro caminho pode neutralizar o pessimismo básico do plutoniano em relação a si mesmo, às pessoas e à vida. Se você teve problemas semelhantes aos que estão discutindo e os superou, é capaz de ajudar se estiver disposto a compartilhar brevemente sua história e sua transformação. Não é preciso entrar em detalhes íntimos, mas fornecer informações suficientes para que eles saibam que você *entende*. Seu testemunho é capaz de fazê-los sentir que estão conectados a você e que não são alienígenas, equivocados ou condenados; existe esperança para eles. (Essa abordagem também os ajuda a relaxar, agora que conhecem alguns dos seus segredos!) Acredito na importância de compartilhar quem eu sou com meus clientes e adotar uma postura mais humana, renunciando ao estereótipo freudiano do terapeuta neutro e misterioso. (Com Escorpião no Ascendente, Freud encontrou segurança e controle ao se esconder. Ele era, afinal, um plutoniano.)

Os plutonianos e a importância da honestidade emocional

É importante que você reconheça seus próprios sentimentos caso eles venham à tona durante o trabalho com os plutonianos, bastante provocadores e controladores. É aconselhável você comunicar quando perceber que isso está acontecendo, caso esteja incomodado. Plutonianos tendem a respeitar mais aqueles que não entram no seu jogo e confiarão mais em você se for honesto em relação aos sentimentos, por exemplo, se eles estiverem deixando você irritado. Lembre-se de que uma das razões pelas quais os plutonianos cultivam tanto o segredo é que, enquanto eles cresciam, as pessoas de seu convívio mentiam sobre o que estavam sentindo e tentavam impedir que eles expressassem suas próprias emoções. Ter um alto grau de autoconsciência é essencial em qualquer tipo de trabalho terapêutico, mas particularmente ao lidar com plutonianos.

Você pode ser cuidadoso e diplomático ao expressar o que está sentindo a essas pessoas sensíveis. Por exemplo, pode simplesmente dizer: "Não gosto que você sempre chegue atrasado para as nossas sessões". Ao fazer isso, você oferece um exemplo de autoafirmação e de como lidar com a raiva. Se não expressar seus sentimentos, eles podem perceber sua raiva não expressa e pensar que você não está sendo honesto. Então, podem cutucá-lo e provocá-lo ainda mais para conseguir uma reação. No entanto, SEJA GENTIL, pois os plutonianos têm pavor do conflito, pois acreditam que isso pode sair do controle ou resultar no fim do relacionamento. É recomendável falar sobre a questão antes de ficar realmente irritado. Se necessário, pratique as meditações para ressentimento quando essa emoção aflorar, de modo a poder abordar a questão mais claramente.

Instrumentos de cura e suas aplicações específicas para plutonianos

Antes de sugerir, pergunte aos plutonianos o que eles exatamente já fizeram para ajudar a si mesmos. Pode apostar que eles tentaram se transformar de alguma maneira, possivelmente experimentando várias abordagens terapêuticas para aliviar a dor que sentem. Reconheça essas tentativas e discuta sobre o que gostaram ou não sobre essas práticas. Essa abordagem evita o ciclo do "Por que você não... sim, mas...", no qual você sugere uma coisa após outra enquanto o plutoniano vai ficando cada vez mais cético diante da sua falta de entendimento.

Livros de autoajuda são especialmente úteis para os plutonianos, pois eles geralmente querem trabalhar sozinhos na privacidade de seus lares. Eles têm a capacidade de se concentrar e de pensar profundamente para se beneficiar dessas leituras e, geralmente, passam a se interessar por psicologia como resultado. Para os que passaram por situações traumáticas, a leitura sobre pessoas que compartilham de seus profundos e obscuros segredos tem outra utilidade, pois eles aprendem que não estão sozinhos e que outros passaram por experiências semelhantes. Isso eventualmente abre caminho para a participação em grupos de apoio. Leia os livros recomendados nas bibliografias dos diversos capítulos para poder recomendar o material mais adequado, além de se aprofundar nos problemas plutonianos. Os livros que abordam a vida após a morte podem ser bastante transformadores para pessoas com desejo de morrer. Além disso, livros metafísicos podem ser instrumentos valiosos para combater a negatividade.

A psicoterapia comportamental cognitiva pode trazer uma experiência corretiva, à medida que dá aos plutonianos a oportunidade de se revelarem a alguém com uma perspectiva objetiva e uma escuta que não invalida suas aguçadas percepções. A conversa por si só pode produzir entendimento, mas não necessariamente transformação. Estudos mostram que falar sobre a raiva não a alivia; pode apenas treiná-la. Para neutralizar o isolamento que os plutonianos sentem e sua resistência em compartilhar sentimentos, a terapia em grupo pode ser um tratamento poderoso; no entanto, os plutonianos geralmente têm dificuldade em aceitar. Grupos de apoio, nos quais pessoas com experiências semelhantes trabalham umas com as outras, são possivelmente as vivências coletivas mais poderosas.

Aplicar alguns métodos de tratamento especificamente direcionados para os problemas de Plutão abordados neste livro pode ser fundamental. Compartilhe algumas ideias, afirmações, meditações, essências florais ou outras práticas terapêuticas – e até mesmo este livro. No entanto, esteja consciente de que, se conduzir os plutonianos por meditações guiadas, qualquer semelhança com hipnose pode ameaçar a necessidade que os plutonianos têm de se sentir no controle o tempo todo. Além disso, é importante explicar ao máximo sobre os instrumentos terapêuticos e como eles funcionam, a fim de neutralizar uma associação inconsciente entre o trabalho de cura e poder, bem como e seu possível abuso.

Fazendo uso da metafísica em sessões astrológicas

Os astrólogos podem se beneficiar de diversas maneiras ao estudar e aplicar a metafísica em seu trabalho. Em primeiro lugar, esse estudo põe fim à crença fatalista de que Plutão, Urano ou Marte são os causadores dos problemas do cliente. Embora essa linha de estudo tenha sido pouco popular entre os astrólogos por um longo tempo, ainda hesitamos em falar sobre isso abertamente. Além disso, muitos de nossos clientes tiveram contato apenas com a Astrologia convencional, que ainda reforça a ideia de que o terrível Plutão que transita pela Casa 10 indica traição na carreira. Assim, é nosso dever alertar constantemente os clientes sobre o papel que eles desempenham ao criar seus próprios problemas devido às suas atitudes e expectativas com relação à vida, a eles mesmos e a outras pessoas.

A abordagem metafísica torna-se especialmente relevante com plutonianos que têm uma inclinação sutil à paranoia, buscando projetar a causa de suas dificuldades em um "ELES" impessoal. Eles não confiam nas pessoas, eles esperam ser traídos ou abandonados, eles SABEM que o chefe está a fim de pegá-los. Assim, os plutonianos podem facilmente captar o que você diz e traduzi-lo em um sentimento de que Plutão os está perseguindo. É fácil brincar com o desespero dos plutonianos, com seu desejo de morrer. Afinal se acreditam que o mapa natal ou os trânsitos forem difíceis demais, isso significa que a vida deles será sempre difícil. Então, por que continuar?

Dado esse cenário, é fundamental ajudar os clientes a compreender como eles criam as próprias dificuldades nas áreas da vida indicadas pelo posicionamento de Plutão no mapa natal. Usar o mapa para mostrar exatamente como suas atitudes e expectativas contribuem para a dificuldade pode ser extremamente útil para conseguir criar outra perspectiva. Imagine que Plutão está na Casa 10, por exemplo, e o indivíduo teve repetidas batalhas autodestrutivas com os chefes, o que levou a um caminho de amargas derrotas profissionais. Por trânsito, Saturno vai fazer uma quadratura com Plutão, indicando que o padrão está em vias de se repetir de uma forma muito intensa. Nesse contexto, o astrólogo está numa posição-chave para ajudar o cliente a usar o trânsito para amadurecer o seu relacionamento com seus superiores.

A abordagem metafísica nesse cenário específico envolveria explorar os modelos de figuras autoritárias que o cliente teve na infância, assim como os ressentimentos que persistem desde essas experiências. Aponte para o cliente como ele desenvolveu interações negativas com o chefe do mesmo modo que, quando criança, enfrentou os pais adotando uma atitude de provocação, de ressentimento e desconfiança, talvez entrando em lutas pelo poder. O empregador, então, ao perceber que o funcionário o desafia ou se revolta interiormente contra qualquer ordem, pode decidir que ele deve ser vigiado de perto, que se trata de um empregado que não é aberto, que guarda cartas na manga, alguém em quem não se pode confiar. Sempre que adotamos uma atitude provocativa, há alguém que decide nos enfrentar; assim, a atitude que desenvolvemos provoca problemas com o superior ou com os colegas de trabalho. Consequentemente, padrões de pensamento e expectativas nas situações de trabalho efetivamente moldam as dificuldades do cliente.

•

O astrólogo que adota uma abordagem metafísica pode explicar ao cliente que o trânsito de Saturno por Plutão significa que esse é o momento para crescer, para olhar realisticamente e com autodisciplina para a forma como ele age no trabalho e para abordar os superiores como um indivíduo maduro. Também é uma época para enfrentar as barreiras que se colocam no caminho de provocar um impacto no mundo, os comportamentos autodestrutivos que não permitem que o indivíduo tenha o poder desejado na carreira. Enquanto continuar com os antigos padrões, ele pode tornar esse embate particularmente violento diante da realidade de que o chefe detém o poder; um progresso real poderá ser feito ao se tomar a atitude consciente de que é hora de levar a sério os objetivos e de resolver os problemas de autoridade perpetuados de maneira autodestrutiva na carreira. Mudando os padrões de pensamento e as expectativas que acompanham Plutão na Casa 10, o cliente tem a oportunidade de concretizar a vitória na carreira.

Contraste essa perspectiva com a do astrólogo que afirma: "Com Plutão na Casa 10, você deve esperar ser traído repetidamente por seus superiores. De fato, com Saturno em trânsito fazendo quadratura com Plutão, seu atual chefe irá se mostrar igual aos outros que já teve". Ao ouvir isso, o cliente tende a ficar arrasado e a concluir que Plutão e o karma estão tramando contra ele, de modo que não há esperança de sucesso nesta vida. Uma vez que o astrólogo confirmou suas suspeitas em relação ao seu atual chefe, ele começa a vigiar cada movimento dele, talvez até mesmo ouvindo atrás das portas ou remexendo os arquivos para ver se estaria prestes a ir para o olho da rua. Talvez ele comece a se relacionar desonestamente com o rival do superior, pensando em salvar seu pescoço. O chefe nota todas essas manobras, fica ressentido com as atitudes do funcionário e começa a jogar duro com ele.

A luta pelo poder aumenta até o instante exato em que Saturno faz a quadratura com Plutão natal, e o cliente é desligado da empresa.

Amargamente, ele decide nunca mais confiar em um chefe. O que poderia ter sido uma experiência de aprendizado na transformação do padrão torna-se uma derrota final. Embora o astrólogo estivesse correto em relação à previsão, acertando praticamente até o dia da demissão, o cliente não volta. Quem precisa de mais notícias ruins?

Suponho que poucos de vocês que estão lendo este livro interpretariam um mapa de maneira tão negativa, mas sem dúvida todos nós às vezes dizemos coisas que contribuem para as convicções derrotistas dos clientes em relação à vida. Devemos também estar conscientes de que nossos clientes podem estar lendo livros ou revistas de Astrologia fatalista. Por isso, é importante transmitir princípios metafísicos em nosso trabalho. Você pode também oferecer ao cliente afirmações para neutralizar a negatividade retiradas deste livro ou de livros de metafísica, ou algumas que você e o cliente criem para se adequar à situação particular.

O astrólogo que quiser saber mais sobre os princípios metafísicos pode começar lendo alguns dos livros de Seth citados na bibliografia do Capítulo 3. *The Nature of Personal Reality* talvez seja a apresentação mais elevada dos princípios metafísicos encontrada atualmente em livro. Outra obra que recomendo muito é *Winning Through Enlightenment*, de Ron Smotherman. Palestras e aulas da Ciência Religiosa, Unidade, ou Ciência da Mente, não apenas transmitem ideias como fornecem técnicas para a mudança dos padrões de pensamento.

Kundalini em ascensão: o sexo e o astrólogo

Não importa qual seja o seu Ascendente, com muita frequência, quando você faz uma sessão com um cliente, tem uma ascensão da kundalini. Você alguma vez já teve a experiência de ficar extremamente excitado durante ou após uma sessão? Se teve, é bem provável que, enquanto você trabalha, a energia da kundalini esteja ascendendo pela coluna espinhal e que você esteja realmente praticando a cura, embora tenha ou não consciência. Caso não compreenda isso, pode interpretar esse fluxo de energia como primariamente sexual e se sentir fortemente atraído pelo cliente – e, possivelmente, vice-versa, à medida que a energia da kundalini também desperta nele.

Para a psicoterapia tradicional ter relações sexuais com clientes é um tabu, e essa interdição parece conter alguma sabedoria. Conheci muitas mulheres que foram seduzidas por seus terapeutas e, sem exceção, essa experiência foi devastadora. Trata-se de um abuso do considerável poder que o terapeuta exerce sobre o cliente e, como o terapeuta pode representar um progenitor em algum nível, o que ocorre é uma traição muito semelhante à do incesto. Sim, o cliente muitas vezes tem sensações e fantasias sexuais em relação ao terapeuta, mas concretizar essas fantasias me parece ser bastante negativo.

A Astrologia é uma profissão ambígua na medida em que não é tão formal e por apresentar mais a natureza de uma consulta do que de um trabalho continuado. A proibição de dormir com clientes deve se estender a alguém que você vê apenas uma vez? Há de se considerar a relação entre aluno e professor. Quando a turma é pequena, mais íntima e espontânea, podem se desenvolver sentimentos de proximidade que pedem para ser aprofundados. Entretanto, se você estiver ensinando um assunto tão cósmico e transformador como Astrologia, como indivíduo você concentrará o poder e a excitação inerentes ao que está transmitindo. Como resultado, os estudantes poderão ser movidos por esse poder em vez de percebê-lo como uma pessoa real. (O que você acha? Bem, eu não arriscaria assumir essa posição.)

Durante uma leitura, é tentador conhecer o indivíduo plutoniano, intenso e magnético, que está sentado à sua frente. A sessão foi tão intensa, tão íntima, e você realmente se sente ligado, como se causasse um impacto. Embora os plutonianos tendam a irradiar energia sexual, seria uma péssima ideia se envolver com o seu cliente, considerando o *modus operandi* plutoniano nos relacionamentos. Talvez não fosse tão nocivo ter uma aventura com um cliente uraniano, se você puder controlar o fato de que ele vai amá-lo e abandoná-lo, mas seria um terrível desserviço para um plutoniano, e, afinal, você não está lá para servir?

Por um lado, a sessão pode ter sido a experiência mais intensa de participação e intimidade que o cliente plutoniano teve nos últimos tempos. Entretanto, muitos deles têm problemas com a intimidade, a menos que esta seja sexual. O sexo pode ser empregado como um meio para criar distância, subtrair seu poder, transformando seu conhecimento em algo inofensivo. Como vimos anteriormente, o sexo em geral se refere mais ao poder do que à intimidade e à luxúria. Dessa maneira, ao se envolver, o cliente plutoniano controla a situação e você perde o seu poder de transformação. (Se você próprio for plutoniano, deveria também verificar suas razões para querer transformar a intimidade emocional da sessão em intimidade física.)

Para muitos plutonianos, qualquer proximidade se torna sexualizada, talvez como resultado de um infeliz contato prematuro com o sexo, como incesto ou abuso sexual na infância. Eles podem ser sedutores, mas alguma parte deles se sentirá ultrajada se você não for capaz de compreendê-los e se os tratar como objetos sexuais, como todo mundo faz. Mesmo se você não fizer nada mais que apenas sentir a atração, isso ainda poderá ser considerado como uma traição da confiança. Os plutonianos são tão sensíveis às sutilezas da linguagem do corpo que seus pensamentos são tão reais na interação quanto qualquer ato explícito. Quando a kundalini ascender durante a sessão, é importante reconhecer que você quer a energia de cura, e não a sexual. Peça ajuda ao seu Eu Superior. Uma simples oração ou afirmação irá transmutá-la.

Eu gostaria de aproveitar a oportunidade para abordar um tema nunca mencionado nos ensinamentos sobre tratamentos terapêuticos. Eu e outros terapeutas observamos, logo que iniciamos o trabalho com instrumentos de cura, que parece haver um período em que nossa libido parece diminuída. Esse fenômeno aparentemente decorre do fato de que a energia de cura se desloca parcialmente por meio do chakra sexual. Ao desconhecer esse fato, você pode pensar que há algo de errado com você sexualmente, que ficou frígido ou impotente. Um de meus colegas estava pronto para entrar em um curso bastante caro de terapia sexual quando isso aconteceu com ele. Felizmente discutimos esse fenômeno. O exercício de abertura do chakra do coração (p. 109) pode ser adaptado para qualquer chakra. Repetir com o chakra sexual (sacro), localizado cinco centímetros abaixo do umbigo, pode ser bastante útil em situações como essa.

Aconselhamento a pessoas com ideação suicida e outros problemas graves

Você precisa estar consciente de que alguns plutonianos têm padrões de comportamento extremamente destrutivos e até mesmo perigosos, como tendências suicidas ou envolvimento em relações sadomasoquistas. Você também precisa ter em mente que os plutonianos são extremamente talentosos em mascarar seus pontos problemáticos, assim o que você percebe é apenas uma leve sugestão de que alguma coisa fora do normal está acontecendo. Para ser um bom terapeuta ou astrólogo, você precisa ser também um bom detetive, achando pistas na mais sutil linguagem corporal, na mais leve mudança de entonação e, acima de tudo, no que NÃO é dito ou no que se destaca pela ausência. Ser um plutoniano é uma boa preparação para esse tipo de investigação.

Minha primeira orientação sobre o aconselhamento de plutonianos potencialmente suicidas é: NÃO FAÇA NADA. Isso está além da sua capacidade; para lidar com pessoas que demonstram comportamento suicida, você precisa conhecer de fato os recursos de assistência psicológica da sua cidade, especialmente o contato do Centro de Valorização da Vida (CVV). Também é muito importante ter um psicoterapeuta, de preferência um psiquiatra, a quem você possa recorrer em caso de emergência. Se você fizer alguma coisa diferente, pode estar reagindo à sua própria necessidade de poder e controle. Podemos muito bem ser seduzidos por conversas do tipo: "Mas eu não quero ver outra pessoa. Você é o único que me entende".

Embora seja conhecido que muitas ameaças e gestos suicidas são manipulativos, é importante reconhecer que os plutonianos suicidas não têm nada a perder. Ou a outra pessoa faz o que eles querem para que possam controlá-la ou, em caso de sucesso em sua tentativa, conseguirão o que quiseram durante a vida toda: a morte. (Releia o tópico sobre plutonianos e a pulsão de morte.)

Quando estiver atendendo indivíduos plutonianos afetados severamente por trânsitos, sobretudo por trânsitos de Plutão, talvez seja necessário perguntar se eles estão pensando em suicídio. A maioria das pessoas ficaria chocada com essa pergunta, mas os plutonianos não. Para eles, a morte é a matéria da qual a vida é feita. Mas é preciso fazer uma abordagem delicada. "Você já teve o desejo de não estar vivo?" – pode ser o início da conversa. Se admitirem que sim: "É forte essa vontade? Já sentiu, por exemplo, vontade de se suicidar?". Se admitirem que sim, pergunte: "Qual a sua relação com essa vontade no momento?". (Muitos estudaram a vida após a morte, a reencarnação e o karma, estudos que são intencionalmente transformadores na medida em que não encaram o suicídio como uma saída para a dificuldade.) Por fim, com uma pessoa que esteja considerando o suicídio ou a violência, é bom ser específico. "Você tem um método em mente? Tem acesso a esse método? Tem um plano de como chegar a isso? Tem o dia e a hora em mente?" Quanto mais específicas as respostas, maior o risco de que eles de fato coloquem o plano em ação.

Esteja alerta também para acontecimentos que possam aumentar a possibilidade de suicídio, como a perda de um relacionamento simbiótico ou qualquer evento que resulte em um grande aumento de culpa, ressentimento ou tristeza. Por exemplo, há estudos que demonstram que homens que perderam as mães recentemente mostram uma tendência muito maior ao suicídio. Talvez não seja apropriado prever que alguém cometerá suicídio, já que isso pode se tornar uma profecia autorrealizável. No entanto, é possível observar os períodos em que eles podem estar mais deprimidos ou sob maior tensão devido aos trânsitos de Plutão e, por isso, teriam uma necessidade particular de apoio terapêutico.

Você pode estar se perguntando se há alguma indicação definida de suicídio no mapa natal. Há alguns anos foi desenvolvido um extenso estudo pelo Research Committee of the New York chapter of the national Council for Geocosmic Research [Comitê de Pesquisa do capítulo de Nova York do Conselho Nacional de Pesquisa Geocósmica]. Uma série de astrólogos profissionais muito bem qualificados (eu inclusive) trabalhou com pares de mapas (um suicida e um não suicida, sem identificação de qual era qual), usando o mapa natal, trânsitos ou progressões para tentar identificar qual era o suicida. Nenhum de nós foi muito bem, feliz ou infelizmente. Quando confrontado com trânsitos difíceis com Plutão ou com a Casa 8, a melhor sugestão é perguntar ao cliente.

O floral do dr. Bach *Cherry Plum* é indicado para tendências suicidas ou para a sensação de que se pode ferir alguém. A combinação de Bach conhecida como *Rescue Remedy* é encontrada em muitas lojas de produtos naturais e é uma fórmula geral para crises que todo astrólogo e terapeuta deveria ter à mão. *Willow* ou *Holly* podem ser úteis para remover ódio e ódio de si mesmo, mas é necessário ser cuidadoso em sua aplicação, pois a crise de cura resultante pode descompensar o equilíbrio. É melhor ter seus clientes sob cuidados profissionais, usando o *Rescue Remedy* até a ameaça passar, e só então usar *Holly* ou *Willow*, se o pêndulo ou outro teste de diagnóstico mostrar que é a conduta apropriada.

Ao avaliar a probabilidade de violência, existe a mesma necessidade de informações específicas. Ao tratar de uma situação conjugal explosiva, por exemplo, você pode perguntar se já ocorreu alguma agressão, se a agressão está aumentando ou se o parceiro já cometeu violência contra alguém anteriormente. Aqui, também é importante conhecer os recursos disponíveis para vítimas de violência doméstica ou de abuso infantil. Caso esteja lidando com clientes que estão pensando em ferir alguém, é importante saber especificamente se eles têm um plano em mente, se escolheram uma arma, se têm acesso a essa arma, se têm uma época ou data em que planejam agir, se já tentaram ferir esse indivíduo, ou se já machucaram alguém no passado. Da mesma forma como ocorre no suicídio, quanto mais específicas as respostas e mais sólido for o plano, maior o perigo de que a violência realmente ocorra. É importante ter à mão, mais uma vez, o *Rescue Remedy*. O *Cherry Plum* também se mostrou eficaz para pessoas com tendências violentas.

Os plutonianos e a questão da separação

Primeiro, é importante destacar que a psicoterapia tradicional apresenta uma série peculiar de crenças e conceitos em relação à separação. Por exemplo, se eu, como assistente social, construí uma relação de trabalho positiva com um cliente que estava produzindo resultados, espera-se que eu encerre essa relação por completo e permanentemente se eu deixar a instituição ou se o cliente se mudar para longe, para outro bairro, como se eu ou ele tivesse morrido. Inúmeras dessas tradições terapêuticas provêm do modelo freudiano e são consideradas como verdades absolutas; no entanto, como vimos, o próprio Freud era extremamente plutoniano no que se refere aos relacionamentos. Assim, podemos supor que ele enfrentou suas próprias dificuldades com a separação e o tema do abandono, como eliminar as pessoas de sua vida caso elas o abandonassem. Pessoalmente, mantenho um vínculo de amor e de apoio com pessoas que encerraram a terapia comigo. Contudo, sinto que talvez isso não esteja sintonizado com as práticas terapêuticas tradicionais, que exigem uma conduta freudiana de neutralidade totalmente circunspecta. Nesse ponto, pode ser que não esteja sendo tão plutoniana quanto o próprio Freud.

Colocando de lado essas considerações terapêuticas, os plutonianos enfrentam desafios particulares em relação a se separar de seus terapeutas, uma vez que o abandono é uma questão importante para eles. Geralmente, um abandono significativo ou a ameaça contínua de abandono foi parte do que os tornou plutonianos. Eles confiaram em você, se abriram com você de uma maneira que normalmente não fariam. Portanto, deixá-los pode afetá-los profunda e dolorosamente, ainda que não o admitam. Os plutonianos são do tipo que abruptamente decidem terminar com a terapia no meio de dezembro, negando que as férias de janeiro do terapeuta tenha alguma relação com isso e qualquer ressentimento quanto à separação. A maioria dos plutonianos, em qualquer tipo de relacionamento, sairá primeiro, não permitindo, assim, que o terapeuta o abandone.

Apesar de os plutonianos geralmente negarem a intensidade do apego, a menos que a separação seja feita de modo adequado (ou às vezes mesmo se a separação for feita de modo adequado), eles podem muito bem se recusar a procurar outro terapeuta ou astrólogo. Para eles, pode ser simplesmente difícil demais passar pelo processo de se abrir com mais uma pessoa, aprender a confiar e contar todos os seus dolorosos segredos. Se você, como astrólogo, desenvolveu um relacionamento com um cliente plutoniano ao longo do tempo, deve considerar oferecer a ele consultas remotas por telefone caso você ou ele se mudem para longe. Isso também vale para vocês terapeutas: se puderem deixar o fantasma de Freud descansar em paz, por que não deixar que as formas contemporâneas de comunicação se expandam e ajudem aqueles que necessitam?

APÊNDICE

Ajuda para o Iniciante

Como ler e interpretar o seu mapa

Esta seção é dirigida ao iniciante ou ao estudioso que considera algumas das explicações que abordamos excessivamente técnicas. Se você ainda não tiver o seu mapa astrológico, a melhor sugestão seria obtê-lo gratuitamente de uma página confiável da internet ou em um *software* especializado, que lhe fornecerão os cálculos matemáticos precisos.

Com o mapa em mãos, pode ser difícil lê-lo, caso você não esteja acostumado com os símbolos, números e figuras. Você precisa primeiro se familiarizar com as doze casas e onde elas estão posicionadas. A Figura 1 da página 282 mostra a ordem das casas. Seguem abaixo as palavras-chave para o simbolismo de cada casa.

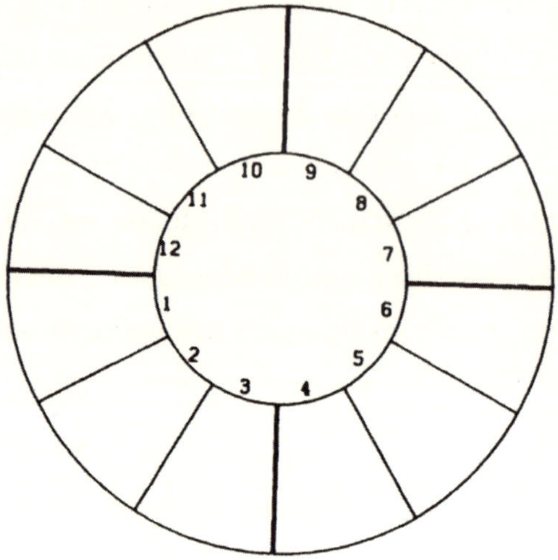

Figura. 1. As casas

Casa 1: primeira abordagem de situações; aparência pessoal.

Casa 2: dinheiro e como lidar com ele; valores; recursos.

Casa 3: pensar, aprender; a comunicação, os irmãos.

Casa 4: o lar; o passado; a influência familiar; os cuidados na infância.

Casa 5: os filhos; a criatividade; os divertimentos; o romance.

Casa 6: o trabalho e sua atitude em relação a ele; a saúde.

Casa 7: o casamento e outras relações de compromisso.

Casa 8: o sexo; a reprodução; a morte; a cura.

Casa 9: a religião; a filosofia de vida; a educação superior.

Casa 10: a carreira; seu *status* no mundo; autoridade.

Casa 11: os amigos; os grupos; a mudança social.

Casa 12: o inconsciente; o comportamento secreto; a espiritualidade.

A primeira coisa a fazer é olhar seu mapa astrológico para determinar a casa em que Plutão está. Olhe também o seu signo e grau. Em alguns mapas de computador, está escrito PL 23LE14, o que significa Plutão a 23 graus 14 minutos de Leão. (Seu próprio Plutão, naturalmente, será diferente.) Agora, dê uma olhada na Tabela 1 abaixo. A Tabela 1 mostra os símbolos e significados dos signos, dos planetas e das casas. Cada planeta "rege" um signo, e a tabela lhe mostra que o signo de Áries é regido por Marte, e que Áries também se relaciona com a Casa 1 e assim por diante.

TABELA 1. Características gerais dos signos e suas relações com os planetas e as casas.

SIGNO	PLANETA	RELAÇÃO COM AS CASAS
Áries: Agressivo, extremamente competitivo e sexual; forte na iniciativa. Símbolo: ♈	**Marte:** Cólera, agressão, altivez, energia e sexualidade. Símbolo: ♂	**Casa 1:** Sua primeira abordagem das situações; personalidade exterior, aparência física.
Touro: Ligado à terra, prático, preocupado com dinheiro e bens materiais; estável e sereno; pode ser conservador. Símbolo: ♉	**Vênus:** Também regente de Libra, aqui em seu lado mais sensual, mais ligado à luxúria. Símbolo: ♀	**Casa 2:** Dinheiro e como você o manipula; seus recursos pessoais, valores.
Gêmeos: Um signo verbal e comunicativo, muito mental e interessado em aprender. Símbolo: ♊	**Mercúrio:** Comunicação, pensamento, escrita, aprendizado e percepção; uso das mãos. Símbolo: ☿	**Casa 3:** Seu pensamento e comunicação, como você aprende as habilidades básicas; irmãos e parentes próximos.
Câncer: Emoções, segurança, e família são muito importantes. Excessivamente maternal ou ligado à mãe; o passado, o ciclo menstrual. Símbolo: ♋	**A Lua:** A mãe, a dependência, a segurança, as emoções, o inconsciente, os hábitos, os seios, o estômago e a tradição. Símbolo: ☾	**Casa 4:** Os cuidados maternais dos genitores; efeito da família e da hereditariedade; a vida no lar; os alicerces da sua segurança.

SIGNO	PLANETA	RELAÇÃO COM AS CASAS
Leão: Quer ser o centro das atenções; pode ser egoísta, egocêntrico, dramático, orgulhoso, digno; quer conduzir. Símbolo: ♌	**O Sol:** O centro do ser, o eu, o ego. Símbolo: ☉	**Casa 5:** Filhos, criatividade, romance, atividades de lazer.
Virgem: Muito orientado para o trabalho; crítico, analítico, prático; quer ser útil, perfeccionista; sofre de baixa autoestima. Símbolo: ♍	**Mercúrio:** Rege Gêmeos e Virgem. Símbolo: ☿	**Casa 6:** Trabalho e como você funciona como empregado; saúde; as classes inferiores; frequentemente autodestrutivo.
Libra: Muito preocupado com romance e relacionamentos; às vezes, se empenha em agradar as pessoas. Tem problemas com a autoafirmação. Símbolo: ♎	**Vênus:** Relacionamentos, o que você faz para conquistar o amor, condições que você estabelece para o amor. Compartilhamento e apreciação da beleza, cooperação. Símbolo: ♀	**Casa 7:** Relacionamentos longos e comprometidos, assim como inimigos declarados. O que procuramos em outros para compensar a falta em nós mesmos. Quem atraímos.
Escorpião: Um signo muito preocupado com poder e controle; pode ser curador ou destrutivo; intenso, tudo é questão de vida ou morte; muito preocupado com a sexualidade; emocional, mas controlado. Símbolo: ♏	**Plutão:** Controle e manipulação, poder, morte e renascimento ou transformação de um nível para outro, psicologia, cura, sexualidade, as relações de poder entre os sexos. Símbolo: ♇	**Casa 8:** Sexo, morte, regeneração, cura; as posses do parceiro.
Sagitário: Preocupado com o conhecimento e sua disseminação; filosófico, pode ser inclinado a exortações. Otimista, expansivo. Símbolo: ♐	**Júpiter:** A procura da sabedoria; crescimento, expansão, filosofia, sorte, indulgência excessiva, confiança excessiva, Símbolo: ♃	**Casa 9:** Educação superior, sua filosofia de vida; viagens distantes, Direito; países estrangeiros.
Capricórnio: Um signo cuidadoso, trabalhador, perfeccionista. Altos objetivos; quer realizar e pode ficar deprimido se não estiver realizando coisas. Pode demorar para amadurecer; sério, profissional. Símbolo: ♑	**Saturno:** Autodisciplina; preocupação com qualidade, realizando coisas e fazendo coisas da maneira correta; restrições e adiamentos. Faz você começar de novo se seus alicerces não forem sólidos; autoridade, medos, melancolia. Símbolo: ♄	**Casa 10:** Carreira, condição social, realizações, autoridade, e como você a manipula, incluindo seus pais como figuras de autoridade.

SIGNO	PLANETA	RELAÇÃO COM AS CASAS
Aquário: Um signo não conformista e muitas vezes rebelde. Pode ser excessivamente desapegado e lógico em vez de lidar com emoções; moderno, visionário. Símbolo: ♒	**Urano:** Rebelião e não conformidade, a busca da liberdade, levando ao gênio, inventividade e/ou excentricidade; desapego e pensamento científico, astrologia. Símbolo: ♅	**Casa 11:** Amizades e grupos. Mudança social, esperanças e ambições, grupos de iguais. Astrologia.
Peixes: Pode ser escapista ou altamente espiritual; deseja servir aos outros, mas pode ser masoquista em relação a isso. Pode ser enganador ou visionário, mas tem dificuldade de lidar com o aqui e agora. Símbolo: ♓	**Netuno:** A necessidade de transcender a realidade por meio da fusão com algo mais elevado: pode ser espiritual ou escapista e tendendo a dependência e abuso de substâncias; nebuloso, pode enganar a si mesmo e a outros, ao que nos tornamos escravos. Símbolo: ♆	**Casa 12:** O inconsciente; aquilo que é reprimido ou secreto e que se manifesta de maneira destrutiva. A busca espiritual, o desejo de servir ao próximo, o desejo de estar isolado e escondido.

Você pode fazer uma lista em ordem numérica dos seus planetas, ignorando o signo inicialmente por conveniência na localização dos aspectos. Por exemplo, vamos supor que você tenha VE 1SC12 (Vênus a 1 grau e 12 minutos de Escorpião), MA 5PI57 (Marte a 5 graus e 57 de Peixes) e MO 8TA11 (Lua a 8 graus e 11 minutos de Touro)*. Eles seriam escritos em ordem numérica em vez de em ordem por signo, porque seria mais fácil encontrar os *aspectos* que eles formam uns com os outros. Você poderia suspeitar, de fato, que os três planetas relacionados têm alguma conexão entre si. Para verificar essa suposição, vá à Tabela 2 para descobrir que tipo de aspecto eles estão fazendo. Você precisa ver também se eles estão próximos o suficiente de um ângulo exato para contar como um aspecto. A quantidade de declinação admissível ou

* É importante observar que a notação é normalmente feita em inglês, por isso os signos são abreviados nessa língua (PI=Peixes; SC=Escorpião; MO=Lua). (N. da P.)

órbita também é mostrada na tabela. Você pode contar a quantos signos de distância estão dois signos usando a ordem disponível na Tabela 1. Lembre-se de que o zodíaco é um círculo, no qual Peixes é seguido por Áries. Ao usar essa tabela, você pode descobrir que Vênus, neste exemplo, faz um trígono com Marte e uma oposição com a Lua.

Não conte as casas entre dois planetas em seu mapa, pois as casas têm tamanhos diferentes, enquanto os signos têm sempre 30° cada. De fato, quando olhamos para certos mapas, podemos pensar que dois signos estão faltando porque não aparecem marcados ao longo da roda ou na *cúspide* de qualquer das casas. Os signos estão lá; simplesmente aquela casa e sua oposta que estão a mais de 30° de distância. Isso é chamado uma interceptação, e é por esse motivo que contar casas para encontrar aspectos não funciona.

Não é necessário encontrar todos os aspectos em seu mapa, a menos que isso lhe agrade, porque o tema principal com que estamos trabalhando neste livro são os aspectos de Plutão. A fim de tornar mais simples a leitura do mapa, a Tabela 3 é um atalho para encontrar rapidamente os aspectos de Plutão nos diversos signos, de Câncer a Escorpião. Ela poderá ser usada para seu mapa natal ou seus trânsitos, que são descritos mais à frente. Por exemplo, suponhamos que você tenha PL 2LE50 (Plutão a 2 graus e 50 minutos de Leão). Você também tem SU 5AR15 (Sol a 5 graus 15 minutos de Áries). Consultando a Tabela 4, Plutão em Leão, você observa que Áries está em trígono com Leão. Consultando a Tabela 2, você observa que um trígono tem uma órbita admissível de 5°. Uma vez que o Sol e Plutão estão a apenas 3° do trígono exato, você contaria isso como um aspecto no seu mapa. Se, porém, o Sol estivesse a 15° de Áries, estaria longe demais do trígono com Plutão para ser considerado.

TABELA 2. Os aspectos e suas órbitas admissíveis.

ASPECTO	TIPO DE ÂNGULO	ÓRBITA ADMISSÍVEL
Conjunção	0 grau de distância	8 graus em cada lado
Sextil	60 graus, 2 signos	3 graus em cada lado
Quadratura	90 graus, 3 signos	5 graus em cada lado
Trígono	120 graus, 4 signos	5 graus em cada lado
Oposição	180 graus, 6 signos	8 graus em cada lado

TABELA 3. Como encontrar os aspectos possíveis de Plutão.

PLUTÃO EM	QUADRATURA COM	OPOSTO A	TRÍGONO COM
Câncer	Áries, Libra	Capricórnio	Escorpião, Peixes
Leão	Touro, Escorpião	Aquário	Sagitário, Áries
Virgem	Gêmeos, Sagitário	Peixes	Capricórnio, Touro
Libra	Câncer, Capricórnio	Áries	Aquário, Gêmeos
Escorpião	Leão, Aquário	Touro	Peixes, Câncer

Outro fator a ser considerado no Capítulo 1 é que as leituras estão relacionadas em determinada ordem. Uma vez que o posicionamento de Plutão por casa é a consideração principal, as leituras são feitas por ordem de posicionamento da casa, junto com signos ou aspectos que têm significados semelhantes, como já se demonstrou na Tabela 1. Após ter feito uma lista dos seus aspectos de Plutão, de modo a encontrar as leituras que combinam com eles, você reordenaria a lista para que corresponda à ordem do livro. A Tabela 4 mostra essas correspondências. Assim, se você tiver um aspecto Mercúrio/Plutão, deve procurar a descrição dada no Capítulo 1 com o título Plutão na Casa 3. Se tiver a Lua em Escorpião, consulte a análise com o título Plutão na Casa 4, e assim por diante. (No Capítulo 1, descrições especiais para aspectos Marte/Plutão ou Marte em Escorpião são dadas logo após Plutão na Casa 1, e Sol/Plutão, depois de Plutão na Casa 5.)

TABELA 4. Correspondências de Plutão.*

CASA	CORRESPONDE A
Plutão na 1	Escorpião no Ascendente, aspectos de Plutão ao Ascendente
Plutão na 2	Escorpião na 2
Plutão na 3	Escorpião na 3, Mercúrio em Escorpião, aspectos Mercúrio/Plutão
Plutão na 4	Escorpião na 4, Lua em Escorpião, aspectos Lua/Plutão
Plutão na 5	Escorpião na 5, (Sol em Escorpião), (aspectos Sol/Plutão)
Plutão na 6	Escorpião na 6
Plutão na 7	Escorpião na 7, Vênus em Escorpião, aspectos Vênus/Plutão
Plutão na 8	Escorpião na 8
Plutão na 9	Escorpião na 9, Júpiter em Escorpião, aspectos Júpiter/ Plutão
Plutão na 10	Escorpião na 10, Saturno em Escorpião, aspectos Saturno/Plutão
Plutão na 11	Escorpião na 11, (aspectos Urano/Plutão)
Plutão na 12	Escorpião na 12, (Netuno em Escorpião)

* *As correspondências entre parênteses são as mais fracas ou apresentam temas significadores próprios, não cobertos por essa correspondência. Casos em que certas correspondências ocorreriam logicamente, embora não segundo a minha experiência, foram deixadas intencionalmente de fora, como aspectos Plutão/Marte, que não correspondem a Plutão na Casa 1). Assim, algumas das linhas contêm apenas uma correspondência.*

Como descobrir seus trânsitos de Plutão

Para tirar proveito do Capítulo 7, você precisa ser capaz de encontrar os trânsitos de Plutão que estão ocorrendo ou que ocorreram no passado. A Tabela 5 (na p. 290) mostra os movimentos de Plutão de 1975 a 2035. Você terá de combinar os números significativos do seu mapa com os números na primeira coluna da tabela. Por exemplo, se Plutão estiver a 21° de Escorpião e você tiver um planeta a um ou dois graus desse ponto, você tem uma conjunção por trânsito, uma combinação muito poderosa no que se refere aos trânsitos de Plutão. Se tiver um planeta a 21° de Leão ou 21° de Aquário, terá uma quadratura (ou ângulo de 90 graus), uma influência um tanto desarmônica. Se tiver um planeta a 21° de Touro por trânsito, terá uma oposição, um ângulo tenso; você precisará aprender equilíbrio e perspectiva. Se tiver um planeta a 1 ou 2° de distância de 21° de Câncer ou 21° de Peixes, o trânsito será um trígono, o que ainda exige que você integre Plutão ao planeta em questão, embora provavelmente não de maneira tão tensa. Além dos planetas, você deve verificar os aspectos referentes ao seu eixo Ascendente/Descendente e ao seu eixo Meio do Céu/Fundo do Céu, pois eles também são ativados pelo trânsito, geralmente no que se refere a grandes mudanças nas circunstâncias da vida.

Você também pode achar interessante marcar o curso de Plutão em trânsito pelo seu mapa. Ele se movimenta lentamente, porém, quando muda de uma casa para a seguinte, há, geralmente, uma mudança correspondente de ênfase. Por exemplo, se Plutão estiver passando pela sua Casa 6, os acontecimentos plutonianos e as transformações tendem a se concentrar no trabalho ou na saúde. Na época em que ele muda para a Casa 7, o foco passa a ser os relacionamentos. (A Figura 1, na p. 282, pode ajudá-lo a ver os significados das diversas casas.) Exceto no caso do Ascendente (Casa 1), do IC (Casa 4), do Descendente (Casa 7) e do MC ou Meio do Céu (Casa 10), as linhas divisórias entre as casas (chamadas *cúspides*) não correspondem a acontecimentos quando são transitadas, porém marcam o fim de uma casa e o início de outra. Por exemplo, se a cúspide da sua Casa 3 estiver a 3° de Escorpião, Plutão se movimenta para a Casa 2 à medida que se deslocar para 3° de Escorpião, de modo que você observa uma mudança das preocupações da Casa 2, como as finanças.

Como você verá, Plutão parece se deslocar para a frente e para trás durante dois ou três anos. Isso não acontece, naturalmente, mas isso parece acontecer do ponto de vista da Terra. Isso porque a Terra contorna o Sol em um ano, deslocando-se 360°, enquanto Plutão se desloca apenas 3 ou 4° na sua órbita de 248 anos em torno do Sol. Quando estamos no lado oposto do Sol em relação a Plutão, ele parece estar se movendo para trás (ou *retrógrado*). Quando consultamos a tabela diária dos movimentos dos planetas (chamada de *efemérides*), vemos às vezes o planeta se deslocando para trás, marcado com R. Há diversas teorias quanto ao significado dos planetas retrógrados, algumas dizendo que eles são mais interiores, mas isso não foi demonstrado de uma maneira que me satisfizesse. Para começar, Plutão já é bastante interior.

TABELA 5. Os Movimentos de Plutão de 1975 a 2035.
(* SWISS EFEMERIDES * CODE D5EPH * 00:00UTC *)

ANO	PLUTÃO	QUADRATURAS	OPOSIÇÃO	TRÍGONOS
1975	Libra 09° 13 a 11° 39	Câncer e Capricórnio	Áries	Gêmeos e Aquário
1976	Libra 11° 39 a 14° 07	Câncer e Capricórnio	Áries	Gêmeos e Aquário
1977	Libra 14° 07 a 16° 35	Câncer e Capricórnio	Áries	Gêmeos e Aquário
1978	Libra 16° 36 a 19° 05	Câncer e Capricórnio	Áries	Gêmeos e Aquário
1979	Libra 19° 06 a 21° 36	Câncer e Capricórnio	Áries	Gêmeos e Aquário
1980	Libra 21° 36 a 24° 08	Câncer e Capricórnio	Áries	Gêmeos e Aquário
1981	Libra 24° 09 a 26° 40	Câncer e Capricórnio	Áries	Gêmeos e Aquário
1982	Libra 26° 41 a 29° 13	Câncer e Capricórnio	Áries	Gêmeos e Aquário
1983	Libra 29° 14 a Escorpião 01° 46	Câncer e Capricórnio; Leão e Aquário	Áries; Touro	Gêmeos e Aquário; Câncer e Peixes
1984	Escorpião 01° 47 a 04° 20	Leão e Aquário	Touro	Câncer e Peixes
1985	Escorpião 04° 22 a 06° 53	Leão e Aquário	Touro	Câncer e Peixes
1986	Escorpião 06° 55 a 09° 26	Leão e Aquário	Touro	Câncer e Peixes

ANO	PLUTÃO	QUADRATURAS	OPOSIÇÃO	TRÍGONOS
1987	Escorpião 09° 28 a 11° 58	Leão e Aquário	Touro	Câncer e Peixes
1988	Escorpião 12° 00 a 14° 32	Leão e Aquário	Touro	Câncer e Peixes
1989	Escorpião 14° 33 a 17° 03	Leão e Aquário	Touro	Câncer e Peixes
1990	Escorpião 17° 05 a 19° 34	Leão e Aquário	Touro	Câncer e Peixes
1991	Escorpião 19° 35 a 22° 04	Leão e Aquário	Touro	Câncer e Peixes
1992	Escorpião 22° 05 a 24° 35	Leão e Aquário	Touro	Câncer e Peixes
1993	Escorpião 24° 36 a 27° 03	Leão e Aquário	Touro	Câncer e Peixes
1994	Escorpião 27° 04 a 29° 29	Leão e Aquário	Touro	Câncer e Peixes
1995	Escorpião 29° 31 a Sagitário 01° 55	Leão e Aquário; Virgem e Peixes	Touro; Gêmeos	Câncer e Peixes; Leão e Áries
1996	Sagitário 01° 57 a 04° 21	Virgem e Peixes	Gêmeos	Leão e Áries
1997	Sagitário 04° 23 a 06° 44	Virgem e Peixes	Gêmeos	Leão e Áries
1998	Sagitário 06° 46 a 09° 05	Virgem e Peixes	Gêmeos	Leão e Áries
1999	Sagitário 09° 07 a 11° 24	Virgem e Peixes	Gêmeos	Leão e Áries
2000	Sagitário 11° 26 a 13° 44	Virgem e Peixes	Gêmeos	Leão e Áries
2001	Sagitário 13° 46 a 16° 00	Virgem e Peixes	Gêmeos	Leão e Áries
2002	Sagitário 16° 02 a 18° 15	Virgem e Peixes	Gêmeos	Leão e Áries
2003	Sagitário 18° 17 a 20° 28	Virgem e Peixes	Gêmeos	Leão e Áries
2004	Sagitário 20° 30 a 22° 41	Virgem e Peixes	Gêmeos	Leão e Áries
2005	Sagitário 22° 43 a 24° 51	Virgem e Peixes	Gêmeos	Leão e Áries
2006	Sagitário 24° 53 a 26° 59	Virgem e Peixes	Gêmeos	Leão e Áries
2007	Sagitário 27° 02 a 29° 06	Virgem e Peixes	Gêmeos	Leão e Áries
2008	Sagitário 29° 08 a Capricórnio 01° 13	Virgem e Peixes; Libra e Áries	Gêmeos; Câncer	Leão e Áries; Virgem e Touro
2009	Capricórnio 01° 15 a 03° 16	Libra e Áries	Câncer	Virgem e Touro
2010	Capricórnio 03° 19 a 05° 18	Libra e Áries	Câncer	Virgem e Touro
2011	Capricórnio 05° 20 a 07° 17	Libra e Áries	Câncer	Virgem e Touro
2012	Capricórnio 07° 19 a 09° 17	Libra e Áries	Câncer	Virgem e Touro
2013	Capricórnio 09° 19 a 11° 13	Libra e Áries	Câncer	Virgem e Touro
2014	Capricórnio 11° 15 a 13° 08	Libra e Áries	Câncer	Virgem e Touro

ANO	PLUTÃO	QUADRATURAS	OPOSIÇÃO	TRÍGONOS
2015	Capricórnio 13° 10 a 15° 01	Libra e Áries	Câncer	Virgem e Touro
2016	Capricórnio 15° 03 a 16° 54	Libra e Áries	Câncer	Virgem e Touro
2017	Capricórnio 16° 57 a 18° 45	Libra e Áries	Câncer	Virgem e Touro
2018	Capricórnio 18° 47 a 20° 34	Libra e Áries	Câncer	Virgem e Touro
2019	Capricórnio 20° 36 a 22° 21	Libra e Áries	Câncer	Virgem e Touro
2020	Capricórnio 22° 23 a 24° 09	Libra e Áries	Câncer	Virgem e Touro
2021	Capricórnio 24° 11 a 25° 54	Libra e Áries	Câncer	Virgem e Touro
2022	Capricórnio 25° 56 a 27° 38	Libra e Áries	Câncer	Virgem e Touro
2023	Capricórnio 27° 39 a 29° 20	Libra e Áries	Câncer	Virgem e Touro
2024	Capricórnio 29° 21 a Aquário 01° 02	Libra e Áries; Escorpião e Touro	Câncer; Leão	Virgem e Touro; Libra e Gêmeos
2025	Aquário 01° 04 a 02° 41	Escorpião e Touro	Leão	Libra e Gêmeos
2026	Aquário 02° 43 a 04° 19	Escorpião e Touro	Leão	Libra e Gêmeos
2027	Aquário 04° 21 a 05° 56	Escorpião e Touro	Leão	Libra e Gêmeos
2028	Aquário 05° 58 a 07° 34	Escorpião e Touro	Leão	Libra e Gêmeos
2029	Aquário 07° 35 a 09° 08	Escorpião e Touro	Leão	Libra e Gêmeos
2030	Aquário 09° 10 a 10° 42	Escorpião e Touro	Leão	Libra e Gêmeos
2031	Aquário 10° 43 a 12° 14	Escorpião e Touro	Leão	Libra e Gêmeos
2032	Aquário 12° 16 a 13° 48	Escorpião e Touro	Leão	Libra e Gêmeos
2033	Aquário 13° 49 a 15° 18	Escorpião e Touro	Leão	Libra e Gêmeos
2034	Aquário 15° 20 a 16° 48	Escorpião e Touro	Leão	Libra e Gêmeos
2035	Aquário 16° 49 a 18° 16	Escorpião e Touro	Leão	Libra e Gêmeos

* *Em 1983, Plutão se deslocou de 26° de Libra para 1° de Escorpião. Estava em quadratura com os graus 26, 27, 28 e 29 de Câncer e de Capricórnio, assim como com 0 e 1° de Leão e Aquário. Estava em oposição aos graus 26, 27, 28 e 29 de Áries, assim como a 0 e 1° de Touro. Estava em trígono com os graus 26, 27, 28 e 29 de Gêmeos e de Aquário, e com 0 e 1° de Câncer e Peixes.*

Seria útil fazer também uma lista de todos os trânsitos de Plutão pelos quais você passou nos últimos anos; mas lembre-se de que outros planetas em trânsito também podem estar envolvidos. Por exemplo, durante 1982 e 1983, Plutão e Saturno estavam conjuntos, uma combinação extremamente tensa que ocorre apenas uma vez a cada trinta e três anos, dessa vez nos últimos graus de Libra. Assim, se você teve planetas na órbita dessa conjunção, não seria justo julgar o efeito de um trânsito de Plutão pelo que pode ter acontecido. Mesmo se você determinar em seu mapa um trânsito passado de Plutão por um planeta como uma época muito difícil da sua vida, saiba também que você não é a mesma pessoa e que pode ter aprendido muito com esse trânsito. Além disso, os instrumentos terapêuticos sugeridos neste livro deverão ajudá-lo a lidar com seus padrões plutonianos difíceis. Assim, um futuro trânsito de Plutão não precisará ser tão exaustivo.

Bibliografia sugerida para iniciantes

Se este livro o levou a descobrir que assunto fascinante pode ser a Astrologia, a lista de livros a seguir é o início de um aprendizado sobre esse assunto complexo e útil. A Astrologia cresceu muito desde o final da década de 1960, incorporando o desenvolvimento cultural a seus antigos fundamentos por meio do Movimento do Potencial Humano e de estudos espirituais e metafísicos. Vários dos autores citados escreveram mais de um livro. Para o leitor mais avançado, outros autores indicados são Robert Hand, Liz Greene, Stephen Arroyo e Dane Rudhyar.

Cunningham, Donna. *An Astrological Guide to Self-Awareness*. CRCS Publishing, Reno, NV, 1978. Sim, trata-se de uma obra escrita por mim. Uma orientação básica para os significados psicológicos dos planetas, das casas e de outras facetas da Astrologia.

Kempton-Smith, Debbie. *Secrets from a Stargazer's Notebook*. Bantam, Nova York, 1982. Uma introdução suave a muitas facetas da Astrologia para o iniciante que está pronto para lidar com algo além dos signos solares. Um livro cheio de humor e de análises introspectivas.

Lundsted, Betty. *Transits, the Time of your Life*. Samuel Weiser, York Beach, ME, 1980. Um livro excelente que explica o processo de trânsitos e planetas em trânsito de uma maneira muito mais profunda do que conseguimos fazer no Capítulo 7.

Pelletier, Robert. *Planets in Aspect*. Para Research, Rockport, MA, 1974. Legível, dá interpretações sobre cada aspecto separadamente (quadratura, trígono etc.), o que não pudemos fazer aqui.

Sakoian, Frances e Lewis Acker. *The Astrologer's Handbook*. Harper & Row, Nova York, 1973. Neste livro básico de referência, você pode pesquisar leituras dos seus planetas nos signos, aspectos e casas, os signos nas cúspides das casas e outras informações para conseguir mais do seu mapa.